贵州省 2023 年度哲学社会科学规划课题（课题编号：23GZYB148）
贵州大学数字化转型与治理协同创新实验室
资助

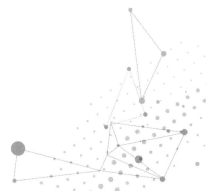

李义猛———— 著

乡村振兴下

平台型供应链的
运营管理机制研究

XIANGCUN ZHENXING XIA
PINGTAIXING GONGYINGLIAN DE
YUNYING GUANLI JIZHI YANJIU

中国财经出版传媒集团

经济科学出版社
Economic Science Press
·北京·

图书在版编目（CIP）数据

乡村振兴下平台型供应链的运营管理机制研究 /
李义猛著 . -- 北京：经济科学出版社，2025.6. -- ISBN
978 - 7 - 5218 - 6828 - 9

Ⅰ. F724.72

中国国家版本馆 CIP 数据核字第 2025PS9362 号

责任编辑：张　燕
责任校对：靳玉环
责任印制：张佳裕

乡村振兴下平台型供应链的运营管理机制研究

李义猛　著

经济科学出版社出版、发行　新华书店经销

社址：北京市海淀区阜成路甲 28 号　邮编：100142

总编部电话：010 - 88191217　发行部电话：010 - 88191522

网址：www. esp. com. cn

电子邮箱：esp@ esp. com. cn

天猫网店：经济科学出版社旗舰店

网址：http://jjkxcbs. tmall. com

北京季蜂印刷有限公司印装

710×1000　16 开　16.5 印张　260000 字

2025 年 6 月第 1 版　2025 年 6 月第 1 次印刷

ISBN 978 - 7 - 5218 - 6828 - 9　定价：99.00 元

（图书出现印装问题，本社负责调换。电话：010 - 88191545）

（版权所有　侵权必究　打击盗版　举报热线：010 - 88191661

QQ：2242791300　营销中心电话：010 - 88191537

电子邮箱：dbts@ esp. com. cn）

前　　言

　　在我国乡村振兴的战略背景下，平台经济下的电商行业这一市场火热，但竞争激烈和低盈利的现象使电子商务发展并没有给平台生态的从业者和平台电商的经营主体带来真正的高质量发展。在一个多维的竞争动态博弈环境中，新技术的应用、平台电商与实体结合应该怎样合理发展？如何监管引导一个稳定、成熟和健康的平台型供应链的新零售市场环境？探寻一个合理最优的新零售市场均衡状态是促进平台型供应链高质量发展和助力乡村振兴亟须探索和解决的问题。

　　平台型供应链经营主体在多维竞争下进行决策时，必须考虑容易被忽视但可能影响消费者效用的重要因素，也要考虑通过定价、促销、服务和新技术的应用等策略引导消费习惯，减少供应链内耗，优化系统绩效。顾客策略性消费行为对平台系统影响如何，平台型供应链经营主体应选择什么样的市场策略和新技术进行引导？本书将分析这些可能的消费者行为带来的影响，为平台型供应链提供管理消费者行为的策略建议，从而优化平台型供应链绩效。在面临激烈的外部竞争时，这些行为无疑会降低整个平台型供应链的竞争能力。平台型供应链主体成员的互动能为整个平台型生态系统的发展提供强劲的动力；反之，平台型供应链生态系统不仅难以成长，甚至还可能会夭折。尽管旧的平台型供应链系统管理规则大多数依然盛行，但支持它们成立的许多条件已经不再适合当下的农产品电商平台生态系统，基于多维竞争关系下平台型供应链的业务需要一个与时俱进的管理思路。

　　本书将从顾客策略性消费行为和政府政策引导角度，分析平台型供应链的多维竞争动态博弈，对平台型供应链系统的平台商家、供应商渠道管理决策与合作议题进行探讨。考虑消费者价值感知、价格、渠道、服务和技术感知等偏好，分析平台型供应链主体成员的定价、差异化服务、促销努力和技术投入等策略如何影响消费者跨品牌和渠道偏好，以及策略性的消费行为。基于顾客对产品价格、服务和促销广告、技术等因素的效用，分析平台型供应链间在多维竞争情况下的动态定价、服务、促销努力和技术投入等策略对成员利润和整体系统绩效的影响如何，提出平台型供应链间最优合理的价格、服务、促销努力和技术投入等策略的均衡状态，从而减少恶性竞争，营造良好的市场环境。分析区块链等新技术如何整合到平台型供应链的可追溯体系中，并讨论可追溯体系如何影响消费者、生产者和市场零售企业的收益和成本，从而归纳出平台型供应链可追溯技术创新应用的管理方案。考虑平台型供应链高损耗和高竞争，以及线上线下渠道高度融合和上下游高度合作的特点，政府如何在区块链技术支撑的可追溯体系等问题上，通过政策引导适当全面的合作形式以提升整个生态系统绩效，同时实现各决策主体的稳定而持续的均衡。

本书的部分内容为本人博士学位论文，在此感谢恩师英国萨里大学商学院的熊榆教授。参加本书撰写的还有本人指导的研究生吴育榜和龙海森。在本书的编写过程中，我们还得到贵州省哲学社会科学规划课题（23GZYB148）以及贵州大学数字化转型与治理协同创新实验室建设项目资助。在此谨向他们致以最崇高的敬意和特别的感谢！同时，我热切地时刻恭候着每位读者的不吝指教，并希望读者从本书中收获关于平台型供应链运营管理的理论体系和指导实践的学术逻辑。

李义猛

2025 年 4 月

目　　录

第一章 绪 论

一、研究背景与问题

为了助力乡村振兴，扩大产品内需和消费升级，国家相关部门发布了《关于推动平台经济规范健康持续发展的若干意见》和《"十四五"现代物流发展规划》等政策鼓励各类消费产品的电子商务渠道的扩张和相应供应链体系的不断完善，以及促进平台经济的健康发展。2015~2023年，我国平台经济下的电商交易规模按10%以上的速度持续上涨。2023年中国电子商务行业市场规模为50万亿元①。电商巨头如腾讯、阿里、拼多多和京东等或中小型经营企业意识到建立一个包含生产、零售合作伙伴和消费者的全方位平台经济生态系统的重要性，加快步伐整合平台型供应链上下游和线上线下布局各类消费品的新零售赛道。借助新数字媒介，满足同时具备线上购物的便捷性与线下购物的体验性的平台型供应链电商模式应运而生。比如以盒马为代表的仓店一体模式，以叮咚买菜为代表的前置仓模式，以拼多多和小红书等为代表的"社交电商"模式，以京东、淘宝为代表的第三方平台模式。平台模式以其用户端拉新成本低、及时采购和及时统一配送等优势，成为当下最火爆的商业赛道。由于传统电商无法有效捕捉线下客流，线上线下融合的商业模式成为各类消费产品电商获取本地客流的关键战略。

---

① 网经社：《2023年度中国电子商务市场数据报告》发布［N/OL］. https：//www. 100ec. cn/detail-6639728. html.

在我国乡村振兴战略背景下，平台经济下的电商行业这一市场火热，但是竞争激烈和低盈利率的现象使电子商务的发展并没有给平台电商的从业者和平台电商的经营主体零售业带来真正的高质量发展。比如，平台商户为追求其短期利润最大化，而损害了供应商的长期利润，导致了决策主体间的价值共创冲突。"淘宝卖家售假""滴滴司机刷单"等则暴露了商户的道德风险行为，损害了平台企业和其他商户长期利润的实现。随着平台企业积累了临界规模以上网络用户，用户数量增长到相当规模、交互频次相对频繁时，平台企业往往会增收中介服务费，从而导致供应商保护其利益的过激行为。

伴随新晋玩家快速抢夺线上线下市场份额，竞争愈发激烈。诸如占据大量市场份额的盒马鲜生、京东到家和拼多多等电商企业，也面临市场反应火热，但实际盈利低或亏损的局面。为避免价格竞争和保全传统渠道的价值获取，诸多供应商特别是奢侈品供应商，如贝玲妃（Benefit Cosmetics）、路易·威登（Louis Vuitton）和蔻驰（Coach）等，先后关闭了其天猫店铺。尽管业界将这些行动视为电商扩张的失败，但平台生存环境也变得更为健康。在经过收缩战略调整后，叮咚买菜和盒马鲜生 2022 年也首次实现净利润转正。电商行业的竞争完成了由规模为王、价格、点位之争，到商品力、用户价值和价值链为核心的切换，使得平台电商赛道趋于良性发展。经过市场筛选的玩家已找到成熟道路，盈利或将逐渐成为平台企业的"及格线"，只有平台型供应链整体效益提升才能提交最终满意的答卷。因此，平台企业的整体战略也从规模化扩张转型为更具效率和竞争力的平台型供应链体系的打造（范辰等，2022；江小玲等，2023）。

平台供应链系统从用户需求出发，首先要考虑平台型供应链内外部线上线下品牌间和渠道间的竞争，其次要考虑平台系统内部主体成员和产品线之间的竞争（比如供应商和零售商的竞争；产品的生命周期和折扣产品间的竞争等），同时从技术和管理的角度考虑如何降低供应链损耗和解决供应链冲突等难题，从而提高平台型供应链的整体绩效。在一个多维的竞争动态博弈环境中，新技术的应用、平台电商与实体结合应该怎么合理发展？如何监管引导一个稳定、成熟和健康的平台型供应链的新零售市场环境？探寻一个合理最优的新零售市场均衡状态是促进平台型供应链进行高质量发展和助力乡村振兴亟须探索和解决的问题。

平台型供应链线上线下融合使顾客在不同品牌和渠道间轻易转换，因此分析渠道属性特点、商品竞争力与消费者需求的匹配程度成为当前平台企业渠道策略调整的关键。渠道和触点的加速分散意味着获客和培养忠诚度的难度越来越高。消费者需求快速转变使得平台企业电商平台能力后置，商品力、消费者服务和供应链前置。首先，大部分消费产品市场正从简单、大容量商品转向标准化、更高质量的自主产品。如永辉和盒马等生鲜企业积极深耕自有品牌。永辉超市自有品牌 2020 年上半年总销售额 14.43 亿元[①]，盒马已推出超过 6000 多款自有品牌[②]。随着各大平台强调自有品牌，产品同质化程度预期将明显上升，无论是电商平台内部产品竞争还是外部品牌间的竞争都更为激烈。自主品牌不仅提高消费者信任度和购买意愿，增加与其他供应链品牌的竞争力（正效应），同时也加剧了内部同类产品之间的蚕食效应（负效应）。因此，平台零售企业要对供应链外部和内部的多维竞争关系进行考量，基于消费者在不同渠道品牌间的转换行为进行策略调整。

其次，消费者越来越青睐丰富的产品选择和高质量的产品。比如盒马的"日日鲜"计划深受消费者欢迎，下架当日未售出的生鲜商品并第二天上新。但这一策略导致更多的生鲜产品被丢弃，盒马也深陷浪费风波。欧美一份研究指出，一家拥有 700 亿美元营业额的连锁超市每年扔掉 17 亿美元的生鲜产品（Sanders，2024）。欧美大部分超市采用电子货架标签实行生鲜产品的动态定价策略，使用该技术的超市已经减少了多达 30% 的食物浪费。通过实施新的数字动态定价解决方案，虽然可以有效降低生鲜产品浪费，但也意味着消费者会出现更多可能的策略性消费行为。比如等待生鲜产品降价，对比折扣产品和非折扣产品等，部分学者指出该行为会对生鲜供应链造成不利影响（Cao et al，2023）。因此，平台型供应链经营主体在多维竞争下进行决策时，必须考虑容易被忽视但可能影响消费者心理效用的重要因素，也要考虑通过市场和新技术的应用等策略引导消费习惯，减少供应链损耗，优化系统绩效。

---

① 永辉超市自有品牌向阳生长 上半年销售增长 63.3% ［EB/OL］. 永辉超市官网，https：//www.yonghui.com.cn/show？Id＝75075.

② 解密盒马自有品牌策略 ［EB/OL］. https：//www.36kr.com/p/996056874603523.

顾客策略性消费行为对平台系统影响如何，平台型供应链经营主体应选择什么样的市场策略和新技术进行引导？本书将分析这些可能的消费者行为带来的影响，为平台型供应链提供管理消费者行为的策略建议，从而优化平台型供应链绩效。

平台型供应链的核心生态系统主要包括购买方（以下简称买家）、产品/服务平台提供方（以下简称商户）、农产品供应商以及政府。各个成员间的相互博弈和合作必然会影响整个系统绩效的变化（Bourreau et al, 2015）。传统的短期逐利性商业思维下，平台型供应链内部也存在激烈的竞争。比如盒马鲜生和每日优鲜等强势生鲜零售巨头压低生鲜供应商的价格和要求供应商垫资等减少资金压力；农产品零售商通常只将平台作为卖货渠道，农产品生产者之间竞相压价，出现"果贱伤农"的现象；平台企业往往会增收中介服务费，从而导致供应商为保护其利益产生过激行为，出现以次充好和产品质量不稳定等问题。在面临激烈的外部竞争时，这些行为无疑降低了整个平台型供应链的竞争能力。平台型供应链主体成员的互动能为整个平台型生态系统的发展提供强劲的动力；反之，平台型供应链生态系统不仅难以成长，甚至还可能会夭折。

新的零售竞争态势下，平台型企业寻求上下游合作变得日益迫切。线上平台系统也在积极寻求与线下融合，以补足其核心零售能力的缺失。近年来，国家有关部门发布政策支持电商企业与生产主体形成投资合作关系。各平台系统纷纷意识到了主体成员间合作共生关系的重要性。盒马鲜生从源头开始利用科技与产地合作，以及叮咚买菜发展订单农业和产地合作，对农产品进行标准化打造，通过应用区块链等新技术优化供应链效率，这些合作模式提高了生产端农户收入。平台模式提供了供应链前后端和线上线下全面性合作的可能，合作模式的选择更为复杂。比如永辉和甘博仙在供应链建设、差异化产品合作、单品供货支持，以及售后服务项目等内容上达成合作共识。在营销层面，永辉与甘博仙将在品牌资源、促销资源以及广告资源方面实现共享。在技术应用层面，永辉凭借业内领先的大数据系统，实现对消费者需求的精准预判，对于农产品生产者来说，具有很大的指导意义。先进技术的应用为改善平台型供应链的运营效率提供了有效且可行的解决方案（Bigliardi and Galanakis，2020），同时也带来了一些新的需要思考的问题。政府支持下实施供应链技术创新应用可以激励供应链成员通过合作来提高供应链技术管理的效率。因此，这将需要考虑政府，零售商、生产商和平台企业等平台型供应链成员关于技术驱动供应链发展的协调合作。在考虑平台型供应链线上线下和上下游全方位的合作关系时，不同的合作模式带来的影响需要全方位的论证。不同的合作模式不仅导致服务水平、产品标准体系和成本支出等不一，还伴随着顾客消费行为的改变。考虑多维竞争下顾客跨策略性消费行为时，如何引导和管理平台型供应链内部在品牌、服务、广告促销以及技术投入等策略的合作模式？因此，优化和协调平台型供应链各主体成员间的合作决策是一个与实践息息相关的研究议题，并且从消费者的策略行为、多维竞争和政府引导出发，探讨平台型供应链市场整体均衡合作模式具有非常重要的实践意义。

尽管旧的农产品供应链系统管理规则大多数依然盛行（主要是独立地看待线上和线下渠道管理与合作等议题），但支持它们成立的许多条件已经不再适合当下的电商平台生态系统（以高竞争、高损耗和高合作性为特点），基于多维竞争关系下平台型供应链的业务需要一个与时俱进的管理思路。本书将从顾客策略性消费行为和政府政策引导角度，分析平台型供应链的多维竞争动态博弈，对平台型供应链系统的平台商家、供应商渠道管理决策与合作议题进行探讨，主要包括以下四点。

（1）平台型供应链消费者行为的分析。考虑消费者价值感知、价格、渠道和服务等偏好，分析平台型供应链主体成员的定价、差异化服务、促销努力和技术投入等策略如何影响消费者跨品牌和渠道偏好，以及策略性的消费行为。为合理正确地引导消费者多样化的市场行为提供理论分析依据。

（2）平台型供应链厂商的市场策略问题分析。基于顾客对产品价格、品牌、服务和促销广告等因素的效用分析，探讨平台型供应链间在多维竞争情况下的动态定价、服务、促销努力和技术投入等策略对成员利润和整体系统绩效的影响如何，提出平台型供应链间合理最优的价格、服务、促销努力和技术投入等策略的均衡状态，从而减少恶性竞争，营造一个良好的市场环境。

（3）平台型供应链可追溯技术投入的问题分析。分析区块链等新技术如何整合到平台型供应链的可追溯体系中，并讨论可追溯体系如何影响消费者、生产者和市场零售企业的收益和成本，从而归纳出平台型供应链可追溯技术创新应用的管理方案。

（4）政府引导平台型供应链协同发展分析。考虑平台型供应链高损耗和高竞争，以及线上线下渠道高度融合和上下游高度合作的特点，政府如何在区块链技术支撑的可追溯体系等问题上，通过政策引导适当全面的合作形式以提升整个生态系统绩效，同时实现各决策主体的稳定而持续的均衡？

基于上述问题的探讨，本书将从消费者跨品牌渠道和策略性消费行为出发，运用消费者效用、动态博弈、合同契约和激励相容等理论，构建平台型供应链系统中政府、外部企业间和内部成员间竞争的博弈机制，旨在为平台型供应链生态系统的持续健康发展提供理论探索与支撑，从管理角度提升我国平台型供应链效率。

二、研究目标和意义

（一）研究目标

本书将在吸收、借鉴国内外最新相关研究成果的基础上，考虑平台型供应链高损耗、高竞争和高合作的特征，针对平台型供应链系统中不同的竞争企业动态策略博弈选择，以及供应链内部企业和供应商间的利益冲突问题，主要从最优博弈策略均衡这一重要结果来探讨平台型供应链生态系统的帕累托改进与合作问题，在下列四个方面做出优化建议。

（1）针对平台型供应链间高竞争关系，分析消费者跨品牌渠道和策略性消费行为以及对平台型供应链经营主体的影响，提出企业如何利用相关市场策略引导消费行为减弱竞争，提高平台型供应链的效率。

（2）构建多维竞争下平台型供应链间在动态定价、服务、广告和技术投入等策略上达到市场帕累托最优状态策略均衡，指导企业在竞争环境中采取最优均衡的渠道管理模式，从而构建平台型供应链经营主体协同发展的战略框架，为现代平台型供应链经营体系的构建提供具体的市场实践路径。

（3）构建多维竞争下平台型供应链间在可追溯技术应用上达到市场最优状态策略均衡，指导平台型供应链的相关主体在竞争环境中采取最优均衡的可追溯体系技术建设的最优合作模式，为现代平台型供应链经营体系的技术创新应用提供市场实践路径。

（4）提出政府在引导平台型供应链内部可追溯技术投入策略上给予最优的政府补贴，建立协调机制使得供应链内部成员进行可追溯技术的应用合作，给出不同平台型供应链最优的合作均衡状态，提高社会的整体福利。为政府制定和完善相关提高平台型供应链合作和运营效率的政策提供设计机制。

（二）研究意义

1. 学术价值

政府引导下的平台型供应链新经营模式的具体要求给经营相关主体的合作和协同发展机制带来了许多需要探讨的新问题（规模经济、网络外部性、双边市场和政府规制）。基于行为产业组织理论中的有限理性等假设，以及新规制中政府与规制者间的激励相容约束，本书关于政府、平台和市场经营等主体间合作和协调的多样性与复杂性的策略行为研究，为完善政府对平台型供应链经营主体的市场行为的规制，统筹推进各主体的协同发展提供理论基础。

2. 应用价值

本书拟对政府引导下的平台型供应链模式进行研究。考虑消费者行为和政府引导机制，探寻政府＋平台型供应链主体在服务、定价、促销努力和可追溯技术投入等市场行为上的合作机制设计议题，构建政府引导平台型供应链的协同发展战略框架，为我国统筹构建以平台型供应链经营主体的高质量农业经营体系提供切实可行的市场路径。

三、研究方法

本书的研究内容布局在总体上坚持"遵循传统方法，突破传统视角"的研究思路。首先，基于行为产业组织理论的博弈论范式，通过厂商和消费者策略行为视角，对平台型供应链经营主体的合作模式进行模型化分析。其次，基于机制设计理论，构建政府和经营主体的激励相容约束和目标函数，通过博弈论分析政府引导下，平台型供应链经营主体的协同发展路径。本书的研究内容与理论基础结合紧密，研究范式可行。在理论研究的基础上遵循"从实践中来、到实践中去"，结合典型的相关行业案例来凝练服务、渠道、定价、促销努力和可追溯体系技术投入等具体研究内容，再结合政府规制行为进行模型构建，因此本书的理论性与应用性高度统一。

在关键方法使用上，博弈论主要通过决策主体间博弈来寻求均衡状态。特别是重复博弈既能搜寻各个决策主体的均衡解，又能通过参与人在多轮博弈中的不断学习和策略调整而最终达到长期的稳定均衡状态。而合同理论及多目标优化方法在处理存在多个决策主体和多目标优化问题上，是供应链领域中分析供应链内部主体冲突的主要方法。本书采用的系统建模、优化设计理论和计算机仿真等相关理论和方法也已被广泛应用于供应链管理并被证明是可行的。而合同理论及多目标优化方法在处理存在多个决策主体和多目标优化问题上，具有适用性强和鲁棒性优等特点，目前已是供应链领域中分析供应链内部主体冲突的主要方法。

四、解决的关键科学问题

（1）多维竞争下顾客跨品牌渠道和策略性消费行为分析。考虑平台型生鲜供应链间和内部的竞争，构建平台型供应链双寡头模型，消费者面临两条不同供应链线上线下的购买选择。在对比不同平台和渠道产品的质量、价格、服务和促销努力和技术投入上的差异后，基于效用模型刻画消费者的购买决策。

（2）平台型供应链经营主体间定价、服务、促销努力和可追溯技术投入等策略的博弈模型。平台型农产品供应链动态博弈视角下的定价、服务、促销努力和可追溯技术投入等策略均衡博弈结果，既要考虑供应链损耗、高竞争和高合作的可能性，满足平台生态系统的最优绩效，又要满足保持长期、稳定和持续的动态均衡，是一类多目标优化问题。因而，如何构建平台型农产品供应链经营主体间定价、服务、促销努力和可追溯技术投入等策略组合下的动态博弈模型是本书首要解决的科学问题。

（3）平台型供应链经营主体间的策略合作设计问题。由于在平台生态系统中，上下游在不同策略上都有合作的可能（产销合作、定价合作、可追溯技术投入和渠道合作等），不同主体成员间的利益和需求是不尽相同的，而且他们的决策诉求也不一致，如何区分他们的合作动机是本书能否顺利建立合作机制的关键所在。由于平台生态系统中主体成员间是彼此互为主体的协同关系，如何选择合适的合作策略来平衡各方利益，进而定量地评估各个决策集的优劣，是本书亟待说明的难点问题。

五、研究内容

平台型供应链内部企业不仅要考虑内部成员的利益冲突、内部渠道间和产品间的竞争，也要考虑外部竞争者的策略和顾客可能的消费行为。因此，平台型供应链间不仅是平台间的竞争，也是不同产品品牌间和线上线下交叉的多维竞争关系。这种多维竞争关系导致平台型供应链间更多的供应链管理决策的动态博弈。考虑平台型生鲜供应链双寡头的情形，消费者面临两条不同生鲜供应链线上线下购买渠道的选择。每个平台型供应链可以采取线上线下集中化或差异化的供应链管理方式，意味着平台型供应链间有多种策略博弈组合。本书基于多维竞争、消费者跨品牌渠道和策略性消费行为视角，探讨不同平台型供应链之间价格、服务、促销努力和技术投入等策略上的动态博弈；研究供应链内部主体成员在价格、服务、促销努力和技术投入等策略上优化和合作模式设计问题，对不同策略导致可能的渠道冲突进行分析，探索相应的协调机制。

为了解主体成员间的相互决策和不同平台型生鲜供应链间动态博弈对平台型供应链系统的影响，在如下一些基本问题上亟须更加深入的思考：从提升平台型供应链管理效率的角度，在多维竞争情形下，考虑平台型供应链高损耗这一特点，分析顾客可能的消费行为（品牌、质量、渠道和服务偏好，策略性比价消费行为）对平台型供应链平台主体成员以及整个系统的绩效影响如何？考虑消费者跨品牌渠道和策略性消费行为与平台型供应链损耗的关系，主体成员在品牌建设、动态定价、服务和平台型供应链损耗控制上应采取什么样的供应链管理策略以提升成员和整个系统的绩效？对于多个品牌竞争系统，是否存在相应管理策略均衡的结果，达到帕累托最优的市场状态？在高竞争环境下，平台型供应链内部成员在价格、品牌、服务、广告和技术投入策略上如何建立适当的合作模式在提升整个系统绩效的同时，实现供应链内部决策主体的稳定而持续的均衡？对于多个平台型供应链竞争系统，供应链内部是否存在最优均衡的合作模式？

如图 1.1 所示，本书的内容设置逻辑为：首先，介绍支撑本书研究的相关经济学和管理学的理论基础（第二章），主要包括行为产业组织理论、一般均衡理论和新经济制度理论等。这些理论为本书的模型构建提供了丰富的理论支撑，对于读者能够很好地理解本书后续的内容提供了理论基础。其次，本书根据相应的研究内容梳理出相关经典的和最新的学术前沿（第三章），使读者能够较全面地了解平台型供应链的研究概况。

本书的主体研究内容将首先从消费者跨品牌渠道和策略性消费行为角度对消费者行为对于厂商的影响进行解读（第四章）。研究内容一是本书研究的逻辑起点与基础，将消费者跨品牌渠道、策略性行为和竞争博弈加以模型化描述，可以带读者从学界的角度更深刻地理解消费者的差异性行为和这些行为的影响。在深化平台型供应链内部和外部竞争主体关系的内涵的同时，后续的研究内容从平台型供应链间的广告促销努力、定价、服务和技术投入等策略的动态博弈中，考虑这些策略对供应链冲突和消费者行为的影响，对

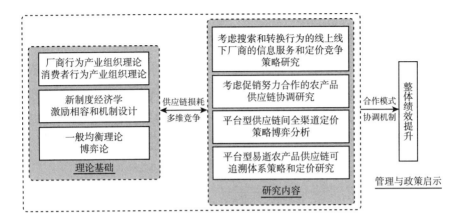

图 1.1　本书的内容设置及逻辑框架

不同的平台型供应链关于以上策略进行动态博弈分析和比较，以期能深刻理解和把握平台型供应链的决策优劣，并探寻不同的平台型供应链管理模式对平台型供应链整个商业系统的绩效影响，不同竞争者之间最优的定价、服务和促销广告，以及技术投入的策略均衡（第五章至第八章）。这些章节是本书的重点研究内容。最后，分别在以上内容中探寻平台型供应链主体间在多维竞争环境下关于定价、服务、广告和技术等策略的合作议题，尝试探析决策主体合作的行为动机，选取和设计最优的合作模式，给出最终的管理和实践建议。

（一）考虑搜索和转换行为的线上线下厂商的信息和定价竞争策略研究

　　尽管现有文献初步探讨了企业多渠道策略及供应链成员决策优化等议题，本书仍然将该部分作为一个不可或缺的研究内容（见图 1.2），原因如下：该部分研究内容为后续的研究提供了分析消费者行为的模型构架。在现实市场中，消费者在不同的平台、渠道和品牌间进行产品价格、服务和质量等的对比。通过对顾客以上消费情景进行多维度的描述，并以此来探讨这些消费者行为对平台商业模式中决策主体最优策略和利润的影响。考虑顾客可能的跨渠道及策略性消费行为和市场竞争的关系，该研究内容中的决策主体均依据自身利润最大化来进行单一而线性的策略性决策。

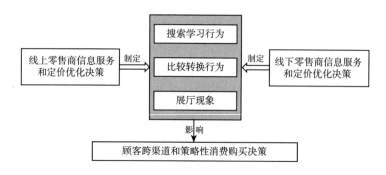

图 1.2　研究内容一的概念模型

在平台型商业模式普遍成为企业的战略选择时，存在多商家或多渠道的情形（既有相互竞争的商家，也面临自身内部渠道的竞争），因而，消费者面临多种选择。平台商业模式中卖方天然成为渠道策略的制定者，对不同渠道产品的价格和服务等策略进行决策。在平台商业模式中，消费者的品牌选择和线上线下购买倾向无疑决定不同渠道或者不同品牌所获得的收益，因此这部分主要分析顾客跨品牌渠道和策略性消费行为所带来的影响，探讨商家是否应该针对这些行为调整渠道策略以引导顾客消费行为。在竞争环境下，本部分拟考虑不同商家线上线下的购买路径中，买家的渠道品牌和产品的决策偏好、选择动机是什么？考虑产品价格和信息服务等差异，针对买家的效用函数，分析这些主要因素如何影响消费者的决策动机？本部分拟研究问题有：以线上和线下零售商利润最大化为目标，探讨不同商家对渠道定价和信息服务等策略对消费者购买决策的影响，并探讨平台是否要采取相应的策略引导顾客可能的消费行为。

（二）考虑促销努力合作的农产品供应链协调研究

本研究内容构建了促销努力对提升消费者对农产品购买意愿的影响模型，并分析了在不同竞争环境下，不同促销努力广告模式对农产品供应链及其成员最优利润的影响（见图1.3）。对于此类促销努力服务，农产品零售商可独自开展，或农产品生产商向零售商提供支持由零售商开展，例如农产品生产商向超市提供的展位和促销人员支付费用。然而不同的促销努力模式会对需求以及生产商和零售商的利润产生不同的影响，因此在供应链中如何提供产品质量信息和促销服务成为农产品企业关心的重要问题。但是，促销服务需要付出一定的促销成本，促销成本如何在供应链成员企业中分配才能够有效提高零售商的促销积极性和供应链的系统收益？本部分将考虑平台型农产品供应链内部的竞争博弈模型，分析供应链管理模式的均衡结果。本研究内容引入了一个受非促销努力合作或促销努力合作实践驱动的三级决策农产品供应链，通过提供促销努力服务提高消费者对新进入市场的农产品的接受度。考虑到促销努力服务会影响顾客对农产品的估值，我们分析了市场竞争环境（垄断市场和竞争市场）对农产品生产商和零售商选择促销努力合作或非促销努力合作模式的影响。

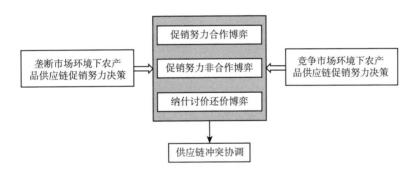

图1.3 研究内容二的概念模型

（三）平台型供应链的消费者评论、新产品设计和定价策略

平台型供应链采取分散式管理模式下买家的决策。本研究内容考虑分散式管理模式下，平台型供应链选择不同的消费者评论管理策略，生产商和零售商的决策偏好与选择动机是什么？我们用 Stackelberg 博弈构建了平台型快速消费品供应链的决策博弈模型，其中，生产商作为领导者，平台卖家作为

追随者。通过考虑现有产品的口碑效应对新产品市场的蚕食，平台卖家决定是否限制现有产品消费者评论效应（RE－I），从而减弱品牌内部产品间的竞争。首先，分析现有产品消费者评论效应是如何导致平台型快速消费品供应链中生产商与平台卖家之间的冲突的。其次，讨论生产商如何通过调整整个产品线的批发价格或改变新产品质量以引导平台卖家增强现有产品消费者评论效应来协调渠道（见图1.4）。

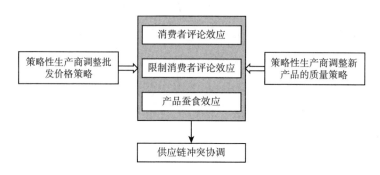

图1.4 研究内容三的概念模型

（四）平台型供应链间全渠道定价策略博弈分析

本研究内容基于顾客跨品牌渠道和策略性行为，从平台竞争策略等视角构建平台系统的决策博弈模型。基于两条平台型供应链的竞争，给定竞争者对价格和服务等策略在不同渠道实施分散式管理，分析单条供应链分散式或集中式渠道管理模式对各主体成员（包括供应商、平台商家）和整条供应链收益的影响（见图1.5）；本部分分析不同价格等策略组合下的纳什均衡解，推导竞争双方渠道管理模式的稳定解，并分析这些均衡结果对各主体成员（包括平台、商户、买家）收益和整个平台绩效的影响；本部分采用重复博弈来探讨两条平台型供应链相互博弈的持续性决策，寻找达到帕累托改进的最优均衡解。基于平台型供应链整体最优的目标，从供应链内部分析，探寻协调供应链内部供应商和平台商家利益的机制，以实现两条互相竞争的供应链整体绩效达到帕累托最优状态的均衡渠道管理模式。通过在不同策略组合下，对竞争的两条供应链的决策变量和利润的对比分析，来探寻既能达到供应链内部决策主体最优利润，同时又有利于竞争者双方长期稳定的最优决策。

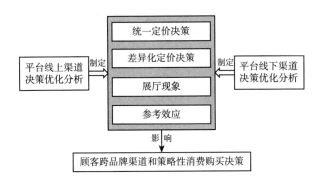

图1.5 研究内容四的概念模型

（五）平台型易逝农产品供应链可追溯和定价策略研究

供应链内部决策主体制定定价和技术投入等策略与外部竞争者竞争时，均以自己的利润最大化为目标，但是他们在面临外部竞争者时，代表一个利益共同体。因而他们有很强的动机进行内部合作，以增加整个系统的竞争力。本部分内容主要拓展平台型易逝农产品经营模式下更多可能的合作模式，面临多维的竞争环境时，讨论平台型易逝农产品供应商和平台商家如何在线上线下进行全方位合作以达到整个系统利润最大化。借鉴当前的平台合作模式，并对其加以改进，使之可以建立适用于生鲜平台企业及商户合作决策的模型。给定弱竞争市场环境下，探讨平台型易逝农产品供应链模式下，农产品供应商或者平台零售商的合作模式对成员和整个供应链的影响，以分析最优的定价和技术投入等策略合作模式。给定强竞争市场环境下，探讨平台型易逝农产品供应链模式下，农产品供应商或者平台零售商领导的合作模式对成员和整个供应链的影响。对比以上两部分内容，分析不同合作模式的最优化的适用条件（见图1.6）。需要指出的是，在该部分研究中，尤其要注意对合作机制的稳定性和整个平台绩效的权衡，即在兼顾各方利润最优时，探寻合作机制对各方决策稳定延续性的影响。

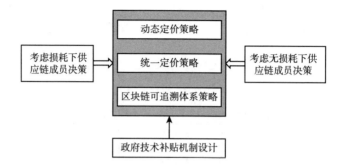

图 1.6　政府引导下可追溯和定价策略的概念模型

第二章 理论基础

一、理论概要

在平台型供应链中，各决策主体发挥协同作用，共同构建了一个完整的生态体系。其中，政府发挥引导作用，平台经营主体负责具体运营，而市场终端则购买产品和提供宝贵的反馈。平台型供应链的主体相互关联，形成了一个相互协作的供应链网络。随着经济学科的进一步发展与完善，经济学中有关的思想与方法被广泛地运用于供应链的研究中，并逐步形成了对平台经济与运营管理的理论体系。例如，产业组织理论、一般均衡理论以及新经济制度理论等。因此本章将分别从消费者、厂商和政府等视角，介绍相应理论的进展和本书所涉及的理论基础。

行为产业组织的研究分为两个方面：一是不完全理性的消费者研究；二是厂商不完全理性的研究。在受到消费者的自我控制、损失规避、过度自信、价格认知混乱等因素的影响下，行为产业组织理论放松传统的"理性经济人"假设，假设消费者是不完全理性的，研究厂商如何利用消费者的这些不完全理性认知，实现自身利润最大化的问题。学者们也从另一维度假设厂商行为的不完全理性特征，基于对厂商公平感知、参照依赖偏好、认知局限性、过度自信心理及学习动态过程的考量，深入探究厂商行为模式与策略选择，以及这些要素对市场运作的影响（Bailey，2015）。一般均衡理论证实，在完全竞争市场经济框架下，一般均衡状态不仅存在，且能达到帕累托最优配置（Arrow and Debreu，1954）。在此理论框架下，消费者与厂商各自追求利益最大化，经由"看不见的手"的引导，市场机制自然导向社会资源的最优配置。

然而，现实经济环境中，市场势力的存在导致竞争非完全性，伴随垄断与合谋等现象，削弱了市场的资源配置效能。若无有效规制措施介入，将无法实现社会期望的经济结果。因此，政府如何构建有效的规制政策，成为理论与实践层面的重大挑战。有效规制政策的制定，不仅依赖于产业组织理论的深化，也需要新规制经济学的理论支撑。前者有助于深化对不完全竞争市场的认知，为竞争政策的科学制定奠定基础；后者为政府实施市场干预提供了坚实的理论基础。

博弈论与机制设计理论的进步，促进了产业组织理论及新规制经济学的深化与发展。在面临不完全竞争的市场环境中，企业作出决策时，必须审慎考虑其行为对供应商、消费者及同行竞争者可能引发的连锁效应。博弈论，作为一种专注于策略性互动分析的理论框架，为此类复杂分析提供了强有力的理论支撑。与此同时，新规制经济学着重于信息不对称情境下构建最优规制策略，而机制设计理论则探究如何在信息不对称的条件下设计激励相容的机制，以实现资源的有效配置，这一领域已成为新规制经济学的核心应用范畴。赫尔维茨开创的机制设计理论，经由马斯金与罗杰·迈尔森的进一步拓展和完善，其核心理念与框架对信息经济学、规制经济学、公共经济学、劳动经济学等多个现代经济学分支产生了深刻的影响，推动了这些领域的重构。目前，机制设计理论已成为主流经济学的关键组成部分，广泛应用于垄断定价分析、最优税收制度设计、契约理论探索、委托—代理关系研究以及拍卖理论等多个关键领域。诸多现实世界的政策制定与理论研究课题，诸如规章制度的构建、税制的优化、行政管理的效率提升、民主选举机制的设计以及社会制度的构建等，均可归结为机制设计理论所探讨的范畴。

二、行为产业组织理论

行为产业组织理论采纳了行为经济学的核心理念，替代了新古典范式的理论基础，将参与者的基本预设设定为有限理性与社会性，并据此探究策略行为的多样性与复杂性。此理论并未全面否定新古典范式中的理性经济人假设，而是在其基础上进一步假设参与者面临信息限制，根据这些限制来采取最优策略。市场的均衡状态是由参与者之间的策略互动共同决定的。在新古典范式中，策略均衡与信息约束紧密相连，信息不对称与不完全导致每个参与者追求自身利益的最大化。

　　行为产业组织理论承认，在博弈期限足够长且参与者固定的情况下，重复博弈可能促进合作关系的形成，进而演化出文化、习俗等非正式制度安排。然而，这仅是产业组织研究领域的一个方面。厂商在选择最优策略时往往面临困难，并常表现出偏离最优的行为模式，如过度投资或投资不足、产品过度复杂化及多样化，以及采用广告诱导策略和高频信息传递等。这些行为模式可能会增加厂商经营成本，或给消费者带来损失。行为产业组织理论将这些偏离最优策略的行为及其后果视为经济中的"异常"现象。为解释这些"异常"，关键在于引入理性约束的概念。该理论通过设定参与者具有有限理性，重新构建了厂商的策略行为模型。

（一）行为产业组织理论中关于厂商的理论基础

　　寡头竞争情境下厂商的策略性行为构成了新产业组织理论研究的核心议题。策略性行为被明确区分为合作性与非合作性两大类别，其中，非合作性策略性行为在新产业组织理论中占据了尤为重要的位置。在垄断或寡占市场结构中，市场环境不再被视作外生给定的因素，而是成为主导厂商能够通过策略性行为主动塑造的关键变量。此类策略性行为旨在影响竞争对手的预期，并改变其关于未来市场动态的信念，进而诱导竞争者采取对主导厂商有利的行动。策略性行为理论涵盖两大维度：一是影响未来市场需求与成本函数的策略，如过度产能策略、提升对手成本策略、品牌多样化策略等；二是作用于竞争对手对事件评估信念的策略，包括与进入壁垒构建、退出诱导相关的限制性定价、掠夺性定价、消耗战策略及研发竞赛策略等。博弈论作为分析和预测个体在策略性情境下行为选择的一种方法论框架，构成了产业组织理论研究中的核心工具（Moorthy，1985）。博弈论均衡模型建立在三个核心假设之上：（1）策略性思维，即博弈参与者关于其他参与者可能行动的预期；（2）最优化原则，即参与者基于策略性思维形成的预期，作出最大化自身利益的最优选择；（3）相互一致性，即参与者关于他人可能行为的预期与实际行为之间的一致性。

1. 产品差异化理论

产品差异化（product differentiation）是厂商实施非价格竞争策略的关键途径。新产业组织理论对以往产业组织理论中概念模糊的产品差异模型进行了细化，将其明确区分为垂直差异与水平差异两类。垂直产品差异源于产品质量的差异，而水平产品差异则指为满足不同消费者偏好而产生的产品类型多样性。产品差异化理论的核心构成涵盖三个维度：首先，运用伯川德－纳什均衡（Bertrand-Nash equilibrium）理论框架，分析两类差异下的市场均衡状态及其对社会福利的影响；其次，探讨在差异化产品情境下的价格决定机制；最后，聚焦于寡头垄断厂商在产品选择上的策略。

在具体理论应用中，产品差异化理论采纳了空间差异化的两大经典模型——霍特林线性城市选址模型（Hotelling，1929）和萨洛普圆形城市进入与定位的两阶段博弈模型（Salop，1979），以揭示差异化产品下的伯川德竞争特性，阐述差异化原则，并深入研究了自由进入条件下的多种均衡状态。多数关于产品差异化的研究均建立在寡头模型的基础上，区分产品水平差异与垂直差异。其中，加布泽维奇和蒂斯（Gabszewicz and Thisse，1982），以及沙克德和萨顿（Shaked and Sutton，1982）分别构建了垂直产品差异化情境下的厂商竞争模型，前者聚焦于产品质量作为外生变量时的价格均衡分析，后者则探讨了质量水平作为内生变量的选择情况。此外，迪西特和斯蒂格利茨（Dixit and Stiglitz，1977）引入了"非选址"模型，该模型专注于产品种类差异条件下的厂商竞争，重点对比分析了产品种类均衡数量与社会最优产品数量之间的差异。产品差异化理论还进一步探讨了差异最大化与差异最小化策略，以及广告宣传与信息性产品差异化等问题。

2. 价格歧视理论

经济学理论将价格歧视（discrimination pricing）划分为一级、二级和三级价格歧视三种类型。随着时间的推移与外部环境的演变，新的价格歧视形态不断涌现。近期，国外价格歧视理论展现出两大显著特征：第一，价格歧视理论的研究焦点已从垄断市场结构转向寡头市场结构。依据传统见解，价格歧视历来被视为垄断厂商实现利润最大化的策略手段。但近来的经验研究发现，价格歧视并非垄断厂商的"专利"，在寡头竞争下价格歧视也很普遍，如卡波利斯等（Cabolis et al, 2005）将图书市场的定价研究已经转向了寡头竞争领域。第二，价格歧视的理论研究由静态框架向动态框架扩展。随着现代信息技术的发展，厂商获得消费者的信息已经成为可能，很多厂商利用这些历史信息来对消费者实行价格歧视。依靠消费者的历史购买信息实施的价格歧视被称为动态的价格歧视。近年来，动态价格歧视已经成为产业组织中新的理论热点。学者们从寡头竞争和垄断的市场结构出发，分别探讨了寡头竞争下的同质产品、寡头竞争下的差异化产品和垄断供应下的动态价格歧视问题。研究发现，在寡头竞争市场中，实施价格歧视，不仅存在剥夺（消费者剩余）效应，还存在加剧竞争效应。当加剧竞争效应占上风时，整体价格可能下降，厂商剥夺消费者剩余的能力也随之下降。

（二）行为产业组织理论中关于消费者的理论基础

行为产业组织理论摒弃了新古典经济学中的理性经济人假设，转而采纳有限理性假设以描绘参与者的行为特征。此假设揭示，参与者在决策与判断过程中会受到多种认知偏差的影响，正如行为经济学所阐明，他们往往采用直觉式决策方式，并展现出启发式思维及框架效应等现象。基于有限理性的核心前提，市场博弈中各方参与者的理性程度可能存在差异性，即部分参与者展现出较高的理性水平，而另一部分则相对较低。然而，在理论分析的进程中，为了研究的便捷性，通常会采取一定程度的简化措施。一种常见的简化策略是设定市场中包含厂商与消费者两大主要参与群体，并对其进行分类处理：部分厂商与消费者遵循新古典经济学的理性经济人假设，而另一部分消费者则遵循行为经济学的有限理性行为人假设。研究者通常将遵循有限理性的消费者界定为"天真型消费者"，他们依赖直觉进行决策；而将遵循理性的消费者定义为"老练型消费者"，他们具备完备的理性或理性预期能力。在此设定下，具备垄断势力的厂商会根据消费者的理性类型提供差异化的价格菜单，以达成利润最大化的目标。此时，厂商倾向于最大限度地攫取经济剩余，而有限理性的消费者则成为剩余损失的承受者。即便在假定消费者群体具有同质性且展现出有限理性的前提下，于有限理性消费者与理性厂商之间的博弈情境中，厂商倾向于利用消费者的理性约束来策略性地规划其行为，旨在最大化其经济剩余的攫取。

1. 动态不一致性

众多研究揭示个体偏好普遍展现出动态不一致性（Camerer，2004），此现象构成了行为产业组织理论中备受瞩目的消费者非标准化偏好议题。消费者动态不一致性（time-inconsistent preference）指的是，在面对同一产品时，消费者的当前跨期选择贴现率相较于未来跨期选择贴现率呈现较高态势，进而引发其跨期选择行为随时间点的推移而发生变异，此现象也被学术界称为消费者的自我控制困境（self-control problem）。在传统产业组织理论架构内，消费者跨期选择的贴现效用模型为阐释消费者偏好、行为及其效用间关联提供了核心理论框架（Rabin，2002）。此模型采用贴现因子作为衡量个体对未来效用贴现程度的核心变量。在任意连续的时间区间内，消费者各期效用贴现值遵循指数衰减规律，随时间进程递减，且递减比率保持恒定，体现了贴现因子的时间不变性，这映射出消费者偏好具有动态一致性的特性。然而，行为经济学领域的研究却发现，消费者的偏好会随时间演变而发生逆转。维格纳和马尔门迪耶（Vigna and Malmendier，2004）深入分析了偏好不一致的消费者在市场中的具体表现。他们设定了一个包含两种商品的场景：投资型商品（如健身俱乐部）和休闲型商品（如信用卡）。投资型商品要求消费者在即期承担成本，以期在未来获得收益；而休闲型商品则允许消费者延迟成本支付至未来，同时立即享受其带来的收益。研究表明，相较于传统模型中理性消费者的行为范式，偏好不一致的消费者更可能表现出对当前休闲型商品的过度消费倾向，而将投资行为延迟至未来。他们往往期望在当前阶段增加消费，但这以牺牲未来投资机会为代价，凸显了消费者自我控制能力的欠缺。因此，理性的成熟消费者倾向于构建承诺机制，旨在减少休闲型商品的消费，并相应提升投资水平。大量实验证据进一步证实了消费者偏好确实展现出动态不一致性（Vigna, 2009）。

2. 参照依赖性

参照依赖性（reference-dependence）阐释了消费者行为中对相对损益变动的敏感性，即消费者的购买数量与支付价格决策受到参照点效应的深刻影响，且相对于参照点的损失展现出更为强烈的敏感性。具体而言，在面临与参照点等量的收益或损失情境时，消费者通常感知到的损失所导致的效用减损，相较于收益所带来的效用增益，表现得更为显著。传统效用理论聚焦于行为人最终选择结果的评估，然而，心理学与行为经济学的研究成果表明，行为人的决策历程实际上深受参照点的显著制约。在现实情境下，个体的选择不仅取决于选择结果的绝对数值，还受到其初始禀赋状态的显著影响。卡尼曼和特沃斯基（Kahneman and Tversky, 1979）对传统理论模型提出了质疑，并构建了参照依赖的偏好模型。该模型从参照点的设定与损失厌恶两个核心维度进行了深入的剖析与阐述。关于参照点（reference point）的核心理念在于，个体的决策依据并非最终的绝对水平，而是该结果与参照点之间的相对差异。参照点是一个主观构建的概念，其设定可受到个体初始禀赋、期望禀赋以及习惯水平等多重因素的影响。然而，参照点理论在诠释禀赋效应中接受意愿与支付意愿间存在的不对称性方面存在局限，鉴于此，行为经济学家引入了损失厌恶（loss aversion）的概念以深化理解，即相同数量的损失所引发的负面情感强度大于相同数量收益带来的正面情感强度。将损失厌恶视为参照依赖的一种具体体现，研究者发现其可通过三条路径对厂商定价策略产生作用。

首先，损失厌恶引发了消费者的一阶风险厌恶（first-order risk aversion），从而增强了消费者对风险规避的需求，在此情境下，厂商的最优定价策略是采取固定费率（Koszegi and Rabin, 2007）。其次，损失厌恶会导致需求曲线发生变化，具体表现为向外扭曲时形成价格黏性，向内扭曲时则触发随机定价现象（Heidhues and Koszegi, 2008）。最后，损失厌恶为厂商提供了通过随机定价策略操控消费者参照点的充分激励。为防范厂商利用消费者的损失厌恶心理进行不当获益，监管机构可通过强制要求厂商预先披露相关信息来应对这一挑战（Rosato, 2016）。

3. 不完全理性消费者行为

搜索成本、转换成本以及有限认知能力等因素的存在，往往促使消费者展现出次优搜寻行为、价格认知障碍及行为惯性等效应，从而在观念层面人为地创造出产品差异与市场势力，阻碍了消费者作出最优选择。这些现象构成了行为产业组织理论探究消费者行为模式的关键组成部分。同时，消费者行为能力的局限性也是该理论探讨的另一核心内容。以下将从消费者信息搜索成本、商品转换成本、价格认知困惑以及过度自信等维度，深入分析由消费者有限能力所引发的不完全理性消费行为及其对市场的影响。

（1）搜索成本和转换成本。

在定价机制复杂多变的市场环境中，消费者往往难以甄别出价格最优的商品或服务。在同类产品的市场中，为了寻找价格最优的产品，消费者需要先行搜集各个产品的价格信息，进而确定最低价格。在此过程中，由搜索活动产生的成本成为市场价格差异的一个关键要素（Stahl, 1989）。当产品发生迭代时，消费者需要在众多市场参与者中重新选择，此时便产生了转换成本。转换成本可能表现为一次性学习成本，例如，消费者首次从厂商 A 转向厂商 B 后，后续在 A 或 B 之间选择时便不再产生此类成本；也可能呈现为交易成本，如在租赁合同中，消费者归还租赁物时需支付的费用。搜索成本与转换成本在多个维度上存在共通之处，两者均能有效诠释消费者的次优选择行为（Baye et al, 2006）。传统模型预设消费者在搜索与转换过程中均能实现最优化决策，然而，即便忽略消费者的过度自信及其他相关认知偏差，该假设也显得过于理想化。搜索成本与转换成本共同导致了消费者的行为惯性现象，即默认效应。瀚德（Handel, 2013）对员工健康保险选择行为的研究表明，当保险价格上升时，仅有少数员工会改变其选择，而大部分员工则维持原有的保险计划。此外，有研究进一步指出，由外部因素引发的搜索成本降低，可能会被厂商故意增加的产品复杂性所抵消，从而维持或增强消费者的行为惯性（Ellison，2009）。显然，行为惯性的形成机制不只局限于搜索成本与转换成本。为了增强政策的有效性，并缓解由消费者行为惯性所导致的福利损失，有必要对行为惯性的具体成因进行清晰界定。有研究主要聚焦于转换成本进行分析，并简略提及了其他潜在因素，诸如员工对价格变动的无知、选择逃避行为、决策延误或记忆遗忘等（Handel，2013）。

（2）价格认知困惑。

即便消费者进行了全面的价格搜索，他们仍可能无法实现最优选择。这归因于在对比产品时，受自身认知能力所限，消费者难以完全区分同质产品，进而对报价产生混淆。同时，报价的复杂性也可能成为消费者识别最低报价的障碍。此类对产品质量与价格的认知困惑，在认知层面构筑了虚假的产品差异化，进而为厂商的机会主义行为提供了可乘之机。因此，厂商可能会采用诱导性广告等手段以增加消费者对产品质量的认知模糊性，或通过设计复杂的定价策略来加剧消费者对价格理解的困惑，从而试图提升自身利润。过度自信及其他认知偏差以类似机制导致消费者对产品的价格和质量产生误判，为厂商提供了剥削消费者剩余的机会。然而，这些源于消费者不完全理性的认知偏误，并不必然导致产品利润的增加或价格差异的扩大（Grubb，2015）。尤为重要的是，消费者所展现的价格困惑不能单一地归因于由过度自信或其他偏误引发的价格认知谬误。即便纳入这些价格认知错误等因素，仍难以阐释消费者为何会作出选择被占优选项这类有违理性的行为（Handel，2013）。有研究聚焦于消费者对成分、剂量及使用方法均相同的药物选择行为，其中一个品牌的价格为另一品牌的 3 倍。其研究结果显示，有 26% 的普通消费者和 9% 的药剂师倾向于选择购买价格更高的药物（Bronnenberg et al，2015）。阿姆斯特朗和波特（Armstrong and Porter，2007）同样指出，消费者常因诱导性广告传递的错误信息而误认为高价药物具备更高质量。经验研究进一步验证了消费者在产品质量认知上存在的偏误。值得注意的是，当消费者因困惑而错误地将同质产品视为存在差异时，即便市场上竞争厂商的数量增加，也难以有效实现产品价格的降低（Gabaix et al，2016）。

（3）过度自信。

在多数情况下，个体呈现出过度自信的倾向，具体表现为对自身知识水平、认知能力以及对信息准确性的高估，或是对未来持有非现实的乐观预期。消费者的过度自信具体分化为过度乐观与过分谨慎两种形态。过度乐观的消费者倾向于相对或绝对性地高估自身能力及未来前景，进而误判未来平均消费水平，并有可能签订超越其实际履约能力的合同条款（Grubb，2015）。厂商倾向于利用此类消费者的特性，通过调整合同条款或产品属性，营造出超越其实际价值的印象，从而抬高价格，旨在实现超额利润的最大化。为了深入剖析过度乐观的影响，有必要区分两种类型的消费者误判。第一种误判关乎对未来需求的错误预估，例如，过度乐观的驾驶者可能因对自身驾驶技能的过度自信而低估对保险的需求，这一行为进而可能加剧社会整体的安全风险；同样，过度乐观的消费者更倾向于加入健身俱乐部，但往往支付的费用超出其预期，而实际使用频率却相对较低（Vigna and Malmendier，2006）。

第二种误判体现在对自身知识、记忆力及注意力等认知能力的高估上，这类消费者自信能够最大化合同条款的效用，并避免额外的成本支出。针对此类消费者，厂商仅需通过创新合同条款的设计，即可占有更多的消费者剩余。相比之下，在预测未来消费时，过分谨慎的消费者虽能较为精确地预估平均消费水平，但却会低估实际需求在平均水准附近的波动幅度（Grubb，2015）。具体而言，当实际需求低于平均消费水平时，他们倾向于高估达到该水平的可能性；反之，则可能低估。针对此类消费者行为特征，厂商可通过实施分级定价策略来获取额外利润，即在平均消费区间内设定固定费用，并对超出此范围的部分加收额外费用。

厂商运用消费者过度自信心理剥夺消费者剩余的多种合同形式，这些形式涉及三级差别定价、注意力分散、记忆缺失及自我控制陷阱等机制（Grubb，2015）。具体而言，三级差别定价包括初始固定费用、配额内优惠费用及超出配额后的边际递增额外费用。在超出配额的情况下，厂商往往通过降低商品或服务质量而非直接增加费用来诱导消费者接受合同，例如，手机数据流量套餐在超出配额后可能会降低上网速度，或采取其他形式的额外费用收取策略。厂商通过利用消费者的注意力分散来设计合同，具体表现为在消费者账户透支时，凭借其疏忽收取额外费用，这一风险仅在消费者频繁监控账户余额时方可完全规避，否则将面临高额费用的风险。此外，厂商还针对消费者的记忆缺失与自我控制问题来设计合同，即在消费过程中向消费者预先承诺，未来完成特定任务后方可享有的优惠待遇。即便此类合同条款易于遭受竞争对手的模仿，厂商仍具备强烈的动机去创新此类旨在剥夺消费者剩余的合同条款（Heidhues et al，2016）。剥夺性合同条款之所以能够为厂商带来利润，其核心在于过度自信的消费者往往对价格构成进行错误分析。例如，潜在的信用卡客户若自认为能够密切关注账户余额并有效避免超额费用，则在选择信用卡时倾向于低估超额费用的重要性。据此，银行通过设定高额的超额费用，并利用过度自信消费者的低估倾向，最终能够吸引更多的客户。

关于过度自信对市场及社会福利影响的作用机制，可概括为以下三个核心方面。首先，即便在高度竞争的市场环境中，厂商依然具备能力制定复杂的定价策略，以攫取更多的消费者剩余。而市场竞争的作用主要限于降低固定成本，对于交易本身产生的消费者剩余无实质性削弱作用。不论厂商在市场中的角色是垄断者、寡头还是完全竞争者，固定成本的削减既无法抵消交易本身所生成的消费者剩余，也无法缓解因消费者过度自信所引发的消费者剩余减少现象。其次，尽管过度自信并不直接促成厂商均衡利润的提升，但当消费者因过度自信而高估合同价值时，其利益将遭受损害（Grubb，2015）。随着时间的推移，虽然过度自信的消费者会逐渐调整其认知偏差，但垄断厂商会借此机会提升产品价格（Grubb，2009）。最后，尽管监管政策有助于过度自信的消费者洞察厂商的定价机制，从而提升其决策效能，但是一旦厂商再次调整价格或修订合同条款，消费者的利益依然面临潜在的受损风险（Grubb，2015；Grubb and Osborne，2014）。

（4）消费者异质性。

行为产业组织理论主张，消费者群体并非呈现同质化特征，而是展现出明显的异质性。在某些情境下，部分消费者可能展示出较高的理性程度，而其他消费者则更多地呈现出非理性特质；而在另一些情境下，整个消费者群体可能均体现出有限理性的特征。此理论处理方法摒弃了传统理论中消费者同质性的基本假设，转而采纳了消费者异质性的概念。尽管多项研究表明，众多消费者展现出过度自信、搜索障碍、价格认知模糊及行为惯性等行为特征，但并未假定所有消费者均普遍遭遇这些问题。由此引发的一个核心议题是：市场中较为成熟的消费者是否会对其他消费者产生外部性影响？阿姆斯特朗（Armstrong，2015）针对此议题进行了深入探讨。当普通消费者因搜索不充分或价格认知模糊而未能选择最优价格时，成熟消费者凭借其敏锐的价格洞察力，能有效削弱厂商的市场势力，进而降低均衡价格，使全体消费者均受益，即产生了正向的搜索外部性。然而，在市场结构由多数普通消费者与少数成熟消费者构成的情况下，厂商往往会倾向于从普通消费者群体中获取更多的消费者剩余。同时，为了吸引成熟消费者，厂商会采取降价策略，这一举措实质上构成了对普通消费者剩余的牺牲，以此作为对成熟消费者的补贴，进而产生了负向的外部性影响（Gabaix et al，2016；Grubb，2015a）。阿姆斯特朗（Armstrong，2015）还发现，普通消费者异质性对市场均衡价格及消费者福利的影响并非一概而论，而是最终取决于理论模型中关于成熟消费者占比的假设条件。

异质性对市场产出及政策执行具有多方面的深刻影响。具体而言，账单提醒规则（bill-shock regulation）规定，在消费者需承担额外费用时，厂商必须提前发出预警。格鲁布（Grubb，2015）指出，基于消费者异质性、需求异质性及注意力异质性等维度的差异，该规则对消费者福利的影响可能表现为中性、正面或负面三种不同效应。尽管账单提醒规则在提升消费者决策效率方面具有积极作用，但若厂商随之调整价格策略以增加消费者的认知困惑，则最终仍难以避免消费者福利遭受损失的结果（Grubb，2015）。巴布和考夫曼（Bubb and Kaufman，2013）研究发现，针对预期未来可能承担隐性费用的消费者群体，非营利性信用社相较于营利性银行展现出了更为显著的竞争优势。营利性银行主要吸引的是能够规避隐性费用的成熟消费者群体，同时也包括那些试图避免隐性费用但最终仍须承担相关费用的普通消费者。而信用社则凭借其非营利性的本质特征，向外界传递出低费用的明确信号，从而有效警示可能面临隐性费用的消费者，避免其成为负外部性的受害者。因此，市场中非营利性厂商的成功与否，在很大程度上取决于消费者群体在成熟度方面的异质性程度。

三、新制度经济学

随着新产业组织理论的兴起，传统的以价格理论为基础的规制理论已被新兴的、以机制设计理论为基石的规制理论逐渐取代了旧有框架。新的规制理论着重探讨规制主体与被规制企业之间的信息不对称现象，并据此强调了构建激励性规制机制的关键作用。该机制的设计旨在鼓励厂商采用技术创新手段来提高生产效率并减少运营成本。此外，新规制理论还深入探讨了规制制度结构的相互作用过程，并从交易成本和规制承诺的角度对规制供给问题进行了分析。这些研究偏重约束条件下的最优选择，由于外部制度环境、经济当事人的有限理性和政治交易费用等因素的限制，规制往往难以实现最优的结果，而是次优的结果（拉丰，2009）。换言之，规制过程和性质取决于该社会的制度结构，即部门或部门运行的制度环境会影响规制制度的本质、行为方式及其绩效。

博弈论与机制设计理论的逐步演进对产业组织理论及新规制经济学的发展产生了显著的促进作用。在不完全竞争的市场环境中，企业在决策过程中必须审慎考虑其行为可能对供应商、消费者及竞争对手引发的连锁效应。因此，博弈论这一专注于策略互动研究的理论框架，为深入分析此类复杂情境提供了强有力的分析工具。新规制经济学专注于信息不对称情境下最优规制策略的探索，而机制设计理论深入探究了在信息不对称情境下，如何构建激励相容的机制，旨在达成资源的有效配置，这一领域恰好构成了新规制经济学的核心应用范畴。鉴于市场势力存在的客观性，实施规制措施显得尤为重要。产业组织理论为构建合理的规制策略奠定了坚实的理论基础，而新规制经济学则在此基础上，为制订最优规制方案提供了更为深入的理论支撑与指导。

（一）不完全竞争市场中的策略博弈行为

自 20 世纪 80 年代起，梯若尔等经济学家将博弈论与信息经济学的核心理论及解析框架引入产业组织理论的研究领域，此举为产业组织理论带来了深远的变革。此后，博弈论为多种产业的建模工作构建了一个既具备严谨性又富有灵活性的理论框架，成为研究不完全竞争市场的主导方法论，极大地推动了实证研究与福利效应分析的发展。在博弈论引领的这一理论革新之前，对于垄断企业如何有效阻止新企业进入或操控竞争对手行为的探讨，尚缺乏系统性的严密理论支持。新制度经济学的研究进一步表明，策略性投资对市场环境的细微变化表现出高度的敏感性。具体而言，弗登伯格与梯若尔（Fudenberg and Tirole，1983）构建了一个理论框架，旨在深入解析企业通过何种策略手段对竞争对手的决策过程施加影响。此框架与斯塔克伯格（Stackelberg）模型存在共通之处，它设定了一个包含单一在位垄断企业（记为 A）及一个潜在市场进入者（记为 B）的行业情境。在该框架内，企业 A 扮演先行者的角色，采取一项公开、可观测且不可逆转的投资举措，诸如扩展生产能力或推行市场营销策略。随后，企业 B 依据对企业 A 行为的观察作出是否进入市场的决策：若企业 B 不进入，则企业 A 独享垄断利润；若企业 B 选择进入，则双方进入子博弈阶段，各自采取行动并据此获取相应利润。根据博弈论的逻辑推演，企业 A 因先行行动而具备优势，在决定公开投资规模时，会全面考量该决策对企业 B 的潜在影响。若企业 A 旨在通过策略性投资来遏制新企业的市场进入，则需选定一个投资水平，该策略旨在使潜在进入者企业 B 的经济可行性降低至无利可图之境地。但值得注意的是，对于在位企业 A 而言，此等投资规模并非必然构成最优决策。为有效遏制竞争者的市场渗透，企业 A 可能需要实施极为高额的策略性投资。相反，若企业 A 选择采取较低的投资策略，从而接纳企业 B 进入市场，则可能在长期视角下实现更为可观的利润回报。

新制度经济学依据两大要素，对市场环境进行了细致的划分：一是在位企业因策略性投资而展现的强硬或温和姿态；二是潜在竞争者对此类投资的反应模式。具体地，在短期价格竞争的理论框架下，旨在削减边际成本的策略性投资将增强企业在未来市场竞争中的优势地位，且投资规模的大小与未来竞争的激烈程度呈现正相关关系。因此，在某些市场环境中，采取积极进攻性投资策略的企业能够获取利益，这归因于竞争对手因此丧失了市场份额；

而在另外一些市场中，此类投资策略则无法产生盈利效果，因为进攻性投资会招致对手采取同样的策略性反击。此现象正是产业组织理论中博弈论革命反复探讨的核心议题之一：它强调并非寻求普遍适用于所有行业的结论，而是特定产业的独特属性将导致截然不同的结论。据此，博弈论提供了一个分析框架，有助于我们系统理解和阐释现实世界中多样化的行为模式，这对于企业管理者及政府决策机构均具有重要意义。若企业管理者盲目地直接应用市场中某一成功的管理经验，或政府未针对具体市场条件制定规制政策，均可能犯下严重错误。

（二）最优规制方案与规制制度设计

传统的规制手段主要包括两类：回报率规制与拉姆齐定价（Ramsey pricing）机制。回报率规制允许企业设定高于边际成本但不超过特定回报率的价格上限。然而，此方法存在诸多局限，既缺乏激励企业降低成本的机制，又未提供明确模型以确定适宜的回报率水平。相比之下，拉姆齐定价机制为企业提供了一种通过向消费者收费来覆盖其成本的方式。规制者则依据拉姆齐定价公式来确定最优产量，以期最大化社会福利。该公式揭示了每种产品的勒纳垄断势力指数与其需求弹性之间存在反比关系。然而，值得注意的是，拉姆齐定价机制也有其固有的局限性。其局限性之一在于未能合理论证排除政府对厂商固定成本的转移支付；另一局限性则在于实践中的可操作性不足，因其执行须耗费大量成本并依赖详尽信息。新旧规制经济学理论的差异体现在对规制机制的处理上。旧规制理论倾向于将规制机制视作外生变量，侧重于探究规制产生的根源，其目的更接近于管制或监管措施的实施，而非深入剖析规制机制的本质属性。相比之下，新规制经济学则将研究焦点集中于信息不对称的问题之上，将最优规制方案的设计置于核心地位，运用机制设计理论深入探讨最优规制契约的具体形式。

构建规制问题探究的基础解析架构，并据此架构设计出最优规制策略。该架构将规制视作一种委托—代理关系，在此情境下，政府充当委托人的角色，而被规制的厂商则担当代理人的角色。政府虽能事后观察到生产成本，但难以准确衡量厂商在削减成本方面所付出的努力（即存在隐藏行动问题）；此外，相较于政府，厂商拥有更多关于成本削减技术的私有信息（即存在隐藏信息问题）。因此，该问题涉及一个包含隐藏行动与隐藏信息的委托—代理框架。政府的目标函数在于最大化社会总剩余，该剩余定义为消费者剩余与生产者剩余之和，扣除政府对厂商的转移支付。在委托—代理分析的范畴内，政府需在满足以下三项关键约束的前提下，实现其目标函数的最大化：首先是参与约束，确保厂商有动机参与规制过程，即其所得剩余需为正；其次是道德风险约束，鉴于厂商的努力程度难以直接观测，机制设计需有效激励厂商提供适当的努力水平；最后是激励相容约束，由于难以观测到厂商的成本削减技术信息，机制设计需促使厂商自愿选择符合其成本特性的契约。

拉丰和梯若尔（2004）主张最优规制方案应由一次性总额支付与线性成本分担两部分组合而成。该机制通过设计一系列精细的契约供企业选择，旨在缓解政府对企业在信息不对称方面的问题。在此框架下，不论生产者类型如何，企业均会基于自身利益最大化原则选择最适宜的契约：成本高昂且削减难度较大的企业往往倾向于选择成本补偿较高的契约，从而可能削弱其削减成本的动力；相反，那些具备显著成本降低潜力的厂商可能会倾向于选择一种既能补偿低成本又允许产品高价定位的契约安排，这样的选择赋予了他们强烈的成本削减激励。拉丰与梯若尔论证了这一机制具备良好的福利效应，并将其命名为最优静态规制机制。上述分析框架的构建以及最优静态规制机制的提出，为规制策略的制定与探讨提供了坚实的理论基础，并推动了规制政策的创新。在理论与实践的双重推动下，各国政府逐渐摒弃了回报率管制方式，转而采用价格上限管制策略。相较于回报率管制，价格上限管制使得厂商能够充分享有成本削减所带来的全部收益，从而极大地增强了其削减成本的动力。然而，值得注意的是，价格上限管制可能导致厂商获取过多租金，从而产生类似于税收的扭曲效应。

将最优静态规制机制的应用范围拓展至多产品厂商的规制领域，能够为解决诸如产品质量规制与接入定价等复杂问题提供理论支撑。在此情境下，厂商向消费者以管制价格提供多种商品，其最优定价策略需兼顾两大因素：一是对消费者需求与厂商利润的影响；二是对厂商成本削减的激励效应。拉丰和梯若尔（2004）认为，在满足特定可分离条件的基础上，激励问题对厂商产出的最优定价不产生影响，此即"价格—激励两分法"的基本原理。进一步而言，研究者们将此理论框架拓展至产品质量的规制研究中，指出若产品质量差异具有可辨识性，则不同质量的产品可被视作独立的商品，进而在价格—激励两分法的框架下对产品质量问题进行探讨。然而，当产品质量差异难以辨识时，政府需设计激励机制以促使厂商生产高质量产品。此时，价格—激励两分法的适用性已不再成立，因为在固定价格机制下，厂商可能会以降低产品质量为代价来削减成本。接入定价成为多产品厂商规制问题中的另一关键维度。拉丰和梯若尔（2004）着重探讨了接入定价的最优规制问题，他们指出，当其他厂商通过接入服务与提供接入服务的厂商形成竞争关系时，价格—激励两分法的适用性会出现失效。在此情境下，提供接入服务的厂商可能会倾向于过度估计接入成本，以便提高价格或削弱竞争。

1. 机制设计

机制设计理论的核心议题可归纳为：在基于自由选择与自愿交换的分散化决策框架下，针对任意给定的经济或社会目标，探究是否存在以及如何实现一种经济机制的设计，即构建恰当的法律、法规、政策指令及资源配置规则体系，以确保经济活动参与者的个人利益与机制设计者所预设的目标相一致。此处的设计者，其角色范围广泛，从宏观层面上的整个社会经济体系的制度规划者（旨在实现社会整体目标），到微观层面中仅涉及两名参与者的经济组织管理者（旨在追求个人最优利益）。机制设计理论由信息理论与激励理论两大支柱构成，并通过构建经济模型提供了有力的理论支撑。该理论模型的结构包含四个基本要素即经济环境、自利行为描述、想要得到的社会目标，以及配置机制（包括信息空间和配置规则）。

机制设计理论旨在解决两大核心议题：一是信息成本优化，通过设计一种机制，以最小化消费者、生产者及其他经济活动参与者所需的信息及其处理成本。鉴于经济机制的构建与实施均包含信息传递环节，且该环节必然产生成本，因此，机制设计者追求的理想状态是缩减信息空间的维度至最低限度。二是激励机制的构建，旨在确保在既定机制框架下，各参与者在追求个人利益的同时，能够实现设计者所预设的整体目标。在诸多情境中，诚实陈述并不符合激励相容原则，存在个体可通过虚假陈述获取额外利益的情形。那么，何种条件下个体倾向于诚实陈述呢？吉巴德－萨特斯维特操纵定理证明了一个事实行为：当社会选择规则仅服务于单一个体利益时，该个体才有动机诚实表达偏好，此时，其他个体无论诚实或虚假陈述，均无显著利弊，故诚实陈述成为一种中性选择。该定理指出，通过伪装偏好可操控最终结果以牟取私利。在个体经济环境中，即便在满足参与性约束（即资源配置需符合个人理性条件）的前提下，也不存在一个有效的分散化经济机制（涵盖市场竞争机制），能够同时达成帕累托最优配置并激励个体真实表达其偏好，即个体真实偏好的表达与资源帕累托最优配置的实现难以兼顾。因为，若个体倾向于诚实陈述，则诚实陈述应成为其占优策略。因此，在机制设计中，欲获取能产生帕累托最优配置的机制，往往需舍弃占优策略均衡假设，即不再预设所有个体均诚实行事。因此，任何机制设计均须审慎考量激励问题。要实现特定目标，首先，需确保该目标在技术层面可行；其次，需满足个人理性条件，即参与性，若个体因更优选择而放弃参与，则机制设计形同虚设；最后，这需要满足激励相容约束条件，促使个体自利行为自发服务于制度目标。

机制设计理论的核心价值不仅在于揭示各类不可能性困境，更在于为特定环境下克服这些困境提供具体路径。人类已开发出多种技术与制度，旨在诱导个体展示并衡量其效用，拍卖与招标投标制度即为典型例证。同时，众多理论针对不同类型的经济环境构建了相应的激励机制，克拉克－格罗夫斯－莱迪亚德（Clarke-Groves-Ledyard）机制便是其中的典型代表。这些机制在局部效用衡量与对比方面展现出了实施的可行性。人类社会的现实选择本质上是理性设计与个体自由发挥的有机融合，二者间的界限与结合方式随着知识积累与技术进步而持续演变，而这种演变又直接塑造着人类所能获取的知识与技术形态。这一过程是一个问题不断涌现与解决的复杂循环，自然而然地驱动我们步入持续改革的轨道。

对于正处于制度创新及经济、社会制度转型阶段的国家而言，机制设计理论具备极为关键的实践意义。鉴于各国国情复杂多样，当现有经济环境难以用标准的新古典经济学理论充分解释时，迫切需要一个基准与统一的分析框架来评估与比较不同经济机制的优劣，以及一个具有普遍适用性的理论来指导制度选择。在此背景下，机制设计理论无疑是一个理想的选择。该理论在信息效率领域的深刻研究，为转型经济体的市场化改革提供了坚实的理论基础。从机制设计理论所提炼的普遍性论证中，我们可以得出以下结论：相较于竞争性的市场机制，指令性计划经济等非市场机制为实现资源的有效配置，所必需的信息量更大，且需承担更高的机制运行成本。

2. 激励相容

在哈维茨（Hurwicz，2014）提出的机制设计理论中，"激励相容"概念被界定为：在市场经济体系内，每位理性经济主体均展现出自我利益最大化的倾向，其行为依据自利原则进行决策。如果存在一种制度设计，能够引导个体在追求自身利益的过程中，其行为恰好与厂商追求集体价值最大化目标相一致，则该制度设计被视为实现了"激励相容"。现代经济学的理论探索与实证分析均揭示，遵循"激励相容"原则，能有效调和个体利益与集体利益之间的潜在矛盾，促使个体的行为模式及其产生的结果符合集体价值最大化的目标。在此框架下，员工在为厂商贡献力量的过程中，也能成就个人职业发展，从而实现个人价值与集体价值目标函数的一体化。

1996 年诺贝尔经济学奖颁发给美国学者威廉·维克里（William Vickrey）与英国学者詹姆斯·米尔利斯（James Mirrlees），为表彰他们将"激励相容"理念融入研究之中，从而开创了信息不对称情境下激励理论的新分支——委托代理理论。维克里和米尔利斯（Viekrey and Mirrlees，1996）指出，由于代理人与委托人的目标函数存在不一致性，加之广泛存在的不确定性和信息不对称现象，代理人的行为可能会偏离委托人的目标函数路径。然而，委托人难以观测到代理人的偏离行为，难以实施有效的监督与约束，进而可能导致代理人损害委托人利益的现象，这一现象被称为"代理人问题"，它引发了逆向选择与道德风险。为解决此问题，委托人需设计一种机制，旨在紧密联结委托人与代理人的利益，激励代理人采取对委托人最为有利的行为，以确保委托人的利益最大化能够基于代理人的效用最大化行为得以实现，这一过程即为激励相容的实现。在这一理论框架下，"委托人—代理人"关系泛指所有形式的非对称交易或关系。具体而言，拥有信息优势的一方被定义为"代理人"，而处于信息劣势的一方则被视为"委托人"。

四、专业术语和相关概念介绍

（一）效用理论

效用理论旨在深入探究消费者如何在多样化的商品与服务之间分配其有限收入，以期实现满足程度的最大化。该理论的核心研究目标是阐释需求曲线呈现向右下方倾斜态势的内在原因。在分析消费者行为时，主要采用两种核心分析工具或框架：一是基于基数效用理论的边际效用分析法；二是基于序数效用理论的无差异曲线分析法。商品需求源自消费者，在理性经济行为框架下，他们被视为追求自身利益最大化的主体。理性消费者的经济行为特征体现为，在既定的外部环境制约下，根据自身设定的目标与有限的资源条件作出最优选择。在此过程中，消费者受到两种相反力量的驱动与约束：一方面，为达到更高的满足程度，消费者倾向于最大化其商品消费量或拥有量；另一方面，消费者的收入水平或其获取收入的能力受到一定限制。因此，消费者的最优选择策略在于合理地将有限的收入分配给各类商品，旨在最大化从商品消费中获取的"效用"。故而，对消费者最优行为的理论分析需集中于探讨消费者获取商品的动机、所面临的收入约束条件以及实现效用最大化的必要条件。

消费者需求源自其内在欲望，这些欲望构成了对商品需求的根本动因。商品因其满足消费者欲望的能力而成为被选择的对象，消费者依据商品满足其欲望的程度来决定购买何种商品及其数量。在学术领域，商品或服务满足消费者欲望的程度被界定为效用。效用的具体量化值并非客观且恒定，而是依赖于消费者的主观心理评估，该评估由消费者欲望的强度所驱动，而欲望的强度则深层次地反映了人们的内在或生理需求。因此，对于同一商品，在不同消费者之间或在消费者处于不同状态时，其效用满足程度会呈现出差异性。

边际效用递减规律与需求法则共同揭示了需求量与价格之间的反向变动关联。消费者均衡理论则进一步探讨了消费者在既定货币收入限制条件下，如何选择商品种类及购买数量，以实现效用最大化，即解决消费者在有限资源约束下的最优消费决策问题。需求定理明确阐述了商品需求量与其价格之间的反向变动关系。消费者购买各类商品的核心目的在于达成效用最大化，或可称为消费者剩余最大化。在商品价格保持不变的情境下，消费者从商品中获取的效用越大，即对该商品的评价越高，其消费者剩余也随之增大。同样地，当消费者对商品的评价保持恒定，而支付的价格降低时，消费者剩余也会相应增加。因此，消费者愿意支付的价格由该价格下商品所能提供的效用水平所决定。消费者对于购买一定量某商品所愿意支付的货币价格，取决于其从该商品中所获得的效用。具体而言，效用越高，消费者愿意支付的价格越高；反之，效用越低，则愿意支付的价格越低。然而，随着消费者购买某商品数量的递增，该商品为消费者带来的边际效用呈现出递减趋势，而货币的边际效用则维持恒定。这一变化致使随着商品数量的增加，消费者愿意支付的价格逐渐降低。因此，需求量与价格之间呈现出一种必然的反向变动关系。

（1）在市场经济体系中，消费者主权体现为厂商需遵循消费者的需求导向来组织生产活动。依据消费者行为理论，消费者在购买商品时的目标是实现效用最大化。具体而言，商品的效用水平越高，消费者愿意支付的价格也随之提升。

（2）根据消费者行为理论，厂商在确定生产产品时，首要考量的是商品所能为消费者带来的效用水平。效用，作为一种心理感受，深受消费者偏好的影响。因此，为了确保产品能够顺利销售并获得高价，厂商需深入分析消费者心理，力求满足其偏好。消费者的偏好主要受消费时尚的影响。不同历史时期，消费时尚各具特色。一个成功的厂商，不仅要对当前消费时尚有深入了解，还须具备洞察未来消费趋势的能力。通过此种方式，厂商能够有效捕捉消费时尚中所反映的消费者偏好变动，并迅速开发出与之相契合的产品。

此外，消费时尚也显著受到广告的影响。一则成功的广告能够引领新的消费趋势，进而对消费者的偏好产生作用。从社会层面来看，消费时尚与广告是影响消费者偏好的主要因素。然而，从个体层面分析，消费者的偏好还受到其个人立场和伦理道德观的制约。因此，在产品开发过程中，厂商须精准定位目标消费群体，并依据该群体的特定喜好进行产品设计。

（3）消费者行为理论进一步揭示出，某一产品的边际效用呈现出递减趋势。具体而言，当某一产品的数量单纯增加时，其为消费者带来的边际效用将逐渐减少，从而引发消费者愿意为该产品支付的价格下降。因此，对于厂商而言，实现产品多样化显得尤为重要。即便属于同类产品，只要产品间存在差异，也可有效避免边际效用递减的现象。边际效用递减原理对厂商具有启示意义，即厂商须致力于创新，开发多样化的产品，以满足市场需求。

（二）消费者剩余

消费者剩余（consumer surplus）指的是消费者愿意为消费某一特定数量商品所支付的最高价格与该商品实际市场价格之间的差额。此概念由马歇尔依据边际效用价值理论推导得出。范里安提出了多种计算消费者剩余的方法。作为衡量消费者福利的核心指标，消费者剩余被广泛采纳为分析工具。产业的社会福利可表述为消费者剩余与生产者剩余的总和，或等同于总消费效用减去生产成本。1977 年，迪克西特与斯蒂格利茨将内在规模经济因素纳入一般均衡模型的分析框架，据此得出了市场倾向于追求最优边际利润，而社会则更侧重于最大化消费者剩余的结论。普遍观点认为，消费者剩余达到最大化的条件为消费者边际效用等于其边际支付。消费者剩余，也称消费者的净收益，指的是消费者在购买特定数量的某种商品时，其愿意支付的最高总价格与实际支付的总价格之间的差额。该概念量化了消费者主观感知的额外利益获取。在自由交易的情境下，消费者通过选择最优消费数量，能够改善自身福祉状况。利用先前推导的消费者需求曲线，可精确衡量经济交易中额外获得的益处。具体而言，消费者剩余等于买者愿意支付的最高价格减去买者的实际支付价格。

（三）纳什均衡

纳什均衡（Nash equilibrium），也称非合作博弈均衡，是博弈论中的一个核心概念，由约翰·纳什命名。在博弈进程中，若某一参与者在面对对手任何策略时均选择某一固定策略，则该策略被视为支配性策略。当所有参与者在其他参与者策略保持不变的情况下，各自所选策略均达到最优时，该策略组合即被定义为纳什均衡。简而言之，纳什均衡是指各博弈者的均衡策略均为追求自身期望收益最大化，且此策略为所有博弈者共同遵循。纳什均衡依据策略类型可分为"纯策略纳什均衡"与"混合策略纳什均衡"。为明确这两者，须先阐述纯策略与混合策略的概念。纯策略是指博弈者在每个决策点上都采取明确且单一行动的策略；而混合策略则是指博弈者具有一定的概率分布选择不同纯策略的组合。

在此情境下，纯策略为博弈参与者提供了一个全面的行动指南，明确规定了在不同可能情境下应采取的具体行动。策略集合则是由博弈参与者所能实施的所有纯策略组成的集合。相对而言，混合策略则是通过为每一个纯策略分配一个特定的概率来构建的一种策略形式，它允许博弈参与者依据一定的概率分布随机地选择一个纯策略进行实施。在混合策略博弈均衡中，须运用概率进行计算，因为每种策略均呈随机性，当达到某一概率分布时，可实现收益的最优化。鉴于概率的连续性特征，即便策略集合为有限集，也能构造出无限多个混合策略。

严格而言，每个纯策略均可被视为一种特殊形态的"退化"混合策略，即某一特定纯策略的概率被明确设定为1，而其他所有纯策略的概率则均为0。因此，"纯策略纳什均衡"是指在博弈过程中，所有参与者均选择纯策略的一种状态；而"混合策略纳什均衡"则是指至少有一位参与者采用混合策略的情形。值得注意的是，并非所有类型的博弈均能存在纯策略纳什均衡。例如，"钱币问题"仅存在混合策略纳什均衡，而不包含纯策略纳什均衡。然而，众多博弈实例中仍存在具备纯策略纳什均衡的博弈，如协调博弈、囚徒困境以及猎鹿博弈等。此外，某些博弈甚至能展现出纯策略纳什均衡与混合策略纳什均衡共存的现象。

（四）帕累托改进

帕累托改进（也称帕累托优化），是以意大利经济学家维尔弗雷多·帕累托（Vilfredo Pareto）的名字命名，并建立在帕累托最优（Pareto efficiency）的理论基石之上。帕累托最优状态表明，在不对任何一方福利造成损害的前提下，无法实现另一方福利的进一步提升；而帕累托改进则是指在保持至少一方福利水平维持不变的基础上，通过调整当前的资源配置格局，以实现另一方福利水平的增进。帕累托改进的实现场景涵盖资源闲置与市场失灵两种情况。在资源闲置的情形下，存在部分个体能够增加产出并从中获益，同时不削减其他个体的福利。而在市场失灵的情形下，合理的干预措施能够缩减福利损失，进而对社会整体产生积极影响。帕累托最优与帕累托改进是微观经济学，特别是福利经济学领域中频繁援引的核心概念。福利经济学的一项基本定理揭示，所有市场均衡均具备帕累托最优的属性。然而，在实际经济活动中，利益的得失通常并存。鉴于此，经济学家们提出了"补偿原则"，即当某一经济主体的境况因变革而得以改善，以至于在补偿另一受损经济主体的损失之后仍有盈余时，整体社会福利即被视为有所增加。这一原则构成了福利经济学中另一项重要的标准——卡尔多-希克斯改进（Kaldor-Hicks improvement）。

当经济体系中的资源与产出无法通过任何形式的重新配置来使任一个体获益而不至少损害另一个体时，该经济体系即达到了帕累托最优状态。帕累托改进或优化，指的是从一个资源配置状态向另一个更优状态的转变过程，帕累托最优状态代表了一种资源配置的极致情形。若某一社会已经达到帕累托最优，则不存在进一步实施帕累托改进的可能性；反之，若存在实施帕累托改进的空间，则表明当前资源配置状态尚未达到帕累托最优。值得注意的是，从非帕累托最优状态向帕累托最优状态的转变过程，并不必然构成帕累托改进，因此可能无法获得经济体内所有成员的普遍支持与认同。

社会的变革必然伴随着其内部个体或群体收益格局的调整。在普遍认知中，帕累托改进因其能确保所有相关方的利益增进，故被视为一个理想化的标准，易于获得全体的一致赞同。然而，这一认知实则蕴含了一个误区。首要的是，帕累托改进的概念仅适用于封闭系统的情境。一个常被引作帕累托改进典范的实例是自愿交易行为。例如，假设张三拥有一个香蕉，该香蕉对其个人价值为 1 元。李四欲购此香蕉，且该香蕉对其价值为 2 元。对于张三而言，以高于 1 元的任何价格出售均有利可图；对于李四而言，以低于 2 元的价格购入也属有利。若张三提出 1.8 元的售价，且李四接受，则双方交易的总收益为 1 元，其中张三获益 0.8 元，李四获益 0.2 元，双方均从交易中受益。相较于未进行交易的情况，张三与李四之间的交易构成了帕累托改进。然而，若引入第三方王五，该香蕉对其价值为 1.7 元，并愿意以低于 1.7 元的价格购入以获得利益。由于交易已在张三与李四之间达成，王五因此受损。此现象揭示，帕累托改进的概念仅适用于由张三与李四构成的封闭系统，而在扩展至包含张三、李四及王五的更为广泛的系统中则不再适用。从潜无穷理论的角度出发，无论我们构建一个多么大规模的封闭系统，在该系统内部，从某一状态向另一状态的转变或许可被视为帕累托改进。然而，总能在该封闭系统之外识别出因这种状态变化而遭受不利影响的个体。因此，对于包含这些受损个体的更大系统而言，这种状态改变并不构成帕累托最优。若帕累托改进仅在封闭系统内成立，则该系统中的个体仅能通过与该系统内其他个体比较来评估自身效用的提升。否则，将存在双重标准：一是基于先前状态的时间标准；二是相对于外部个体的非标准参照，这将引发相对效用问题。若效用改善呈现同比例，则相对效用未发生变化，故不构成帕累托改进；若效用增加呈现不同比例，从相对效用视角审视，将导致一方受损而另一方受益，此情形同样不构成帕累托改进。如此分析，则不存在所谓的帕累托改进情形。

　　实际情况是，许多人将自认为属于帕累托改进的状态，实则是与封闭系统之外的人或群体进行比较，而非封闭系统内部成员间的比较。然而，这种比较并不构成帕累托改进。因此，帕累托改进概念本身不仅可能掩盖问题，而且蕴含着悖论。当然，此处我们是从理论视角进行分析，而在现实中，我们往往基于封闭系统的利益进行考量，不自觉地以外在系统为参照，且以绝对的效用增加而非相对的效用增加作为标准，这自然导致了帕累托改进概念的适用困境。

（五）斯塔克尔伯格模型

在古诺模型与伯特兰德模型中，参与市场竞争的厂商均占据同等的市场地位，进而展现出相似的行为方式，且其决策过程具备同时性特征。具体而言，当厂商甲制定决策之际，无法预知厂商乙的决策详情。然而，在现实情境中，部分市场竞争中的厂商并不享有对称的市场地位，此等不对称性导致了决策次序的非对称性现象。一般而言，规模较小的厂商倾向于先观察规模较大的厂商之行为，再据此来规划自身的应对策略。德国经济学家斯塔克尔伯格所提出的模型，正是对这种非对称竞争现象的一种理论阐释。

该模型的核心假设为：主导厂商在设定自身产量时，预先认知到跟随厂商会根据其产量作出相应调整，并已将这一预期反应纳入决策考量之中。据此，该模型也被命名为"主导厂商模型"。斯塔克尔伯格模型作为一种产量领导模型，其特点在于厂商之间的行动存在明确的先后顺序差异。产量的决策过程遵循如下逻辑序列：首先，主导厂商设定一个初始产量；其次，跟随厂商在观察到主导厂商的产量后，依据主导厂商的产量水平来决定自身的产量。值得注意的是，主导厂商在作出决策时，已对跟随厂商的行为模式有了充分的认识，即主导厂商能够把握跟随厂商的反应函数。因此，主导厂商能够预先估计自身产量变化对跟随厂商可能产生的影响。在评估这种影响效应的基础上，主导厂商所确定的产量将是在跟随厂商反应函数约束条件下实现利润最大化的产量。在斯塔克尔伯格模型的框架下，主导厂商的决策过程中无须纳入自身的反应函数进行考量。

（六）协调机制

供应链中的协调机制是指一系列有序的处理过程，旨在促使所有成员协同工作以实现预设目标，并规范系统中多个构成要素的运作行为。供应链协调的核心在于构建高效的激励机制，旨在引导独立决策者采取的自利行为能够导向供应链整体的最优解。供应链运作中的低效率主要源于外部性（externalities）的影响，即供应链中存在的双重边际化（double marginalization）现象。为克服这种外部性，学界提出了两种策略：一是优化贸易结构，例如通过纵向一体化的方式，将供应链的上下游成员整合为一个统一的实体；二是调整交易条款（terms of trade），特别是关于合同或协议的类型及其基础变量的设定。这些旨在提升供应链系统整体效能的策略，共同构成了供应链的协调机制。

第三章　文献综述

随着各种不同平台模式的广泛应用及顾客线上线下多样化消费行为的出现，越来越多的学者从运营管理的角度研究平台供应链系统中的渠道管理、定价、竞争、技术投入和合作等问题。由于本书主要考虑多维竞争，以及顾客跨品牌渠道和策略消费行为，研究平台型供应链企业间的动态竞争博弈和供应链内部在品牌、服务广告与技术投入等策略上的合作模式。因此，以下主要对平台系统和生鲜供应链管理策略与合作模式、顾客跨品牌渠道和策略性消费行为，以及基于渠道和品牌竞争动态博弈等相关文献进行梳理与评述。

一、平台经济文献综述

平台经济已成为促进产业结构升级的重要推手，多数企业创新的战略转型与功能拓展都将基于平台模式来实现。罗歇和梯若尔（Rochet and Tirole，2003）第一次正式提出了平台经济双边市场的概念。阿姆斯特朗（Armstrong，2006）对于双边市场竞争的阐述是另一个奠基之作，为双边平台的竞争研究奠定了模型和理论基础。同时期的埃文斯（Evans，2003）将双边平台市场拓宽至多边平台市场，为多边平台理论提供了来自现实世界的证据。阿姆斯特朗和怀特（Armstrong and Wright，2007）继续讨论了平台垄断势力和多栖性带来的竞争性瓶颈问题。这一时期，学者们也将双边平台理论与电子商务一起研究。以亚马逊和 eBay 为例，高都尔和朱利安（Gaudeul and Jullien，2005）从双边平台的角度分析了电子商务，并准确地预测到双边平台模式将是电子商务发展的趋势。国内学者纪汉霖（2006）最早解释了电子商务平台的运行机制，并明确提出双边市场"低成本定价"不属于掠夺性定价。吴汉洪和孟剑（2014）对国内外双边平台的经典理论进行梳理，总结出双边市场定价的三个特点，即非边际成本定价、平台的双边价格结构不对称和存在交叉补贴行为。

基于以上平台组织理论，国内外学者们开始关注平台运营策略问题，随着更多的传统零售商进行线上和线下布局，大量的文献开始探讨具体实施多渠道战略企业的渠道管理（Kolay and Shaffer，2013）。这些文献分别研究了多渠道战略下商家利润（王文隆等，2024）、定价服务（刘墨林等，2020）、品牌（马德青等，2020）、线上线下产品策略（Dzyabura and Jagabathula，2018）等问题。平台经济的繁荣带来一些新的问题，例如"大数据杀熟"、不正当竞争、垄断等。因此，近年来国内外学者聚焦平台规制的研究。比如基于价格歧视理论对电商平台出现的个性化定价或"大数据杀熟"现象进行研究（邢根上等，2022）；基于博弈论对平台默许合谋问题进行研究（Miklos and Tucker，2019；孟昌和曲寒瑛，2021）；基于产业组织理论对多边平台的反垄断问题进行研究（Loertscher，2020；尹振涛等，2021）。国内也有大量学者研究平台的最优决策问题。比如，张凯和李向阳（2010）通过 Hotelling 模型构建了双寡头双边平台企业竞争模型，对其均衡最优解的存在以及均衡结果的结构展开了分析，探讨了分别经营特色产品的双寡头双边平台企业实现均衡时最终用户的均衡价格、市场份额、获得的利润等。彭本红和武柏宇（2016）通过问卷调查，收集核心生态主体数据，利用因子分析、聚类分析、方差分析、结构方程等方法，探讨不同治理模式与开放式服务创新绩效的内在联系。

二、平台型供应链文献综述

随着不同的平台商业模式在实践中广泛应用，国内外学者们展开大量的相关研究。首先，学者从共生单元和系统解释平台模式中存在的竞争和合作关系，提出相应的平台管理模式和最优决策提高平台绩效（Chakravarty et al，2014）。关于平台管理模式和最优决策文献大多基于平台组织理论，尤其是如何制定平台间的外部竞争策略、定价策略（Jiang and Srinivasan，2011）和创新策略（Boudreau，2010）等。比如，德拉罗卡斯（Dellarocas，2003）研究了基于卖家产品质量收取产品展示费的模式，提出了如果卖方质量可靠，在成交后将能获得一定的奖励来激励在线卖方的诚信行为。其他文献研究了多渠道战略对商家利润（Chiang et al，2003）、产品设计（Chen et al，2017）和线上线下的产品策略（Dzyabura and Jagabathula，2018）。基于平台组织理论，李治文等（2014）研究两个商家对商家（B2B）平台竞争，剖析了用户数量与质量对平台竞争优势的贡献；王玉燕和于兆青（2018）研究了由制造商、零售商和网络平台构成的混合供应链系统，构建了混合供应链的不同模式，给出各模式相应的定价、佣金以及利润等决策。随着更多的传统零售商进行线上和线下布局，大量的文献开始探讨具体实施多渠道战略企业的渠道管理（Kolay and Shaffer，2013）。余牛等（2016）研究了平台向消费者提供产品的两种模式：一种是常规的网络直销模式；另一种是通过有第三方返利平台参与的返利模式。研究表明，相对于集中式决策，分散式决策下网络零售商的最优零售价格会降低，同时第三方返利平台返还给消费者的返利会减少，这会加剧两种模式之间的冲突而导致系统低效率。

但平台企业和生产企业的逐利性，导致了平台型供应链合作经营机制的不稳定，也有众多学者研究如何通过建立平台成员合作和协调机制改进整体绩效（David and Adida，2015；Cao and Li，2015）。大量的文献研究了电子商务模式下双渠道中的契约选择问题（Chiang，2010；陈远高和刘南，2011；Chen et al，2012）。由于线上到线下（O2O）模式被广泛应用，近年来国内外学者从微观层面探讨 O2O 渠道管理决策的议题。张润通（Zhang，2015）探讨了通过电子商务、O2O 和微信等不同平台搭建的渠道对中国农业产品销量提升的有效性。张鹏等（Zhang et al，2017）在双边市场竞争情形下，分析了 O2O 平台的网络外部性和国家管控带来的影响。高飞和苏旋明（Gao and Su，2017）应用理论模型研究线上下单线下取货（BOPS）和网上购物对渠道协调的影响。通过扩展传统供应链的关于广告合作的研究，李响等（Li et al，

2019）基于 O2O 供应链，分析了三种广告合作模式（整合、单边和双边广告模式），提出了 O2O 供应链内部成员间广告支出的最佳共享机制。戈文丹和马洛姆费（Govindan and Malomfalean，2019）分析三种机制（收入分享、回购和数量灵活性合同）对 O2O 供应链进行协调。当考虑特约加盟商和品牌商之间的渠道冲突和蚕食效应时，蔡赞明等（Choi et al，2019）研究了时装 O2O 供应链渠道中，加盟商的选址对加盟合同和订单的影响。李义猛等（Li et al，2021）在 O2O 平台模式下研究了顾客评论和消费品产品线设计的交互关系。在 O2O 供应链的管理研究方面，国内学者们也从不同角度展开探讨，金亮等（2017）建立了"线下体验＋线上零售" O2O 供应链线上零售商和线下实体店间委托代理模型并设计了线上零售商佣金契约。范丹丹等（2017）针对客户需求受线上与线下服务影响的 O2O 供应链，对比分析了线下门店为品牌商自营门店的集中式服务决策模型及其为品牌商加盟门店的分散式服务决策模型。马德青等（2020）考虑消费者参考质量效应对产品品牌商誉和线上电商平台产品需求的双重影响，分析了消费者的参考质量效应和展厅行为对制造商的产品质量策略、实体店销售服务策略、电商平台大数据服务策略以及各企业绩效影响。

现有文献关注了平台商业模式下的最优决策和合作等问题，为本书研究奠定了理论基础。但它们主要是从战略、组织等角度定性地对平台商业系统的内部关系、渠道结构等进行了识别和分析，而同时考虑平台业务前端（消费者可能的品牌渠道策略性消费行为及影响这些行为的电商模式）与平台间和内部多维竞争关系的研究较少。特别是多维竞争动态博弈下，不同平台供应链主体间最优的合作机制等值得用定量模型、博弈论等方法加以刻画研究。

三、农产品供应链文献综述

与其他供应链不同，生鲜农产品供应链有自身特性，基于生鲜农产品的易腐性，国内外学者对生鲜农产品供应链运营策略展开研究，比如生鲜产品的库存控制（Xiao and Xu，2013）、生鲜产品生产分销系统（Yan et al，

2011）、生鲜物流网络优化（De Keizer et al, 2017）、定价策略与协调（Cai et al, 2010）等。考虑保鲜努力水平对生鲜产品质量和数量的影响，布莱克本和斯卡德（Blackburn and Scudder, 2009）设计了一种混合及时响应模型减少新鲜产品的价值损失；蔡晓强等（Cai et al, 2013）从供应链角度分析了最优的供应链成员最优的保鲜努力水平决策；李瑞海等（Li et al, 2018）考虑价格参考效应和生鲜程度对消费者购买决策的影响，研究了生鲜供应链联合定价和库存策略。闫长源等（Yan et al, 2011）研究了生鲜产品生产分销系统。德·凯泽等（De Keizer et al, 2017）考虑生鲜供应链网络关系，开发了生鲜供应链物流优化网络设计模型，以提高物流网络的效率。关于定价策略，蒂瓦里等（Tiwari et al, 2018）研究了在有限存储容量下物品恶化的供应链中的最佳定价和批量大小决策。郑琪等（Zheng et al, 2017）研究了最佳保鲜努力决策和生鲜产品供应链协调，以实现双赢。吴青等（Wu et al, 2015）探索了由第三方物流服务提供商组成的生鲜产品供应链中的协调合同，第三方物流服务提供商如何努力减少损失。

国内学者也展开了对生鲜供应链的研究，考虑生鲜农产品具有质量和数量双重损耗特性，王磊和但斌（2020）在同时控制生鲜农产品质量和数量损耗、显著控制数量损耗和显著控制质量损耗三种保鲜策略下，对比分析了零售商的最优保鲜策略选择以及对应的订货和定价策略；赵忠和程瑜（2022）针对生鲜农产品的质量损耗和数量损耗，引入保鲜努力刻画零售商的保鲜工作和期权契约，研究由一个生产商和一个零售商组成的两级供应链的协调作用。范辰等（2020）在新零售模式下，针对双渠道生鲜供应链，考虑供应商与传统零售商之间的物流合作以及在此基础上的价格整合情形，基于消费者效用理论，综合考虑价格和产品新鲜度对消费者购买决策的共同影响，采用线性补偿契约与收益共享契约进行协调。但斌等（2022）考虑第三方物流保鲜努力对生鲜农产品新鲜度的影响，通过构建完全信息共享、部分成员信息共享以及无信息共享策略下生鲜农产品供应链多主体的定价和保鲜努力博弈模型。范体军等（2022）考虑消费者新鲜度偏好，构建了针对两竞争性供应商和单零售商组成的生鲜农产品供应链的三种权力结构——供应商领导（SS）、无领导（VN）和零售商领导（RS）。

　　越来越多的国内外学者关注不同模式下政府农业补贴策略对农产品供应链运营决策影响（Alizamir et al，2019；冯卓等，2023；林贵华等，2023）。对比了政府产出端和生产端的补贴方式，提出对产出端进行补贴更能增加农户收入（Tang et al，2023）。谭乐平等（2023）考虑一个农户和一个销售公司组成的订单农业供应链，构建无补贴、补贴银行、补贴农户和补贴公司四种补贴策略下农户和公司的序贯博弈模型。随着农业保险的推广，政府通过购买农业保险对农户进行补贴的方式也更加流行，黄建辉等（2019）考虑农业产出随机性问题，研究了政府采用农业保险补贴对于订单农业供应链的影响。王文利等（2018）研究了农户风险规避下的农业保险政府补贴决策问题。部分学者研究了基于税收再补贴模式下的农产品供应链均衡定价问题（陈军等，2018；冯颖等，2022）。农产品供应链的渠道管理决策优化与协调机制设计的研究也比较多，而基于政府规制和农产品供应链高损耗、高合作特征，对合作社＋平台型供应链主体在品牌、冷链服务和渠道策略等市场行为合作加以分析的研究则不多见。

　　随着生鲜行业对平台型商业模式的广泛应用，越来越多的文献开始探讨这一模式。目前大多数国内外文献从生鲜平台模式存在意义、运行机理、发展趋势、行业应用、对策建议等宏观层面关注平台商业现象。生鲜O2O供应链近年来发展迅猛，国内外部分学者也在生鲜O2O背景下进行了相关研究。关于O2O的定义也随着发展而在演变。一种观点认为，O2O即为线上到线下，提供丰富、全面、及时的商家折扣信息，能够快捷筛选并订购适宜的商品或服务，提高消费者的满意度和个性化需求。另一种观点认为，作为双线零售，有线上零售渠道和线下零售渠道的品牌商、零售商都可以通称为O2O。

　　现有的观点认为，O2O应立足于实体店本身，线上线下并重，线上线下应该是一个有机融合的整体，你中有我、我中有你，信息互通、资源共享，线上线下立体互动，而不是单纯的"从线上到线下"，也不是简单的"从线下到线上"（马德青和胡劲松，2020）。一类文献分析了影响消费者购买生鲜产品的因素，并基于购买决策分析对生鲜供应链进行研究。从实证角度，张应语等（2015）给出了O2O模式下生鲜农产品购买意愿的理论框架。何波等（He et al，2019）通过基于线上预售策略研究了拥有O2O渠道的生鲜电商进入市场对实体零售商的影响，并分析了实体零售商和生鲜电商在竞争环境下的定价策略。潘琳等（2022）在考虑价格和新鲜度对传统渠道和社区生鲜电商渠道需求的影响以及保鲜成本、库存成本等因素的基础上，分析了生鲜社区食品供应商和零售商的动态均衡。郑秋鹏等（2022）基于社区O2O生鲜农产品供应链，探讨新产品、捆绑产品的价格需求敏感度和替代程度对零售店最优销售决策的影响。基于消费者偏好，杨磊和唐瑞宏（Yang and Tang，2019）在考虑零售商保鲜投入下，研究了生鲜供应商和零售商对零售模式、双渠道模式以及O2O模式的偏好，分析了不同模式下供应链的定价和保鲜策略。田宇等（2021）考虑价格、保鲜投入水平和增值服务水平对消费者生鲜产品需求的影响，分析了不同模式下新鲜度敏感系数对供应链最优决策的影响，探究了生鲜电商关于保鲜投入最优合作模式的选择问题。

平台商业模式下的渠道管理决策优化与协调机制设计的研究也比较多，但它们大多从内部竞争和单一供应链结构出发，着重考察和分析单一供应链内部决策主体间的单一线性博弈关系。大多文献也没有对平台型供应链的独有特征进行分析，而基于多维竞争视角和供应链高损耗、高合作特征，对平台型供应链主体上下游在促销广告、定价、渠道和技术策略等合作问题加以分析的研究则不多见。

四、供应链可追溯体系文献综述

本书的研究还涉及新兴的区块链技术对平台供应链可追溯体系的研究。区块链是一种去中心化的共享账本和数据库，不依赖于集中式设备和管理机制（Chod et al，2020），这一技术特征为平台型供应链的可追溯体系注入了新的活力。随着信息技术和互联网的日益普及，平台技术的应用进一步拓宽了学者关于可追溯体系的研究范围。具体而言，乔杜里（Choudhary，2020）解释了如何将区块链数字技术和智能合约融入合同农业，以使整个农业供应链系统和合同具有公正性、效率和透明度。荣格（Jung，2021）开发了一种基于区块链技术的B2B食品分销平台的概念模型，通过将一个已建立的食品分销和管理平台转型为B2B食品供应链的分销平台，以有效管理分销渠道中产生的大量数据和提升供应链整体效率。近年来，区块链技术也引起了运营和供应链领域的学者们的广泛关注。本书建议读者可以参考巴比奇和希拉里（Babich and Hilary，2020）对区块链技术在运营管理方面的应用进行的综述，以及哈斯蒂格和索迪（Hastig and Sodhi，2020）关于区块链供应链可追溯性系统实施的运营管理研究综述。

最近的研究得出了许多与农业平台型供应链中区块链采用策略相关的重要结论。例如，曹宇等（Cao et al，2022）提出农产品买家总是可以从区块链平台的建设中获益，但在某些情况下，这可能会降低合作商的利润。也有研究使用数学模型分析了区块链技术在安全认证中的价值，发现将该技术应用于销售渠道可以在特定条件下使制造商和消费者受益（Choi，2019）。吴海涛等（Wu et al，2021）分析了在由供应商、第三方物流服务提供商和电子商务零售商组成的生鲜产品供应链中采用区块链的最佳策略。吴学燕等（Wu et al，2023）发现，消费者对产品的接受度、新鲜产品的变质率以及区块链可追溯成本是影响建立区块链可追溯系统的关键因素。其他文献研究了区块链对质量、定价和渠道选择策略的影响。比如沈斌等（Shen et al，2020）进一步探讨了区块链在披露二手产品质量方面的价值。董玲秀等（Dong et al，2023）研究表明，可追溯效应与战略定价效应之间的相互作用可能导致供应链成员在采用如区块链等可追溯技术后处于不利地位。李志文等（Li et al，2021）讨论了区块链采用与渠道选择在打击假冒产品中的相互作用，并考察了这种相互作用对消费者剩余和社会福利的影响。为了解决欺骗性假冒问题，彭·休伯特等（Pun et al，2021）指出，区块链采用和政府补贴可以共同建立客户信任，从而改善社会福利。

五、顾客跨品牌渠道和策略性消费行为理论文献综述

在面临日益丰富的购买渠道和产品时，消费者购买决策复杂而多变。现有的相关文献解释了影响消费者在不同商家的传统渠道和在线渠道之间转换

的经济和心理因素。现有关于渠道选择的实证文献提出了线下交易成本（Bronnenberg，2018；Shriver and Bollinger，2022）、线上购买的负效应（Ak-turk and Ket，2022），以及线上和线下零售价格等经济因素相互作用决定了消费者对不同商家渠道的选择（Chintagunta et al，2012）。但是，大多数关于顾客消费行为的文献指出不仅是经济上的因素会影响消费者的决策，消费者对潜在收益或损失的即时情感反应也会影响消费者的购买决策。这些潜在的消费动机，使得消费者在不同的品牌和渠道间进行对比，衍生出更多的消费行为，比如跨品牌渠道消费和策略性消费行为。通过考虑线上或线下交易成本驱动的细分市场，库克索夫和廖晨曦（Kuksov and Liao，2018）研究了跨渠道行为在双头垄断竞争中的影响，梅赫拉等（Mehra et al，2018）提出了相应的策略控制消费者的跨渠道行为。其他研究探讨了享乐效用在消费者购买决策中的作用，它们从实证角度解释了消费者跨渠道行为的享乐机制（Knutson et al，2007；konuet et al，2008）。此外，已有文献指出，消费者的需求不仅受购买时价格的影响，还取决于观察价格与购买价格的比较，将该比较定义为参考效应（Kopalle et al，1996）。王宁宁等（Wang et al，2021）和孙立波等（Sun et al，2021）在消费者的选择模型中将直接渠道中设定的较高价格作为参考价格，假设消费者在其他渠道以较低的价格购买，参考效应增加了消费者的交易效用，基于该假设研究了参考效应对定价策略的影响。

观察到消费者在实际中有等待降价的策略性消费行为，对消费者跨期的策略性消费行为进行了开创性研究（Su，2007）。之后，关于消费者的策略性行为的文献迅速增长（Ye，2016；Su，2010）。假设顾客采取策略性行为时会因为缺货错过购买而产生负效用，刘倩和斯蒂芬（Liu and Shum，2013）研究了该效用对商家每期定价和配给决策的影响。巴伦等（Baron et al，2015）基于消费者的风险偏好和对比行为构建了客户策略性消费行为的模型，基于报童模型评估了消费者跨期策略性消费行为对最优库存和动态定价策略的影响。近年来，考虑产品的质量与价格关系，更多的学者关注策略性消费行为对平台型供应链的影响，并认为顾客策略性消费行为是平台零售商盈利能力下降和失败的因素。将产品的销售分为清仓和常规销售阶段，分析消费者在这两个阶段的策略性购买决策，提出商家如何权衡清仓和常规销售阶段的生鲜产品的数量，以及制定相应的动态定价策略（Hu et al，2016）。针对单零售商在正常销售期和折扣期销售某农产品两种情况构建了两阶段定价决策模型，运用均衡理论分析了降价季价格策略、采购均衡和正常销售季价格策略（Yan and Ke，2018）。用风险厌恶系数来构建消费者的策略性行为模型，研究消费者策略行为对供应链决策的影响，并提出了收益分享和批发合同的协调机制（Yan et al，2020）。

大多数关于研究顾客消费行为的文献指出，更好的交易不仅获得了经济上的回报，也同时增加了消费者的情感效用。这些文献发现，对潜在收益或损失的即时情感反应影响消费者的购买决策，并建议企业采取更多的定价或促销方法以增加消费者的情感效用。这些潜在的消费动机，使得消费者在不同的品牌和渠道间进行对比，衍生出更多的消费行为，比如消费者策略性消费行为。在苏轩明（Su，2007）关于消费者跨期消费行为的开创性研究之后，关于消费者的策略性行为的文献迅速增长。近年来，更多的管理文献开始关注该种消费行为，并认为顾客策略性消费行为是生鲜零售商盈利能力下降和失败的因素。大量经济学和市场营销的文献从供应链的角度提出了应对策略性消费行为的方法。而另一些文献则在双寡头竞争中研究该行为对商家的影响。与关注其他类型的消费者行为对运营管理影响的文献不同，巴伦等（Baron et al，2015）对客户策略行为进行研究，评估了跨期消费的影响。苏轩明（Su，2010）研究了消费者囤货行为时，商家多期的动态定价问题。一些文献考虑了生鲜零售商的联合配给和定价策略（Liu and Shum，2013；Yu et al，2014）。描述了一个两期模型来表示多期销售，并将价格承诺政策的表现与最受青睐的客户保护政策的表现进行了比较，结果表明后者对卖方更有利（Zhang et al，2017）。它们大多考虑两个独立开设实体店或线上店零售商之间的竞争，消费者只能在这两个竞争者之间转换。但是消费者既在同一生鲜供应链内部线上线下渠道进行对比，也在不同的生鲜供应链间的不同渠道进行对比，进行跨品牌渠道的消费行为。我们进一步将消费者的策略性消费行为放入一个多维的动态竞争环境中，这使得本书的研究结果更符合现实世界的复杂竞争环境。

六、动态博弈文献综述

本书也涉及有关渠道、品牌和基于平台供应链之间竞争博弈的文献。首先，与本书相关的文献包括供应链内部渠道竞争博弈的研究，大多现有文献研究不同渠道间的市场策略纳什均衡状态，包括价格和渠道结构策略等（Cattani et al，2006；Shi et al，2021）。更多学者探讨渠道间竞争时，提出通过协调渠道冲突来提升供应链绩效（David and Adida，2015），以及分销渠道的垂直整合来减弱竞争（Cao and Li，2015）。随着自主品牌越来越受欢迎，越来越多的文献开始研究自主品牌和全国品牌的竞争。相关研究构建了全国品牌供应链与自主品牌供应链竞争，探讨了跨品牌和跨渠道的定价策略（Jin et al，2017；Kireyev et al，2017）。吴小乐等（Wu et al，2022）研究了弱品牌厂商是否通过品牌溢出效应作为与强品牌厂商竞争的营销策略。这些研究揭示了强品牌与弱品牌之间的激烈竞争，以及模拟了消费者在不同品牌之间的选择模型。

与本书相关的文献也包括两条供应链动态博弈竞争的研究，现有文献大多考察了基于双寡头平台的供应链中渠道结构的纳什均衡（Choi，1996；Bernstein，2008；Yang et al，2015）。比如，麦奎尔（Mcguire，1983）刻画了一个由两个竞争供应链组成的模型，他提出每个供应链可以通过调整批发价格合同协调整个供应链，达到最优的均衡状态。伯恩斯坦（Bernstein，2008）在双寡头垄断环境中考虑两个供应链是否开展线上渠道，并给出在不同情形下均衡的渠道结构解集。在双寡头模型中，奇奥维安努（Chioveanu，2013）描述了定价框架均衡（显示价格信息的策略），并发现定价框架均衡取决于消费者的不确定性程度。聂佳佳等（Nie et al，2019）分析了跨渠道效应对两家相互竞争的传统零售商分销渠道战略的影响。基于供应链间的竞争，其他学者研究了价格均衡、渠道整合和协调等问题。蔡港树（Cai，2009）研究了采取双渠道的供应链间的竞争，提出价格折扣合同可以在双渠道供应链竞争中优于非价格折扣合同的场景。佩尔迪卡基和斯瓦米纳桑（Perdikaki and

Swaminathan，2013）考虑一个两阶段两个零售商间博弈的情形，零售商先决定是否投资改进客户对产品的估值，在双寡头情形下研究零售商间的价格竞争。金燕南等（Jin et al，2019）构建了两条竞争的供应链，考虑制造商的生产能力，研究了制造商向上游供应商整合或扩展供应商策略选择的均衡问题。此外，两条O2O供应链竞争时电商渠道的定价和销售模式（批发模式和佣金模式）的选择问题和均衡结果已经有研究涉及（Yang et al，2020）。这些研究为本书提供了丰富的理论博弈模型，本书将这些模型引入了平台型生鲜供应链间的动态博弈分析，有助于本书很好地分析达到帕累托最优状态下的市场渠道管理和合作均衡策略的选择。

七、研究现状的总体评述

关于平台系统的研究文献较多，主要是从战略、组织等角度定性地对平台商业系统的内部关系、渠道结构等进行了识别和分析，而同时考虑平台业务前端（消费者可能跨品牌渠道的策略性消费行为及影响这些行为的营销策略）与平台间和内部多维竞争关系的研究较少，特别是多维竞争动态博弈下，不同平台型供应链间最优均衡策略制定、合作机制选择等值得用定量模型、博弈论等方法加以刻画的研究。已有相关文献对于消费者跨渠道和策略性消费行为进行了探讨，它们大多根据相关实际背景对影响消费者行为的相关参数作出独立假设（比如线上和传统零售的交易成本、顾客品牌、生鲜偏好和参考效应等）展开研究。

平台型供应链模式实践中，消费者跨品牌渠道和策略性消费行为更为复杂，因此需要通过整合这些反映消费者效用的心理和经济动机的重要参数，进而有效刻画消费者在更多可能选择中的转换行为。平台商业模式下的渠道管理决策优化与协调机制设计的研究也比较多，但它们大多从内部竞争和单一供应链结构出发，着重考察和分析单一供应链内部决策主体间的单一线性博弈关系。大多文献也没有对平台型供应链的独有特征进行分析，而基于多维竞争视角和供应链高损耗、高合作特征，对平台型供应链渠道管理决策和上下游在品牌、服务、促销努力和技术投入等合作问题上加以分析的研究则不多见。

总之，从实践层面来看，平台型供应链系统具有高损耗、高竞争和高合作的特点，平台型供应链间的多维竞争关系以及其均衡的决策优化和合作机制选择带来了许多需要探讨的新问题。从上述理论研究来看，第一，现有文献已经探寻通过提高保鲜水平来实现平台决策优化，但它们很少将高损耗这一特征与消费者行为结合，分析顾客策略性消费行为和平台型供应链绩效的关系；第二，现有文献已经探寻平台决策优化与合作机制设计等，但它们大多从单一的供应链管理视角下优化企业的策略，但平台生态系统中的高竞争性决定不同供应链间的动态决策有待向定量分析推进；第三，平台供应链系统具有高竞争性和高损耗性，这些特征使得平台型供应链具有更高合作的需求和可能，也必然要求在对平台型供应链决策和合作理论探讨时对这些特征进行深入刻画。因此，本书关注平台型供应链高损耗性、多维竞争和高合作性，基于消费者跨品牌渠道和策略性消费行为，拟从供应链外部竞争者间和内部成员间动态博弈中探寻平台型供应链间的市场均衡策略和供应链内部合作机制设计议题。

第四章　考虑搜索和转换行为的线上线下厂商的信息服务和定价竞争策略研究

为了解决消费者关于新产品价值和特性的不确定性问题，实体零售商通过投资于高质量的线下信息服务降低消费者的搜索成本和提高转换成本，而线上零售商根据消费者的信息偏好提供有针对性的信息服务，并以较低的价格与线下零售商进行竞争，从而导致部分体验实体店信息服务的客户转到线上购买（展厅效应）。本章研究描述了线上与线下零售商之间的信息服务和价格竞争策略。通过比较消费者从任意一家零售商那里获取信息并从其中一家零售商那里购买产品的基准模型和消费者只能从他们获得信息的零售商那里购买产品的情形，本章发现展厅效应并不总是带来负面的影响。当消费者可以结合线上线下渠道获取信息时，我们发现他们只有在对产品非常不了解的情况下才会采取该策略。消费者同时体验线上和线下信息服务的行为会引发激烈竞争，对线上和线下零售商双方都不利。

一、研究背景和问题

线下实体店投入了大量资金提升专卖店内的销售服务以帮助消费者有更好的体验和提升其对产品价值的认知。但有可能的是一旦顾客满足了他们获取产品信息的需求，他们可能会转向另一家价格更低的零售商来购买产品，这被学界称为展厅现象。随着互联网提供的电子商务渠道日益完善，展厅现象急剧增加，线上零售商可以通过提供更低的价格和较少的信息服务投入，通过"搭便车"以获得更多的顾客（Zimmerman，2012）。营销实践和学界总结提出展厅现象加剧了传统实体店的衰落，并指出高端零售商店的关店浪潮的部分主要原因就是消费者的展厅行为。然而，线上线下激烈的价格竞争对实体店经营的成败在一定程度上是起决定性作用的，但这只是部分原因。线上零售商不仅是通过低价格形成高竞争力的购买渠道，也是消费者获取大量产品信息的渠道。因此电子商务渠道不仅带来了激烈的价格竞争，同时也导致了在购买之前线上和线下渠道间的信息服务竞争（He et al，2024；Konuş et al，2008）。例如，各大电子商务平台为线上卖家提供了打造各种虚拟展厅的契机，比如基于虚拟/增强现实（VR-/AR-based）技术的三维产品的展示（Zhang et al，2023）。这是因为消费者对产品的价值和产品属性存在不确定性问题，消费者可以通过搜索线上与线下零售商所提供的不同的产品信息服务来解决该问题。因此，关于线上与线下零售渠道竞争的文献需要考虑消费者的搜索和转换行为，基于展厅现象进一步探讨实体店与线上零售渠道间的产品信息服务和价格策略的竞争。

现有文献已经表明了展厅现象的负面影响，并建议可以通过相应的策略限制消费者的展厅行为，比如访问实体店了解产品信息的消费者只能在实体店进行购买（Raj et al，2020；Zhong et al，2023）。实践中厂商采取了最低广告价格和限制网上销售的最低价格来规避展厅现象。布朗等（Brown et al，2017）给出了一些专业时尚商店引入"试衣费"这一定价策略（如果消费者最终购买了商品，则全额退还试衣费），旨在阻止消费者寻求低价渠道的展厅行为。然而，他们忽略了在信息不对称情景下，实体店和线上零售商需要解决消费者的不确定性从而进行信息服务竞争的本质。京东和亚马逊等线上卖家通过市场数据和调查掌握了消费者关于产品的偏好信息，并可以及时地提供符合消费者偏好的产品信息（Jiang and Zou，2020）。比如他们聘请专业人士精心设计网站，并邀请产品用户发表对产品的体验评价，优先推送消费者偏好最高的产品信息。由于线上渠道提供了有价值的产品信息和更便宜的渠道价格，线上渠道对实体店施加了更多的压力。在实体店不景气的大环境下，也有一些实体店通过专业的销售服务和提供优质的体验来吸引更多的消费者，并蓬勃发展。尽管有展厅现象的出现，他们依然可以通过额外的线下服务获得更高的溢价——设置更高的价格。比如小米、华为和苹果等的线下体验店，通过试用体验、准时交货和优秀的销售人员提供详细的功能演示，使得消费者很容易地理解抽象的产品功能，提高消费者的购买意愿。投资个性化的体验店和提供优质的体验服务是实体零售商获取更多顾客的重要战略决策。因此，本章的贡献在于通过对具有产品不确定性的消费者的产品信息搜索和转换行为进行建模，讨论了消费者的展厅行为是否加剧了线上和线下商家之间的价格竞争，并对优化厂商之间的信息服务和价格竞争策略提供了一定的理论建议。

本章提出了消费者对于产品认知的学习过程及实体零售商与线上零售商之间信息服务和定价竞争的理论模型。线上和线下零售商都向对产品具有高度不确定性的消费者提供产品信息服务和相同的产品。由于信息提供的方式和成本价格的不一致，线上零售商可以以较低的价格销售相同的产品。我们分析的产品是由主要、次要和基本信息特征组成，本章假设产品的主要特征对消费者来说是最有价值的，其次是次要特征，最后是产品的基本特征。消费者对于以上产品的不同特征具有不确定性，这类不确定性问题消费者可以通过从网上零售商获取线上的信息服务或通过实体店提供的信息服务来解决。线上零售商可以按照产品的主要、次要和基本特征，将信息有针对性地呈现给消费者，而实体店则可以通过提供高质量信息体验服务提升消费者对产品的认知学习过程。因此，我们对消费者的不同搜索学习和转换行为进行了建模。在第一种模式下，本章称为展厅现象模式并作为对比的基准模型。消费者首先从线上和线下零售商其中的一个渠道获取产品信息，根据各自提供的信息服务来选择更高效用的渠道获取信息。在信息收集阶段，消费者比较不同渠道所提供的信息服务，选择效用最大化的零售商作为了解产品信息的渠道。从线下零售商那里获取信息的顾客，如果选择从低价格的线上零售商那里购买产品，就会面临转换成本，但实体零售商对于信息服务水平的投入影响了消费者的转换成本。然后我们讨论了另一种情形，消费者可以从任何一个零售商那里获得产品信息，但是展厅行为是不被允许的，消费者只能在获取信息的渠道购买产品。

通过将限制展厅行为的情形与具有展厅行为的基准模型进行比较，我们发现在消费者对于产品主要特征的偏好更大且搜索成本并不够高时，展厅现象对于线上和线下的零售商双方都有利。也发现展厅现象给投资信息服务的线下零售商带来的负面影响。在允许展厅现象时，到线下零售商体验服务的消费者使得线下零售商付出了更多的成本，部分消费者会转移到线上零售商购买产品，使得线上零售商的低价策略通过展厅现象获得了更多的消费者。然而，这种情形只发生在搜索成本足够高的情况下，因为消费者的展厅行为弱化了线下零售商所提供的信息服务对于消费者的搜索和学习成本下降的优势。本章另一个有趣的结论是，当消费者对产品主要特征的偏好比较大和搜索学习成本足够低时，线上和线下的零售商都可以从展厅现象中受益。这是因为在这种情况下，网络和实体的零售商都采取了更为激进的定价策略，导致了非展厅情况下激烈的价格竞争，因此此时允许展厅现象的存在，从而减弱该种竞争。我们也发现展厅行为伤害的是线上零售商（"搭便车"者），而不是实体零售商。逻辑如下：虽然访问线下零售商的消费者确实被线上零售商所设定的较低价格所吸引，但实体零售商提供的高质量的信息服务协助也确实提高了他们对线下零售商的忠诚度，从而提高了他们寻求线上购买的转换成本，因此实体零售商可以向他们收取较高的价格。在这种情况下，线上零售商可能只能从实体店获得部分需求，并且由于激进的定价策略将获得最低利润。相反，线下商店可以从忠实的消费者那里获取更多的利润。在这种情况下，实体零售商并不需要总是与网上的零售商进行激烈的价格竞争，也不需要限制消费者的展厅行为；相反，他们更应该专注于提供高质量的信息体验服务，提高线下消费者的忠诚度。

部分文献表明消费者在购物过程中，通过线上和线下两个渠道获取产品的信息（Balakrishnan et al，2014；Cao et al，2023），但这些文献尚未充分探讨不同信息源对消费者在信息收集阶段学习行为的影响。在本章研究中，我们通过允许消费者从线上和线下商店搜索和获取信息，并研究这种混合搜索学习行为产生的影响。该种行为的产生取决于消费者的不确定性问题的大小，混合搜索行为只存在于消费者对产品了解有限的情况下。我们发现混合搜索学习的行为使得线上和线下零售商的价格竞争变得更加激烈，导致线上和线下零售商的盈利下降。

二、相 关 文 献 介 绍

现有的文献在研究展厅行为时考虑了零售商所提供的信息解决了消费者不确定性问题（Gensler et al, 2017；Li et al, 2023）。早期的文献首先假设实体店是唯一的信息提供渠道，所有具有不确定性问题的消费者都会去实体店搜寻信息（Carlton and Chevalier, 2001；Shin, 2007）。它们研究了消费者的搜索和转换行为，并总结这种行为是实体店盈利能力下降和最终失败的主要影响因素（Antia et al, 2004；Mehra et al, 2018）。消费者搜索和转换行为也受到了大量营销文献的关注，它们重点对消费者转换行为的影响因素进行分析。例如考虑实体店提供的销售服务的忠诚度（Fassnacht et al, 2019；Gensler et al, 2017）、消费者的风险感知，消费者的价格搜索意愿和所付出的学习成本（Gupta et al, 2004）。这些研究共同指出消费者在搜索完产品的信息之后，可能会转到其他的渠道购买产品，但是会产生相应的（隐性）转换成本，并强调了该成本对竞争影响的重要性。随着各种虚拟展厅的实践，最近的文献表明人们对虚拟展厅的信息作用越来越感兴趣，例如基于虚拟/增强现实（VR-/AR-based）的展厅（Ma et al, 2023；Zhang et al, 2023）。虽然越来越多的文献将线上和线下都视为信息提供的渠道，但很少有文献是考虑当前零售格局带来的信息服务竞争，因此价格不再是展厅现象的主要考虑因素，而应该从线上和线下渠道的信息服务竞争角度出发。比如近期有学者研究了消费者的展厅和反展厅的行为，假设消费者可以通过访问线下和线上零售商来获取产品信息并进行学习（Jiao and Hu, 2022）。本章扩展了他们的模型，探究了消费者复杂的搜索学习和渠道转换决策路径，并分析了线上和线下零售商之间的信息服务和价格竞争策略。

一系列经济学和营销文献提出了解决展厅行为或"搭便车"问题的方法，或者是从供应链的角度讨论如何限制展厅行为（Kuksov and Liao, 2018；Li et al, 2020），而另外的研究者则构建了不对称双寡头的竞争模型，讨论展厅行为所带来的影响。例如，吴大忠等（Wu et al，2004）构建了一个横向差异化产品的线上卖家选择提供信息服务吸引消费者，而另一个卖家可以通过"搭便车"的方式获得消费者。巴拉克里希南等（Balakrishnan et al，2014）研究了消费者不同消费购物行为的组合。他们的主要发现是消费者的搜索学习和转换行为加剧了市场竞争，降低了公司的盈利能力。科努尔（Konur，2020）研究了两个线上零售商开展各自线上展厅的均衡结果，并建议这两个零售商可以共享一个展厅来提高利润。也有研究赞同消费者展厅行为或"搭便车"所带来的负面影响（Jing，2018），并提出了减弱这种影响的解决方案（Hao and Kumar，2023；Mehra et al，2018）。梅赫拉等（Mehra et al，2018）首先提出了线上线下匹配定价的策略，然后研究线上线下差异化产品策略可以减弱展厅现象的负面影响。由于线上和线下这两个渠道都可以作为消费者获取信息的来源，实践和学术层面都需要更新他们对展厅行为和带来的影响的固有看法。本章建立了线上和线下零售商提供的异质性的信息服务和价格竞争模型，提出在一定条件下，展厅现象减弱了两者之间的价格竞争，对线下实体店和线上零售商的利润产生了积极的影响。

与我们的研究类似的文章研究了消费者多渠道的消费行为（Balasubramanian et al，2005；Konuş et al，2008），研究指出，消费者在对产品的信息搜索学习和产品购买中采用了不同的渠道（Gao and Su，2016）。巴拉克里希南等（2014）将消费者分为三种类型：选择线下零售渠道的购物者、线下渠道获取信息但是线上购买的购物者和直接线上渠道购买的购物者，但只是假设线下渠道作为单一的信息服务提供者。一篇关于消费者多渠道行为的文献考虑了线上线下两个渠道作为信息来源（Jiao and Hu，2022）。这些研究大多假设信息供给解决了消费者的不确定性问题，但并没有对信息源的异质性进行讨论，对这些信息源如何动态影响消费者的搜索学习和转换行为进行建模。我们的研究将消费者的行为分为信息收集和购买两个阶段的决策过程，这样能更全面地对消费者展厅行为进行分析。我们考虑在线上线下两个渠道的混合搜索学习和转换行为，对于零售业关于消费者的展厅行为有更深的解释。

三、线上线下零售商竞争博弈模型

（一）关于零售商的模型假设

本章考虑两个零售商：线下零售商（BM）和线上零售商（E-retailer，E）。首先，假设两个零售商都销售相同的产品。消费者既可以从实体零售商（B）处购买该产品，也可以从线上零售商（E）处购买。线上和线下的零售商设定各自产品的价格，为 p_B 和 p_E。假设企业和消费者了解不同销售渠道的价格信息，并将两个零售商产品的边际成本假设为0。

（二）消费者学习过程模型构建

在本章模型构建中，我们假设消费者对产品的质量和属性存在不确定性问题。因此消费者在不能掌握产品的信息时，低估了产品基准价值和产品属性带给消费者的价值感知。我们首先给出消费者基于已有信息对产品的基准价值进行评价，以及每个产品属性对于消费者的价值进行感知。其次，我们将给出线上零售商和实体零售商如何通过异质的信息服务帮助消费者了解产品。

本章模型假设消费者对产品的完整效用是对产品的基准价值的评价 V 和对不同产品属性的评价 x_i（假设产品具有 N 个属性），$\sum_{i=1}^{N} u(x_i)$（例如，对于智能手机产品，相关的属性可以考虑为电池寿命、处理器、显示屏的质量和拍照功能等）。与郭亮和赵莹（Guo and Zhao，2009）、布兰科等（Branco et al，2015）类似，本章使用 a 来衡量消费者关于产品基准价值未掌握产品信息的部分（aV），以及 $u = \sum_{i=1}^{N} E(u(x_i))$ 来描述消费者对产品属性的认知期望。为了表示方便，我们将消费者对于产品的每个属性的真实评价 $u(x_i)$，简化为

u_i，消费者对产品属性的期望估值 $E(u(x_i))$ 简化为 E_i。由于消费者对产品的不确定性问题，消费者对产品的初步评价为：

$$U = (1 - a)V + \sum_{i=1}^{N} E_i \qquad\qquad (4-1)$$

为了加深对产品的认识，消费者需要对产品的信息进行搜索和学习，从而更新对产品的认识。在这个过程中，消费者需要收集和处理关于产品价值和相关属性的信息。我们假设消费者需要花费搜索和学习成本 C（产品信息学习的成本）来对所搜集的产品信息进行认识，消费者根据所花费的成本 C，对产品的基准价值 V 和产品的属性进行完整的评价 $\sum_{i=1}^{N} u_i$。

帕特森（Patterson，1993）提出，消费者在获取信息并对产品属性进行准确的评价之前，首先是根据自身所掌握的信息来推断产品属性带来的价值。一旦消费者收集到准确的关于产品属性的信息，他们就可以重新评估这些产品属性的价值 u_i，也与他们最初的期望密切相关。与布兰科等（2015）和帕特森（Patterson，1993）的逻辑相似，我们假设获取产品信息后有三种可能的情况：（a）消费者对产品属性的评价与先验期望的评价匹配（$u_i = E_i$）；（b）消费者对产品属性的评价低于先验期望（$u_i < E_i$）；（c）消费者对产品属性的评价超过先验期望（$u_i > E_i$）。对于产品属性三种可能评价，我们分别将其标记为 E_i，$\underline{u}_i$ 和 $\bar{u}_i$。根据消费者的三种价值感知，假设消费者面对的是（a）"次要属性"、（b）"基本属性"、（c）"主要属性"。消费者对每个产品的基本属性的评价感知价值是异质的 v（$0 \leqslant v < 1$）按照人口均匀分布。它们对主要属性的评价感知为 $(1+\epsilon)v$，$\epsilon > 0$，不失一般性，对次要属性的感知评价为两者的平均值，即 $\dfrac{1 + (1 + \epsilon)}{2}v$。

假设该产品有 N 个属性，每个属性带给消费者正向的效用。消费者为搜索和学习每个产品属性产生的搜索成本为 c。因为消费者对所有属性的搜索学习成本为 C，所以学习每个属性的搜索成本是 $c = \dfrac{C}{N}$。当消费者没有获取关于某个产品属性的信息时，他们对该属性的评价为他们的期望值 E_i。如果他们

花费 c 来获取单个属性的信息，那么他们对该属性的不确定性就会得到解决，他们对该属性的评价也会从 E_i 改变为 u_i，所以他们获取信息后，对某属性的评价结果可能为 $u_i = E_i$、$\underline{u_i}$ 或 $\bar{u}_i$。如果消费者花费真实的搜索成本 $\hat{C}$，则产品属性的评价为学习获得的评价加上原来的评价：

$$\hat{U} = \hat{V}(\hat{C}) + \sum_{i=1}^{\frac{\hat{c}}{c}} u_i + aV + \sum_{i=\frac{\hat{c}}{c}}^{N} E_i - \hat{C} \quad \hat{C} \leqslant C \qquad (4-2)$$

在下一节中，我们将分析线上实体店和线下实体店帮助消费者获取信息的不同方式，并研究对竞争和各盈利能力的影响。

（三）线上和线下零售商提供的异质信息服务模型

到目前为止，我们已经描述了消费者关于产品的学习过程。现在，我们希望解释线上或线下信息服务如何影响消费者的学习过程。通过信息搜集和学习，消费者加深了对产品的了解。这可以通过线下零售商提供的信息服务，如免费试用、资深推销员、实体零售商提供的演示，或通过线上零售商提供的线上信息服务来实现。

消费者的一个选择是从线上零售商 E 那里收集关于产品的信息。线上卖家可以利用消费者对于产品特征的不同偏好展示产品的信息，根据消费者偏好的高低来排序产品属性的信息。比如通过邀请用户在他们的网站上发布个人产品评论或聘请专业人士设计网站来提高客户对产品的理解，优先展示消费者最高评价的产品信息。线上卖家这样做是因为对他们来说，优先展示消费者最关注的产品信息是最优决策。另外，消费者可以方便地访问消费者评论、产品技术参数、以前的客户对每个属性的评价和总体评分等。消费者可以通过搜索功能毫不费力地找到他们偏好高的信息（Jiang and Zou，2020）。所以消费者首先查阅的是主要属性的信息。其次，了解完他们偏好高的信息后，如果他们继续搜索，他们会获得关于次要属性的信息。最后，如果他们搜索的时间足够长，他们会获得关于基本属性的剩余信息，并对产品进行充分的了解。为了简化分析，我们假设有相同数量 n 的主属性、辅助属性和基本属性，这样就有了 $N = 3n$；鉴于此，线上商店优先提供主要信息的信息服务策略，我们称这种线上提供信息的过程为"有序信息服务策略"。

假设所有消费者对产品具有相同的基础认知，并应用不确定性参数（a）进行测量。消费者不确定性的问题有大有小，决定了消费者需要花费多少的搜索和学习成本进行学习。例如，如果消费者对产品了解多/少，他们学习的时间就会多/少，获得的信息就会多/少。假设消费者在对产品一无所知的情况下，需要搜索成本 C 来获得完全的产品基准价值 V。由于消费者的不确定性水平为 a，因此，消费者需要搜索成本 $\hat{C} = aC$ 来充分解决不确定性问题。因此，消费者获取线上信息的搜索成本为 $\hat{C} = aC$ 的产品效用为：

$$
\hat{U}_E = \begin{cases} V(\hat{C}) + \sum\limits_{i=1}^{a3n} \bar{u}_i + \sum\limits_{i=a3n}^{3n} E_i - \hat{C} & \text{if } 0 < \hat{C} < \dfrac{1}{3}C \\[3mm] V(\hat{C}) + \sum\limits_{i=1}^{n} \bar{u}_i + \sum\limits_{i=n}^{a3n} E_i + \sum\limits_{i=a3n}^{3n} E_i - \hat{C} & \text{if } \dfrac{1}{3}C < \hat{C} \leqslant \dfrac{2}{3}C \\[3mm] V(\hat{C}) + \sum\limits_{i=1}^{n} \bar{u}_i + \sum\limits_{i=n}^{2n} E_i + \sum\limits_{i=n}^{a3n} u_i + \sum\limits_{i=a3n}^{3n} E_i - \hat{C} & \text{if } \dfrac{2}{3}C < \hat{C} \leqslant C \end{cases}
$$

$$(4-3)$$

可以写成：$\hat{U}_E =$

$$
\begin{cases} V(\hat{C}) + a3n(1+\epsilon)v + (1-a)3nE_i - aC & \text{if } 0 < a < \dfrac{1}{3} \\[3mm] V(\hat{C}) + n(1+\epsilon)v + (a3n-n)\dfrac{1+(1+\epsilon)}{2}v + (1-a)3nE_i - aC & \text{if } \dfrac{1}{3} < a \leqslant \dfrac{2}{3} \\[3mm] V(\hat{C}) + n(1+\epsilon)v + n\dfrac{1+(1+\epsilon)}{2}v + (a3n-2n)v + (1-a)3nE_i - aC & \text{if } \dfrac{2}{3} < a \leqslant 1 \end{cases}
$$

$$(4-4)$$

a 为测量消费者对产品价值不确定性的程度，我们定义了不同的不确定性范围，$\mathcal{A}_1(a) \equiv \left(0, \dfrac{1}{3}\right]$ 为有限不确定性，$\mathcal{A}_2(a) \equiv \left(\dfrac{1}{3}, \dfrac{2}{3}\right]$ 为中等不确定性，$\mathcal{A}_3(a) \equiv \left(\dfrac{2}{3}, 1\right]$ 为高不确定性。因此，消费者搜索时所需要的成本 $\hat{C}$ 属

于以下区间之一：$C_1 \equiv \left(0, \frac{1}{3}C\right], C_2 \equiv \left(\frac{1}{3}C, \frac{2}{3}C\right]$ 和 $C_3 \equiv \left(\frac{2}{3}C, C\right]$。

与线上信息服务提供的方式不同的是，消费者在实体店搜索产品信息时，他们无法最先浏览最相关和偏好最高的信息，但他们可以从传统信息服务中受益，因为这一过程他们花费的学习时间更少。比如销售人员可以用生动的例子和详细的解释来描述信息，提供功能演示，并让消费者获得免费试用或触摸的机会，从而促进学习的过程。然而，尽管销售人员提供了高质量的支持，但消费者无法像从网上信息源中一样获得有序的信息。因为在传统零售店中，帮助消费者识别自己真正偏好的信息较少，消费者只能被动地接受销售人员提供的随机信息。在线下获得信息服务时，消费者对主要属性、次要属性和基础属性的信息获取具有随机性，为 $\frac{u_i + E_i + \bar{u}_i}{3}$。回顾消费者在了解产品上花费的时间为 $\hat{C} = aC$。根据文献的假设（Jing, 2015），零售商 B 可以通过有效的线下信息服务，将客户的搜索学习成本从 aC 降低到 $(1-k)aC$。因此，在访问线下实体店时，该产品带给顾客的效用为：

$$\hat{U}_B = V + \sum_{i=1}^{a3n} \frac{u_j + E_i + \bar{u}_i}{3} + \sum_{i=a3n}^{3n} E_i - (1-k)aC \quad (0 \leqslant a \leqslant 1)$$

$$(4-5)$$

可以重新表述为：

$$\hat{U}_B = V + a3n \frac{1 + (1+\epsilon)}{2}v + (1-a)3nE_i - (1-k)aC \quad (0 \leqslant a \leqslant 1)$$

$$(4-6)$$

在表 4.1 中，我们给出了模型中使用的参数符号定义。

表 4.1　　　　　　　　　　　　参数符号定义

符号	定义
V	产品的基准价值
a	关于产品信息 V 的不确定参数
u_i, E_i	产品属性的感知价值；产品属性的预期价值

符号	定义
C	高度不确定性下的最大搜索成本
$\hat{C}$	实际搜索成本
c	掌握每项属性的学习成本
$U, \hat{U}$	存在不确定性问题时的效用;搜索学习后的净效用
$v, \hat{v}$	基于先验知识的 V 的期望价值;搜索学习后净基准价值
$u, \hat{u}$	对产品属性的期望;搜索学习后关于产品属性的净效用（学习）
$\hat{U}_j, \hat{U}_{j \rightarrow j}$	信息收集阶段访问 B 或 E 的效用，$j = B$ 或 E;购买阶段的净效用，$j = B, E$
v	基本产品属性的价值
ϵ	主要属性溢价参数
$(-)s$	转换带来的负向成本
k	B 信息服务水平
p_B, p_E	B 和 E 的价格
Π_B, Π_E	B 和 E 的利润
$, \dot{} , \ddot{}$	基准模型"",无展厅行为模型"·",混合搜索行为模型"··"

存在线上和线下零售商的情况下,消费者获取产品信息有三种可能的方式:仅线上搜索学习、仅线下搜索学习,以及线上和线下同时搜索学习。我们将在第四(三)节中讨论线上和线下搜索的行为,以及我们构建的异质性的产品信息服务竞争,是本章对已有文献的贡献。

图4.1显示,消费者在第一阶段选择从哪家零售商获取信息(1C,其中C代表消费者),在第二阶段(2C,购买阶段),他们通过比较获得的效用选择不同的渠道获取信息或购买产品。当消费者从实体店转换到线上商店时,消费者面临异质的负效用 s,该负效用均匀分布在 $[0, 1]$。这种转换负效用解释了顾客从实体店转向线上零售店购买产品可能产生的负向成本,由顾客忠诚度、顾客习惯、情感依恋、认知努力以及财务、社会和心理风险等因素驱动。为了使转换成本更贴近现实,我们将其与线下提供的信息服务质量 k 呈线性关系,所以个人(总)转换成本是 $(s \times k)$。福奈尔(Fornell, 1992)证实了消费者转换行为带来的高昂的转换障碍和消费者满意度,使竞争对手难以吸引更多的顾客。扎伯曼(Zauberman, 2003)提供的实证证据表明,在

销售时间和精力上的投资（即线下信息服务）会产生忠于零售商的感知（本章中转换成本的一部分），因为它会影响消费者对实体店的满意度和情感承诺。

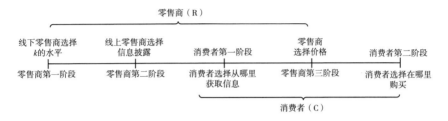

图4.1　决策顺序

在不失一般性的前提下，我们假设线上提供产品信息的成本为零。门店之间的竞争分三个阶段展开（见图4.1）。在第一阶段（图中的1R，其中R代表零售商），B 在线下信息服务的质量上选择投资 k。在第二阶段（2R）中，E 宣布提供有秩序的信息服务策略。然后在第三阶段（3R），在观察线下信息服务的质量、信息的有序提供方式和消费者可能的信息搜索行为后，线上和线下零售商设定各自的价格。由于线上和线下零售商提供了异质性的信息服务，他们的信息服务都能吸引各自的消费者，在信息搜索阶段细分各自的市场。

四、线上线下零售商博弈结果分析

我们首先描述基准模型，然后讨论结果。在这个模型中，消费者只能从一个零售商那里获取产品信息，但可以自由选择从谁那里购买产品。这种情况使得线上零售商可以通过低价从投资线下信息服务的实体零售商处吸引线下搜索信息的消费者。因为消费者可以从实体零售商那里获得信息，然后以更低的价格从线上零售商那里购买产品。其次，我们提出通过限制消费者的展厅行为，假设消费者只能从他们收集产品信息的零售商那里购买来排除"搭便车"的情况。我们定义了消费者不确定性的三个区间 $\left(\mathcal{A}_1(a) \equiv \left[0, \frac{1}{3} \right], \right.$

$\mathcal{A}_2(a) \equiv \left(\dfrac{1}{3}, \dfrac{2}{3}\right)$ 和 $\mathcal{A}_3(a) \equiv \left(\dfrac{2}{3}, 1\right)$ ）。我们对每个范围进行了分析，发现三个区间的结果具有相同的结果，因此我们详细介绍了 $\mathcal{A}_2(a)$ 的结果，并在附录中给出了 $\mathcal{A}_1(a)$ 和 $\mathcal{A}_3(a)$ 的基本分析，以避免过多的重复。在每个不确定性范围内得到了相应的研究结果，也显示了我们模型的稳健性。最后，我们研究了消费者混合搜索的行为，即允许消费者从两个商店收集信息，并自由选择从谁那里购买产品。

（一）基准模型：展厅行为模型

如图 4.1 所示，两个零售商前两个阶段的决策是关于产品信息服务的提供策略。在阶段 1C 中，消费者根据式（4-3）和式（4-5）中显示的效用，选择从哪个（线上或线下）零售商获取信息。由于 c 是每个属性的学习成本，并且 ϵ 是测量消费者对主要信息的偏好程度，因此我们定义测量单位成本收集主要信息的偏好程度为 $\hat{\epsilon} \equiv \dfrac{\epsilon}{c}$。回顾消费者不确定性的不同范围 $\mathcal{A}_1(a) \equiv \left(0, \dfrac{1}{3}\right]$，$\mathcal{A}_2(a) \equiv \left(\dfrac{1}{3}, \dfrac{2}{3}\right]$ 和 $\mathcal{A}_3(a) \equiv \left(\dfrac{2}{3}, 1\right]$，和搜索学习产品信息所花费的时间 $\hat{C} : C_1 \equiv \left(0, \dfrac{1}{3}C\right]$，$C_2 \equiv \left(\dfrac{1}{3}C, \dfrac{2}{3}C\right]$ 和 $C_3 \equiv \left(\dfrac{2}{3}C, C\right]$。因此，通过线上零售商收集信息的消费者（需求）的比例在 $\mathcal{A}_1$ 中为 $1 - \dfrac{2k}{\hat{\epsilon}}$，在 $\mathcal{A}_2$ 中为 $1 - \dfrac{6ak}{\hat{\epsilon}}$，在 $\mathcal{A}_3$ 中为 $1 - \dfrac{2ak}{\hat{\epsilon}(1-a)}$（见图 4.2）。当然，访问实体店的消费者的剩余比例（需求）为 $\dfrac{2k}{\hat{\epsilon}}$，$\dfrac{6ak}{\hat{\epsilon}}$ 和 $\dfrac{2ak}{\hat{\epsilon}(1-a)}$。当从线上零售商收集信息的需求为负时，$E$ 零售商在信息收集阶段并不具有优势，所有的消费者都访问 B 以收集产品信息。消费者是否对 E 的信息服务有需求导致了两种可能。根据消费者剩余，从实体店获取信息的消费者可以从该零售商处购买产品（$B \rightarrow B$），也可以转换到 $E(B \rightarrow E)$。在这种情况下，会产生转换成本。由于线下的产品信息服务的投资提高了转换成本（ks），因此消费者从 B 转换到 E 的效用是：

表 4.2

最优结果

场景	$a \in$	取值范围 $\hat\epsilon$	价格 B, E	需求 B, E	信息服务水平 B	利润 B, E
B	$\mathcal{A}_1$	$\varepsilon^{1B} \equiv \left(0, \frac{8}{9}\right)$	$\frac{8}{27}, \frac{4}{27}$	$\frac{2}{3}, \frac{1}{3}$	$\frac{4}{9}$	$\frac{8}{81}, \frac{4}{81}$
	$\mathcal{A}_2$	$\varepsilon^{2B} \equiv \left(0, \frac{8a}{3}\right)$				
	$\mathcal{A}_3$	$\varepsilon^{3B} \equiv \left(0, \frac{8a}{9(1-a)}\right)$				
$BE(a)$	$\mathcal{A}_1$	$\varepsilon^{1a} \equiv \left(\frac{8}{9}, \frac{2}{3}\left(1+\frac{1}{\sqrt{5}}\right)\right)$	$\frac{3\hat\epsilon^2}{2(9\hat\epsilon-4)}, \frac{\hat\epsilon(3\hat\epsilon-2)}{9\hat\epsilon-4}$	$\frac{3\hat\epsilon}{9\hat\epsilon-4}, \frac{2(3\hat\epsilon-2)}{9\hat\epsilon-4}$	$\frac{2\hat\epsilon}{(9\hat\epsilon-4)}$	$\frac{\hat\epsilon^2}{2(9\hat\epsilon-4)}, \frac{2\hat\epsilon(3\hat\epsilon-2)^2}{(9\hat\epsilon-4)^2}$
	$\mathcal{A}_2$	$\varepsilon^{2a} \equiv \left(\frac{8a}{3}, \left(1+\frac{1}{\sqrt{5}}\right)2a\right)$	$\frac{\hat\epsilon^2}{6a(3\hat\epsilon-4a)}, \frac{\hat\epsilon(\hat\epsilon-2a)}{3a(3\hat\epsilon-4a)}$	$\frac{\hat\epsilon}{3\hat\epsilon-4a}, \frac{2(\hat\epsilon-2a)}{3\hat\epsilon-4a}$	$\frac{2\hat\epsilon}{3(3\hat\epsilon-4a)}$	$\frac{\hat\epsilon^2}{18a(3\hat\epsilon-4a)}, \frac{2\hat\epsilon(\hat\epsilon-2a)^2}{3a(3\hat\epsilon-4a)^2}$
	$\mathcal{A}_3$	$\varepsilon^{3a} \equiv \left(\frac{8a}{9(1-a)}, \right.$ $\left.\frac{2a(5+\sqrt{5})}{15(1-a)}\right]$	$\frac{3\hat\epsilon^2(1-a)}{2a(9\hat\epsilon-4a-9a\hat\epsilon)}, \frac{\hat\epsilon(1-a)(3\hat\epsilon-3a\hat\epsilon-2a)}{a(9\hat\epsilon-4a-9a\hat\epsilon)}$	$\frac{3(1-a)\hat\epsilon}{(9\hat\epsilon-4a-9a\hat\epsilon)}, \frac{2(3\hat\epsilon-2a-3a\hat\epsilon)}{(9\hat\epsilon-4a-9a\hat\epsilon)}$	$\frac{2(1-a)a\,\hat\epsilon}{(9\hat\epsilon-4a-9a\hat\epsilon)}$	$\frac{\hat\epsilon^2(1-a)}{2a(9\hat\epsilon-4a-9a\hat\epsilon)}, \frac{2\hat\epsilon(1-a)(3\hat\epsilon-2a-3a\hat\epsilon)}{c(9\hat\epsilon-4a-9a\hat\epsilon)^2}$
$BE(b)$	$\mathcal{A}_1$	$\varepsilon^{1b} \equiv \left(\frac{2}{3}\left(1+\frac{1}{\sqrt{5}}\right), \frac{4}{3}\right)$	$\frac{\hat\epsilon}{9\hat\epsilon-4}, 0$	$\frac{2}{9\hat\epsilon-4}, \frac{3(3\hat\epsilon-2)}{9\hat\epsilon-4}$	$\frac{2\hat\epsilon}{9\hat\epsilon-4}$	$\frac{2\hat\epsilon(1-\hat\epsilon)}{(9\hat\epsilon-4)^2}, 0$
	$\mathcal{A}_2$	$\varepsilon^{2b} \equiv \left(\left(1+\frac{1}{\sqrt{5}}\right)2a, 4a\right)$	$\frac{\hat\epsilon}{3(3\hat\epsilon-4a)}, 0$	$\frac{2a}{3\hat\epsilon-4a}, \frac{3(\hat\epsilon-2a)}{3\hat\epsilon-4a}$	$\frac{2\hat\epsilon}{3(3\hat\epsilon-4a)}$	$\frac{2\hat\epsilon(3a-\hat\epsilon)}{9(3\hat\epsilon-4a)^2}, 0$
	$\mathcal{A}_3$	$\varepsilon^{3b} \equiv \left(\frac{2a(5+\sqrt{5})}{15(1-a)}, \right.$ $\left.\frac{4a}{3(1-a)}\right]$	$\frac{\hat\epsilon(1-a)}{9\hat\epsilon-4a-9a\hat\epsilon}, 0$	$\frac{2a}{9\hat\epsilon-4a-9a\hat\epsilon}, \frac{3(3\hat\epsilon-2a-3a\hat\epsilon)}{9\hat\epsilon-4a-9a\hat\epsilon}$	$\frac{2\hat\epsilon(1-a)}{9\hat\epsilon-4a-9a\hat\epsilon}$	$\frac{2\hat\epsilon(1-a)(a+a\hat\epsilon+\hat\epsilon)}{(9\hat\epsilon-4a-9a\hat\epsilon)^2}, 0$

续表

场景	$a\in$	取值范围 $\hat{\epsilon}$	价格 B，E	需求 B，E	信息服务水平 B	利润 B，E
	$\mathcal{A}_1$	$C^{1nf}\equiv\left(0,\dfrac{3\hat{\epsilon}}{2a}\right)$	$\dfrac{3aC\hat{\epsilon}^2}{2(9\hat{\epsilon}-4aC)}$, $\dfrac{aC\hat{\epsilon}(3\hat{\epsilon}-2aC)}{9\hat{\epsilon}-4aC}$	$\dfrac{2(3\hat{\epsilon}-2aC)}{9\hat{\epsilon}-4aC}$, $\dfrac{3\hat{\epsilon}}{9\hat{\epsilon}-4aC}$	$\dfrac{2aC\hat{\epsilon}}{(9\hat{\epsilon}-4aC)}$	$\dfrac{aC\hat{\epsilon}^2}{2(9\hat{\epsilon}-4aC)}$, $\dfrac{3aC\hat{\epsilon}^2(3\hat{\epsilon}-2aC)}{(9\hat{\epsilon}-4aC)^2}$
$NE_\dagger$	$\mathcal{A}_2$	$C^{2nf}\equiv\left(0,\dfrac{\hat{\epsilon}}{2a^2}\right)$	$\dfrac{C\hat{\epsilon}^2}{6(3\hat{\epsilon}-4Ca^2)}$, $\dfrac{C\hat{\epsilon}(\hat{\epsilon}-2Ca^2)}{3(3\hat{\epsilon}-4Ca^2)}$	$\dfrac{\hat{\epsilon}}{3\hat{\epsilon}-4Ca^2}$, $\dfrac{2(\hat{\epsilon}-2Ca^2)}{3\hat{\epsilon}-4Ca^2}$	$\dfrac{2aC\hat{\epsilon}}{3(3\hat{\epsilon}-4Ca^2)}$	$\dfrac{C\hat{\epsilon}^2}{18(3\hat{\epsilon}-4Ca^2)}$, $\dfrac{2C\hat{\epsilon}(\hat{\epsilon}-2Ca^2)^2}{3(3\hat{\epsilon}-4Ca^2)^2}$
	$\mathcal{A}_3$	$C^{3nf}\equiv\left(0,\dfrac{3(1-a)\hat{\epsilon}}{2a^2}\right)$	$\dfrac{3C\hat{\epsilon}^2(1-a)}{2(9\hat{\epsilon}-4Ca^2-9a\hat{\epsilon})}$, $\dfrac{\hat{\epsilon}(1-a)(3\hat{\epsilon}-3a\hat{\epsilon}-2a^2)}{(9\hat{\epsilon}-4Ca^2-9a\hat{\epsilon})}$	$\dfrac{3\hat{\epsilon}(1-a)}{9\hat{\epsilon}-4Ca^2-9a\hat{\epsilon}}$, $\dfrac{2(3\hat{\epsilon}-2Ca^2-3a\hat{\epsilon})}{9\hat{\epsilon}-4Ca^2-9a\hat{\epsilon}}$	$\dfrac{2aC\hat{\epsilon}(1-a)}{9\hat{\epsilon}-4Ca^2-9a\hat{\epsilon}}$	$\dfrac{C\hat{\epsilon}^2(1-a)}{2(9\hat{\epsilon}-4Ca^2-9a\hat{\epsilon})}$, $\dfrac{2C\hat{\epsilon}(1-a)(3\hat{\epsilon}-2Ca^2-3a\hat{\epsilon})}{(9\hat{\epsilon}-4Ca^2-9a\hat{\epsilon})^2}$

注：† 表示无展厅行为情形。

$$\hat{U}_{B \to E} = V + \sum_{i=1}^{a3n} \frac{1 + (1 + \epsilon)}{2} v + \sum_{i=a3n}^{3n} E_i - (1 - k) aC - p_E - ks \quad (4 - 7)$$

保持对实体店的忠诚时的效用是：

$$\hat{U}_{B \to B} = V + \sum_{i=1}^{a3n} \frac{1 + (1 + \epsilon)}{2} v + \sum_{i=a3n}^{3n} E_i - (1 - k) aC - p_B \quad (4 - 8)$$

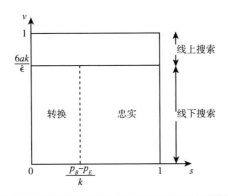

划分	浏览者	忠实	转换	需求
线上搜索	$1 - \dfrac{6ak}{\hat{\epsilon}}$	$1 - \dfrac{6ak}{\hat{\epsilon}}$	0	$1 - \dfrac{6ak}{\hat{\epsilon}} \left(1 - \dfrac{p_B - p_E}{k}\right)$
线下搜索	$\dfrac{6ak}{\hat{\epsilon}}$	$\dfrac{6ak}{\hat{\epsilon}} \left(1 - \dfrac{p_B - p_E}{k}\right)$	$\dfrac{6ak}{\hat{\epsilon}} \dfrac{p_B - p_E}{k}$	$\dfrac{6ak}{\hat{\epsilon}} \left(1 - \dfrac{p_B - p_E}{k}\right)$

图 4.2　需求信息

在如图 4.1 所示的时间线的最后阶段，线上和线下的零售商（E 和 B）决定各自的价格 p_E 和 p_B。如果消费者的转换成本 s 不是太高，消费者可以选择转移到线上零售商购买产品，即消费者的转换成本在 $0 < s \leqslant \dfrac{p_B - p_E}{k}$ 的区间内。反之，如果转换成本足够高，即转换成本在 $\dfrac{p_B - p_E}{k} < s \leqslant 1$ 区间内，消费者则从实体店购买。线上和线下零售商的利润函数为：$\Pi_E = p_E D_E$ 和 $\Pi_B = p_B D_B - \dfrac{k^2}{2}$。

命题 1 描述了消费者不确定性中间区间 $a \in \mathcal{A}_2$ 的求解结果，并重点介绍了三种情景（B，$BE(a)$ 缩写为 a，以及 $BE(b)$ 缩写为 b）。B 情境下，线下零售商的信息服务没有竞争优势，所有的消费者选择从线下零售商处获取信息。BE 情形下，消费者从两个零售商处获取信息。我们在表 4.2 中给出了所有消费者不确定性范围的求解结果。在表 4.2 和后续中，上标 $i = B$，BE 分别代表不同的情景，下标 $j = B$，E 分别表示零售商 B 或 E。

命题 1 根据消费者对主要信息的偏好参数，我们有以下均衡结果。

（1）场景 B：当 $\hat{\epsilon}$ 较低，处于范围 $\hat{\epsilon} \in \left(0, \dfrac{8a}{3}\right)$ 时，在消费者信息收集的阶段，线上零售商 E 的信息服务没有竞争优势，因此消费者只能从 B 处收集信息。线上线下零售商之间的竞争导致了唯一的价格纳什均衡，使得两个零售商利润为正。

（2）场景 BE：当 $\hat{\epsilon}$ 足够高，处于范围 $\hat{\epsilon} \in \left(\dfrac{8a}{3}, 4a\right)$ 时，线上和线下零售商在消费者信息收集和购买阶段都产生了竞争。部分线下的收集信息的消费者转移到 E 处购买产品，但是均衡结果依赖于 $\hat{\epsilon}$ 的分布范围：

①对于一般范围的 $\hat{\epsilon} \in \left(\dfrac{8a}{3}, \left(1 + \dfrac{1}{\sqrt{5}}\right)2a\right)$，线上和线下零售商只存在唯一的价格纳什均衡，其中，$\dfrac{4a}{3\hat{\epsilon} - 4a}$ 消费者从 B 中获取产品信息，剩余的消费者 $\dfrac{3\hat{\epsilon} - 8a}{3\hat{\epsilon} - 4a}$ 从线上搜索产品信息。如果转换成本较低，即 $s \in \left(0, \dfrac{4a - \hat{\epsilon}}{4a}\right)$，那么从 B 获取信息的消费者会转换到 E，剩下的消费者对 B 保持忠诚。从线上收集信息的消费者选择在提供最低价格的线上零售商处购买，即 p_E。两家商店都获得了正利润。

②对于较大值的 $\hat{\epsilon} \in \left(\left(1 + \dfrac{1}{\sqrt{5}}\right)2a, 4a\right)$，在纯策略中只存在一个价格纳什均衡，导致 E 获得零利润和 B 获得 $\dfrac{2\hat{\epsilon}(3a - \hat{\epsilon})}{9(3\hat{\epsilon} - 4a)^2}$ 的利润，当 $\left(1 + \dfrac{1}{\sqrt{5}}\right)2a < \hat{\epsilon} \leqslant 3a$ 时，B 获得正利润；否则，当 $3a < \hat{\epsilon} \leqslant 4a$ 时，零售商 B 不愿意提供信息服务，线上线下零售商满足 Bertrand 同质商品竞争，导致两者的利润为零。

当消费者对主要信息的偏好参数足够低时，$\hat{\epsilon} \in \varepsilon^{2B}$（场景 B 见表 4.2），B 提供线下信息服务，E 的信息服务不能吸引消费者到线上获取信息。由于转换成本的存在和消费者的异质性，线上零售商可以通过低价获得一定的线下获取信息的消费者，此时对于线上零售商来说，降价不能增加任何的利润。

这对线下零售商是有利的，因为在该均衡状态下，线上和线下零售商都能获得正利润。相反，当消费者对主要信息的偏好参数足够高时，$\hat{\epsilon} \in (\varepsilon^{2a}, \varepsilon^{2b})$，两个零售商在信息服务策略上产生了竞争，市场的新均衡发生变化。

当 $\hat{\epsilon} \in \varepsilon^{2a}$ 时，对于线上零售商的最佳反应是不降低价格。然而，线上零售商 E 不降价并不意味着线下零售商 B 也不降价。事实上，对于 $p_B < p_E = \dfrac{\hat{\epsilon}(\hat{\epsilon} - 2a)}{3a(3\hat{\epsilon} - 4a)}$，为了吸引所有的从线上获取信息的消费者和留住光顾他们商店的消费者，B 比 E 更倾向于降低销售价格。这一策略给线下零售商带来的积极效果是以降价为代价的。因此，B 降低价格与不降低价格情形下的利润进行比较，如果 $p_B > \dfrac{\hat{\epsilon}^3}{6a(3\hat{\epsilon} - 4a)^2}$，则降低价格使得 B 零售商的利润增加。当上面的不等式得不到满足时，对于 B 零售商的需求的增加所带来的收益无法抵销因为降价带来的损失，此时线上和线下两家零售商都选择不降价。

当 $\hat{\epsilon} \in \varepsilon^{2b}$ 时，B 可以降低价格使得价格低于 p_E，吸引所有的消费者，使得 E 零售商的需求为 0。但同时，E 零售商也可以降低价格，掠夺 B 零售商的客户。此时价格博弈的纯策略均衡是线上和线下零售商双方都降价。最后 E 零售商将价格设置为 0，并且 B 零售商将价格降低到 E 零售商不想采取任何进一步价格行动的水平。虽然 E 零售商可以将其价格设为 0，但 B 不能这样做，因为他必须保证产生足够的收入来支付提供信息服务所付出的费用。因此，B 零售商是否获得正利润取决于销售产品的毛利润是否抵销了提供信息服务付出的成本。当 $\hat{\epsilon}$ 相对较低时，B 零售商会吸引更多的消费者来店，并利用转换成本在购买阶段获得正利润。相反，当 $\hat{\epsilon}$ 足够大时，B 不能吸引足够多的消费者去抵销他提供信息服务付出的成本，导致利润为负，并且 B 没有提供信息服务的意愿。为了理解这个逻辑，首先考虑一下 B 零售商是否有可能存在不提供信息服务的情况。当 B 零售商不提供信息服务时，所有的顾客都会在线上零售商处收集信息，因此两家零售商进行 Bertrand 同质商品竞争，并设定相同的最低价格（$p_E = p_B = MC = 0$），导致两家零售商的利润均为零。因此，如果 B 零售商提供的信息服务不能吸引足够的消费者来抵销信息服务成本，那么 B 没有动力投资于线下的信息服务。在其他条件下，B 零售商可以通过提供信息服务和利用转换成本 ks 来吸引消费者并留住他们，从而保持正利润。

（二）必须从获取信息的零售商处购买产品：禁止展厅行为模型

本小节分析禁止消费者从与其获取信息不同的零售商处购买产品的情况。这一限制排除了"搭便车"的可能性。在我们的模型中，这意味着不允许在实体店获取产品信息的消费者转向更便宜的线上零售商处购买产品。

消费者在购买阶段比较线上和线下零售商所带来的效用，从线上零售商购买的效用为 $\dot{U}_E(\dot{p}_E) = \hat{U}_E - \dot{p}_E$，从线下零售商购买的效用为 $\dot{U}_B(\dot{p}_B) = \hat{U}_B - \dot{p}_B$（点表示禁止展厅行为模型）。在这种情况下，由于不允许消费者在不同零售商间转换，因此不存在转换成本，并且在信息收集阶段也不存在效用的比较。因此，对于不确定程度在三个区间中（$a_1 \in \mathcal{A}_1$，$a_2 \in \mathcal{A}_2$，$a_3 \in \mathcal{A}_3$），我们得到有消费者选择从 E 零售商处购买产品的需求为 $1 - \dfrac{2(Ca_1\dot{k} - \dot{p}_B + \dot{p}_E)}{Ca_1\hat{\epsilon}}$，

$1 - \dfrac{6(Ca_2\dot{k} - \dot{p}_B + \dot{p}_E)}{C\hat{\epsilon}}$ 和 $1 - \dfrac{2(Ca_3\dot{k} - \dot{p}_B + \dot{p}_E)}{(1-a_3)C\hat{\epsilon}}$，以及从实体零售商处购买产品的需求为 $\dfrac{2(Ca_1\dot{k} - \dot{p}_B + \dot{p}_E)}{Ca_1\hat{\epsilon}}$，$\dfrac{6(Ca_2\dot{k} - \dot{p}_B + \dot{p}_E)}{C\hat{\epsilon}}$ 和 $\dfrac{2(Ca_3\dot{k} - \dot{p}_B + \dot{p}_E)}{(1-a_3)C\hat{\epsilon}}$。

在基准模型中，我们描述了消费者关于获取信息的两种场景。我们已经看到，当每次搜索成本的主要属性溢价较低时，在信息收集阶段 E 不具有优势，因此所有消费者都从实体零售商处收集产品信息（场景 B）。相反，当每次搜索成本的主要属性溢价足够高时，两个零售商在信息收集阶段（场景 BE）竞争。通过比较允许展厅行为这一基准模型下的利润与限制消费者展厅行为的基准模型，我们可以得到一个新的结论，强调搜索成本是实体零售商获得竞争优势的关键因素。

引理1 当限制消费者的展厅行为时（不可能"搭便车"），B 零售商的竞争优势随着消费者搜索信息的成本增大而增强。在这种情况下，当搜索成

本不太高时 $\left(0 < C < \dfrac{(3 - \sqrt{3})\hat{\epsilon}}{4a^2}\right)$，$E$ 零售商会提高他的价格；当 $\dfrac{(3 - \sqrt{3})\hat{\epsilon}}{4a^2} <$ C 之后，E 零售商开始降低他的价格。

当不允许"搭便车"时，搜索成本的增大提高了 B 零售商的竞争优势（可以投资线下信息服务来降低搜索学习成本），并且加大了"搭便车"和不"搭便车"之间的不对称性。在不"搭便车"的情况下，当 C 值较高时，B 零售商从提供信息服务中获得的收益更大，并且可以收取较高的费用。另一个不对称是由于主要信息溢价，因为主要信息溢价对 E 零售商的正向影响比对 B 零售商的更大；因此，它决定了在不"搭便车"的情况下 E 零售商的竞争优势。

命题 2 强调了当信息"搭便车"对零售商无害时，最大搜索成本和单位搜索成本的主要产品信息溢价的组合。图 4.3 提供了该命题的图形表示。正如我们在命题 1 中所做的那样，这里我们也详细说明 $a_2 \in \mathcal{A}_2$ 的中间水平，并参考图 4.3 中对于不同区间的解释，以呈现产品不确定性的所有范围的均衡。

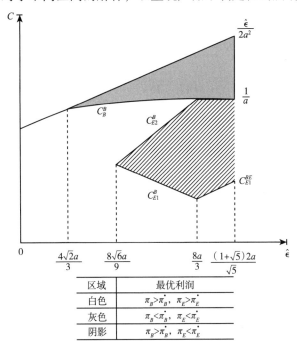

区域	最优利润
白色	$\pi_B > \pi_B^*$, $\pi_E > \pi_E^*$
灰色	$\pi_B < \pi_B^*$, $\pi_E < \pi_E^*$
阴影	$\pi_B > \pi_B^*$, $\pi_E < \pi_E^*$

图 4.3　线上和线下零售商的最优利润

命题 2 搜索成本参数和主要产品属性偏好程度参数共同决定了线上或线下零售商是否从展厅行为中获利。

（1）线上和线下零售商都从消费者的展厅行为中获益（$\pi_B > \dot{\pi}_B$，$\pi_E > \dot{\pi}_E$），如图 4.3 中的白色区域，如果：

①在情景 B 下，任意 $\hat{\epsilon}$ 都足够低，而 C 都不够高 $\left(\hat{\epsilon} < \dfrac{8\sqrt{6}a}{9}\right)$ 和 $C < \min$ $\left\{\dfrac{\hat{\epsilon}}{2a^2}, C_B^B(\hat{\epsilon})\right\}$；或者是 $\hat{\epsilon}$ 相对高的，C 足够低或者足够高 $\left(\dfrac{8\sqrt{6}a}{9} < \hat{\epsilon} < \dfrac{8a}{3}\right.$ 和 $\left(0 < C < C_{E1}^B(\hat{\epsilon})$ 或 $C_{E2}^B(\hat{\epsilon}) < C < C_B^B(\hat{\epsilon})\right)$ $\Big)$。

②在情景 BE 下，$\hat{\epsilon}$ 很高并且 C 足够低 $\left(\dfrac{8a}{3} < \hat{\epsilon} < \dfrac{(1+\sqrt{5})a}{\sqrt{5}}\right.$ 和 $C <$ $C_{E1}^{BE}(\hat{\epsilon})\Big)$。

（2）只有 E 零售商受益于消费者的展厅行为（$\pi_B < \dot{\pi}_B$，$\pi_E > \dot{\pi}_E$，如图 4.3 中的灰色区域），如果在 B 和 BE 两种情景下 C 都足够高，即 $C > C_B^B(\hat{\epsilon})$ 和 $C > \dfrac{1}{a}$。

（3）只有 B 零售商得益于消费者的展厅行为（$\pi_B > \dot{\pi}_B$，$\pi_E < \dot{\pi}_E$，如图 4.3 中的阴影区域），如果在 B 和 BE 两种情景下，$\hat{\epsilon}$ 都足够高并且 C 在中间区间，即 $\dfrac{8\sqrt{6}a}{9} < \hat{\epsilon} < \dfrac{8a}{3}$ 和 $C_{E1}^B(\hat{\epsilon}) < C < C_{E2}^B(\hat{\epsilon})$，$\dfrac{8a}{3} < \hat{\epsilon} < \dfrac{(1+\sqrt{5})a}{\sqrt{5}}$ 和 $C_{E1}^{BE}(\hat{\epsilon}) < C < \dfrac{1}{a}$。

命题 2 表明，在大多数情况下，当消费者产生了展厅行为时（尽管这会影响他对于线下信息服务的投资），B 零售商在允许展厅行为情形下的收益比禁止展厅行为情形时的收益更高。除了在高搜索成本的情形下，B 零售商可以通过提供优质的线下信息服务来锁定忠诚的消费者，从而获得更高的利润（在情景 B 中，$C > C_B^B$；在情景 BE 中，$C > \dfrac{1}{a}$，见图 4.3 中的灰色区域）。当搜索成本足够高时，B 零售商在无展厅行为的情况下具有较强的竞争优势，

使得 B 零售商的信息服务水平和价格都高于存在展厅行为的情况，即 $\dot{k}_B > k$，$\dot{p}_B > p_B$，因此 B 零售商获得了更高的利润。

当搜索成本不高和主要产品属性偏好程度足够低 $\left(0 < \hat{\epsilon} < \dfrac{8\sqrt{6}a}{9}\right)$ 时，消费者的展厅行为对线上和线下零售商都有利（消费者能从线上或线下零售商处获取信息和购买产品）。在禁止展厅行为的情况下，低的 $\hat{\epsilon}$ 会加剧线上和线下零售商之间的竞争，这是因为消费者此时对 E 零售商有序的信息服务评价偏低，E 零售商为了从线下零售商处吸引更多消费者不得不降低价格，从而引发了与 B 零售商（$p_B > \dot{p}_B$）的价格竞争。

当存在展厅行为的可能性时，在消费者购买阶段，E 零售商可以设定一个比 B 零售商更低的价格来吸引转换型消费者，他们免费享受 B 零售商提供的信息服务带来的好处，B 零售商则通过提供优质的信息服务，可以设置较高的价格掠取忠诚的消费者的消费者剩余。在无展厅行为的情况下，E 零售商的价格低于 B 零售商的价格，$p_E > \dot{p}_E$。在有展厅行为的情况下，竞争比没有展厅行为的情况下更温和，所以线上和线下零售商都获得了更多的好处。

当 $\hat{\epsilon}$ 的值增大但小于一定水平 $\left(\dfrac{8\sqrt{6}a}{9} < \hat{\epsilon} < \dfrac{8a}{3}\right)$ 时，搜索成本 C 值的高低决定了线上和线下零售商竞争的强弱。在 C 的一定低水平范围内，意味着在无展厅的情况下，B 零售商的信息服务在降低消费者学习成本方面的优势有限，因此线上和线下零售商之间的价格竞争变得较为激烈（$\dot{p}_E < p_E$，$\dot{p}_B < p_B$），E 零售商倾向于更温和的存在展厅行为的情况。然而，从引理 1 可知，在无展厅行为的情况下，C 的增加使 B 零售商的竞争优势增大，导致 B 零售商的价格上升，但是 C 的增加并不影响存在展厅行为的情况。C 的增加缓解了 B 零售商和 E 零售商的竞争，E 零售商同时也提高了它的价格，在一定程度上，E 零售商的价格超过了存在展厅行为时的价格，因为现在的 $\hat{\epsilon}$ 相对较高，这也给 E 零售商带来了竞争优势。在不存在展厅行为的情况下，两者都使 E 零售商具有竞争优势，并获得更高的利润。随着 C 的进一步上升，E 零售商的价格开始下降，因为较高的 C 给 B 零售商带来更多的优势导致竞争加剧。在一定程度上，存在展厅行为的情况下 E 零售商的价格高于无展厅行为

情况下的价格，因此 E 零售商现在更倾向于存在展厅行为的情况。

当 $\hat{\epsilon}$ 增加到一定程度 $\left(\dfrac{8a}{3}<\hat{\epsilon}<\dfrac{(1+\sqrt{5})a}{\sqrt{5}}\right)$，在存在展厅行为的情况下，$B$ 和 E 零售商在消费者信息收集和购买竞争两个阶段展开了竞争。当 C 位于 C_{E1}^{BE} 和 $\dfrac{1}{a}$ 之间，E 更倾向于不存在展厅行为的情况。然而，当 C 足够低或相对较高时，E 零售商倾向于存在展厅行为的情况。我们先解释在 S_a 情景下，当 C 的值足够高时，E 零售商倾向于存在展厅行为而不是不存在展厅行为的情况。具体原因如下：高水平的 C 与消费者高强度的搜索学习相关，这保证了 B 零售商从线下高的信息服务水平中获得可观的回报（$\dot{k}>k$），这加剧了对 E 零售商（$\dot{p}_E<p_E$）的竞争，对无展厅行为情况下的利润产生负向影响，但不影响存在展厅行为的情况。当 C 降低到 $\dfrac{1}{a}$ 与 C_{E1}^{BE} 之间时，在不存在展厅行为的情况下，B 零售商降低了其信息服务水平，从而降低了其利润，同时极大地弱化了对 E 零售商的竞争。在无展厅行为的情况下，因为 E 零售商的价格较高（$\dot{p}_E>p_E$），需求也较高（$\dot{D}_E>D_E$），从而优化了 E 零售商的利润。

然而，当 C 进一步下降到一定的低水平时，B 零售商提供足够低水平的信息服务（$\dot{k}<k$）会加剧线上和线下零售商之间的竞争，在无展厅行为的情况下与 E 零售商相比，引发更激进的降价（$\dot{p}_B<p_B$）。此时的价格竞争比存在展厅行为情况下更加激烈，因此，E 零售商的价格降低（$\dot{p}_E<p_E$），需求增大（$\dot{D}_E>D_E$），这是以较低的价格为代价的，但在无展厅行为的情况下，价格对 E 零售商的利润起决定性作用。与足够低的 $\hat{\epsilon}$ 情况相似，存在展厅行为时的竞争比无展厅行为时的竞争更为温和，因此双方都从展厅行为中受益。

我们的研究结果表明，在一定条件下，线上和线下零售商双方或只有一方从展厅行为获益，这取决于展厅行为和无展厅行为情况下的竞争强度，这些竞争受搜索成本和消费者主要产品属性偏好程度的影响。首先，我们的一个结论表明，线上零售商"免费搭乘"了其他零售商对市场的贡献，该零售商不承担任何的成本，并通过提供更低的价格从这种行为中获益。比如当 C

足够高时，提供线下信息服务的 B 零售商在无展厅行为的情况下获得了更强的优势，但是展厅行为损害了 B 零售商的这一优势，导致该零售商在展厅情形下的利润减少。这种机制可以解释为，当 C 足够高时，消费者访问 B 零售商的可能性很大，因为这种信息服务可以帮助消费者节省大量的搜索和学习成本。B 零售商也愿意提供高质量的信息服务，不希望消费者产生展厅行为消除高 C 带来的优势。如果消费者先访问了 B 零售商，然后转到 E 零售商购买产品，这确实损害了 B 零售商在线下信息服务上的投资收益。因此，在这种情况下，B 的目标是限制消费者的展厅行为，并从中获得更多的利益。

我们还发现，当 $\hat{e}$ 或 C 足够低时，B 和 E 零售商都倾向于存在展厅行为的情形。这是因为在无展厅行为情形下的竞争中，足够低的 $\hat{e}$ 或 C，意味着 B 和 E 零售商并不具有很强的优势，只能采取激进的价格策略，导致了他们之间更为激烈的竞争。展厅行为导致的竞争比无展厅行为的情况下的竞争更温和，所以 B 和 E 零售商都倾向于展厅行为。

上述结论给出了与常理不一致的地方，即"搭便车"的行为伤害了传统提供商，但给线上"搭便车"者带来了好处。本章的研究结果表明，"搭便车"的行为会伤害"搭便车"者，但对提供信息服务的线下零售商有利。虽然访问传统商店的消费者可能会被线上零售商设定的较低价格所吸引，但在购买阶段，高质量的信息服务会增加消费者的转换成本，这有助于留住更忠诚的消费者，从而设置较高的价格。如果在"搭便车"的情况下，这种锁定客户的策略导致了对"搭便车"者更激烈的竞争，"搭便车"者将会受到伤害，但提供线下信息服务的零售商会从"搭便车"中受益。

（三）消费者混合搜索行为分析

消费者在获取产品信息时，往往会将线上和线下信息服务的优势结合起来。在本节中，我们研究消费者最初通过线上零售商搜索获取产品信息，然后转换到线下搜索的获取产品信息的情况，我们称这种搜索行为为"混合型"。这个扩展使得消费者产生了五种类型的信息获取和消费行为。

（1）$B \rightarrow B$ 型：消费者到实体店了解产品信息，然后从实体店购买；

（2） $B{\rightarrow}E$ 型：消费者访问实体店收集信息，然后转到线上零售商处购买；

（3） $E{\rightarrow}E$ 型：消费者在线上零售商处收集产品信息，并直接从该零售商处订购；

（4） $(B, E){\rightarrow}B$ 型：混合型购物者从线上和线下零售商处收集产品信息，然后从实体零售商处购买；

（5） $(B, E){\rightarrow}E$ 型：混合型购物者从线上和线下零售商处收集产品信息，然后从线上零售商处购买。

根据花费在产品信息搜索和学习上的时间，市场上存在不同的消费者类型。下面，引理2给出了在不同不确定性范围下的各种消费者类型的组成。

引理2 根据消费者的不确定性问题，市场中存在不同的消费者类型：

（1）对于 $a \in a_1$，不存在混合型购物者。

（2）对于 $a \in a_2$，所有的消费者类型都是可能的。

（3）对于 $a \in a_3$，没有线上购物者存在。

由于存在线上零售商的有序信息服务策略和线下零售商降低学习成本的信息服务策略，我们根据消费者的不确定性问题分别讨论消费者对产品的学习过程（见图4.4）。

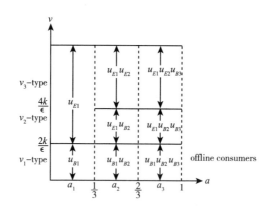

图4.4 混合搜索行为需求分布

①低不确定性问题（a_1）：从线上零售商处获取信息的消费者只收集产品主要属性的信息，具有效用 $u_{E1} = a_1 V + \sum_{i=1}^{a_1 3n} (1 + \epsilon) v - C_1 = a_1 V + a_1 \dfrac{C}{c} (1 +$

$\epsilon)v - a_1C$；然而，如果他们从实体店处获取信息，则效用为 $u_{B1} = a_1V + a_1\dfrac{C}{c}$ $\dfrac{1+(1+\epsilon)}{2}v - (1-k)a_1C$。通过比较两种效用，我们得到 v 大于 $\dfrac{2kc}{\epsilon}$ 的消费者会选择从线上零售商获取信息（$u_{E1} > u_{B1}$）；而 v 在 $\dfrac{2kc}{\epsilon}$ 以下的消费者会选择从实体店（$u_{E1} < u_{B1}$）获取信息。

②中度不确定性问题（a_2）：当消费者具有中度不确定性问题时，需要对产品信息进行额外的搜索和学习，因为消费者有更多的不确定性问题。偏好线下的消费者（$u_{B1} > u_{E1}$）将继续进行从线下获取产品信息（$u_{B2} > u_{E2}$），这些是 $u_{B1}u_{B2}$ 类型的消费者。相反，一开始愿意线上获取信息的消费者（$u_{B1} < u_{E1}$）将比较线上获取信息带来的效用 $u_{E2} = (a_2 - a_1)V + \dfrac{\left(a_2C - \dfrac{C}{3}\right)}{c}$ $\dfrac{1+(1+\epsilon)}{2}v - \left(a_2C - \dfrac{C}{3}\right)$ 和线下获取信息带来的效用 $u_{B2} = (a_2 - a_1)V + \dfrac{\left(a_2C - \dfrac{C}{3}\right)}{c}\left(\dfrac{1}{2}\dfrac{1+(1+\epsilon)}{2}v + \dfrac{v}{2}\right) + (1-k)\left(a_2C - \dfrac{C}{3}\right)$。由此可知，$v$ 低于 $\dfrac{4kc}{\epsilon}$，且高于 $\dfrac{2kc}{\epsilon}$ 的消费者会选择混合型搜索方式获取信息，即 $u_{E1}u_{B2}$ 型；v 高于 $\dfrac{4kc}{\epsilon}$ 时，将继续通过线上获取信息，即 $u_{E1}u_{E2}$ 型。

③高不确定性问题（a_3）：以上逻辑依然适用于消费者的高不确定性问题。对于搜索和学习成本超过 a_3C 的消费者，消费者将更倾向于通过线下获取产品信息。这是因为在实体店中以较低的搜索成本收集产品信息的效用大于通过线上获取信息的效用，即 $u_{B3} = (a_3 - a_2)V + \dfrac{\left(a_3C - \dfrac{2C}{3}\right)}{c}v - (1-k)\left(a_3C - \dfrac{2C}{3}\right) > u_{E3} = (a_3 - a_2)V + \dfrac{\left(a_3C - \dfrac{2C}{3}\right)}{c}v - \left(a_3C - \dfrac{2C}{3}\right)$。这意味着，所有一开始从线上获取信息的消费者，都会在某个时候倾向从实体店收集剩余

的产品信息，成为混合型消费者。在之前选择从实体店进行信息获取的消费者将继续从线下零售商处获取信息。

进入购买阶段，从线上获取信息的消费者总是希望在购买阶段从 E 零售商处购买产品，因为线上价格总是最低的。混合搜索者和线下搜索者都可以享受到 B 零售商的信息服务，并在线下零售商处完成对产品的评价。然后，他们可以选择转换到 E 零售商处购买产品，也可以选择保持对实体店的忠诚。然而，由于消费者在比较线上和线下零售商之间的效用时，都对产品进行了相同的评价，因此只有线上和线下零售商之间的价格差距和转换成本（ks）会影响他们的选择。转换成本较低的消费者，$s < \dfrac{\ddot{p}_B - \ddot{p}_E}{\ddot{k}}$，从 E 零售商处购买产品，其他消费者从 B 零售商处购买。所以我们可以有如下的市场状态：

①当 $a \in a_1$ 时，E 零售商的需求包含 $\{B \to E, E \to E\}$ 型消费者，B 零售商的需求只包括 $B \to B$ 型消费者。

②当 $a \in a_2$ 时，E 零售商的需求包含 $\{B \to E, E \to E, (B, E) \to E\}$ 型消费者，B 零售商的需求仅限于 $\{B \to B, (B, E) \to B\}$ 型消费者。

③当 $a \in a_3$ 时，E 零售商的需求包括 $\{B \to E, (B, E) \to E\}$ 型消费者，B 的需求有 $\{B \to B, (B, E) \to B\}$ 型消费者。

前面的讨论是基于引理 2 中给出的 $1 - \dfrac{2ck}{\epsilon} > 0$ 和 $1 - \dfrac{4ck}{\epsilon} > 0$ 的要求，为了简化分析，我们将 $\dfrac{\epsilon}{c}$ 替换为 $\hat{e}$。当 $\hat{e}$ 较低时，所有消费者都访问实体店，市场中不存在如基准模型一节中所讨论的 $(B, E) \to B$、$(B, E) \to E$、$E \to E$ 型消费者。E 零售商有序地提供信息决定了消费者细分的形成。从线下和线上零售商处获取信息的动机因消费者的不确定性（以及相应的搜索时间）而异。例如，当消费者对产品有高度的不确定性时，他们愿意花更多的时间来了解产品的特征，并使用多个信息源来收集这些信息。比如在网上阅读评论，查阅有关产品属性的重要参数，观看技术信息视频，并通过线下的专业服务访问实体店以收集有关产品的信息。相反，对于低不确定性的产品，客户更有可能限制他们的搜索和学习行为，只使用一个渠道获取信息（线上或线下）。

到目前为止，我们已经给出了消费者从不同零售商处获取信息的原因。现在，我们研究混合搜索行为对竞争的影响。先给出搜索行为存在的条件。根据引理2，当 $a \in a_1$ 时不存在混合搜索行为，当主要信息溢价足够低时，在一定搜索成本范围内也不存在混合搜索行为。因为当 $\hat{\epsilon}$ 足够低时，所有的消费者都从实体店获取信息。例如，对于搜索成本的中值范围，在分析消费者混合搜索行为时，$\hat{\epsilon}$ 的取值范围是决定性的。当 $\hat{\epsilon} < \frac{4}{3}$ 时，只有线下搜索者；而当 $\frac{16}{9} < \hat{\epsilon} \leq \frac{8}{3}$ 和 $1 - \frac{4k}{\hat{\epsilon}} > 0$ 时，则存在混合搜索行为。当 $\frac{4}{3} < \hat{\epsilon} < \frac{16}{9}$ 和 $1 - \frac{2k}{\hat{\epsilon}} > 0$ 时，混合搜索场景下没有线上搜索者。由于后两种情况包含混合搜索行为，因此在本节的其余部分中，我们将重点讨论这两种情况，以分析这种行为的影响。

我们在表4.3中看到，有两种情况排除了混合搜索行为。第一种是场景 B 和 $\hat{\epsilon} \leq \frac{8}{3}a$；第二种是场景 S_a 和 $\frac{8}{3}a < \hat{\epsilon} \leq \left(2 + \frac{1}{\sqrt{5}}\right)a$。我们将这些情况与混合搜索情况进行比较，并在下面的命题中形式化混合行为的影响。我们只描述混合搜索行为对 $a \in a_2$ 的影响，因为区间 $a \in a_1$ 不包括混合消费者，$a \in a_3$ 没有线上购物者。

表4.3　　　　　　　　　　　均衡结果 $a \in a_2$

场景	线上信息服务优势	均衡定价 (B, E)	需求 (B, E)	信息服务水平 (B)	利润 (B, E)
$\{B \to (B \text{ or } E),$ $(B,E) \to (B \text{ or } E)\}$	$\frac{4}{3} < \hat{\epsilon} \leq \frac{16}{9}$	$\frac{8}{27}, \frac{4}{27}$	$\frac{2}{3}, \frac{1}{3}$	$\frac{4}{9}$	$\frac{8}{81}, \frac{4}{81}$
$\{B \to (B \text{ or } E), E \to E,$ $(B,E) \to (B \text{ or } E)\}$	$\frac{16}{9} < \hat{\epsilon} \leq \frac{8}{3}$	$\frac{3\hat{\epsilon}^2}{4(9\hat{\epsilon}-8)},$ $\frac{\hat{\epsilon}(3\hat{\epsilon}-4)}{2(9\hat{\epsilon}-8)}$	$\frac{3\hat{\epsilon}}{9\hat{\epsilon}-8},$ $\frac{2(3\hat{\epsilon}-4)}{9\hat{\epsilon}-8}$	$\frac{2\hat{\epsilon}}{9\hat{\epsilon}-8}$	$\frac{\hat{\epsilon}^2}{4(9\hat{\epsilon}-8)},$ $\frac{\hat{\epsilon}(3\hat{\epsilon}-4)^2}{(9\hat{\epsilon}-8)^2}$

命题3 消费者的混合搜索学习行为的效果受消费者对主要属性偏好和

不确定性的影响。

（1）当消费者的不确定性相对较高时，即 $a_2 \in \left(\dfrac{40}{9(5+\sqrt{5})}, \dfrac{2}{3}\right)$，会出现两种情况：

①在非混合情况下，如果 $\dfrac{16}{9} < \hat{\epsilon} \le \left(2+\dfrac{1}{\sqrt{5}}\right) a_2$ 时，在情景 S_a 下，且当允许混合搜索行为时，市场容纳所有类型的消费者，此时线上和线下零售商的利益都受到损害。

②在非混合情况下，如果 $\dfrac{8a}{3} < \hat{\epsilon} \le \dfrac{16}{9}$ 时，在情景 S_a 下，且当允许混合搜索行为时，市场的消费者类型为 $B \rightarrow (B \text{ 或 } E)$，$(B, E) \rightarrow (B \text{ 或 } E)$ 型。在这里，混合搜索行为对线上和线下零售商都有害。

（2）当消费者的不确定性较低时，即 $a_2 \in \left(\dfrac{1}{2}, \dfrac{40}{9(5+\sqrt{5})}\right)$，会出现两种新的情况：

①在非混合情况下，如果 $\dfrac{8a_2}{3} < \hat{\epsilon} \le \left(2+\dfrac{1}{\sqrt{5}}\right) a_2$ 时，在情景 S_a 下，且当允许混合行为时，市场的消费者类型为 $B \rightarrow (B \text{ 或 } E)$，$(B, E) \rightarrow (B \text{ 或 } E)$ 型。在这里，混合搜索行为对两个零售商都有害。

②在非混合情况下，如果 $\dfrac{4}{3} < \hat{\epsilon} \le \dfrac{8a_2}{3}$ 时，在情景 B 下，且当允许混合行为时，市场的消费者类型为 $B \rightarrow (B \text{ 或 } E)$，$(B, E) \rightarrow (B \text{ 或 } E)$ 型。由于没有网上购物者，所以混合搜索模式和情景 B 下商店的利润是一样的。

（3）当消费者的不确定性足够低，即 $a_2 \in \left(0, \dfrac{1}{2}\right)$ 和 $\dfrac{4}{3} < \hat{\epsilon} \le \left(2+\dfrac{1}{\sqrt{5}}\right) a$ 时，在非混合情况下，我们处于情景 B；当允许混合搜索情况时，市场消费者类型为 $\{B \rightarrow E,\ (B, E) \rightarrow B,\ (B, E) \rightarrow E\}$ 型。混合行为对两家零售商都有害。

在消费者对主要属性偏好足够低的情况下，零售商之间的竞争只取决于混合和非混合两种情况下的价格和转换成本，因此无论 B 或 E 处于混合还是非混合情况，B 或 E 在两种情况下都设定相同的价格和相同的需求，以获得相同的利润。然而，命题 3 认为混合行为加剧了竞争，在大多数情况下损害了零售商双方。混合搜索之所以对网络零售商造成伤害，是因为非混合情况下的部分或全部线上搜索者成为混合情况下的混合消费者，因此混合情况下的线上搜索者很少或根本没有。这意味着更多的消费者会去实体店，并获得销售帮助，从而降低转换成本。因此，随着混合行为的出现，线上和线下零售商的竞争加剧，线上零售商更愿意设置激进的定价策略，以与实体零售商竞争，吸引消费者从线上商店购买。

（四）影响消费者转换成本的线上零售商服务策略分析

现在我们研究线上零售商的策略对消费者转换成本的影响。在混合搜索的场景下，访问实体店的混合消费者根据转换成本和价格选择转换到线上或就在线下零售商处购买产品。由于存在转换成本，线上零售商和线下零售商的竞争变得更加激烈。在现实中，线上零售商提供的销售服务可以降低消费者的转换成本。例如，一日送达服务提升了消费者的网购体验与网购信任。我们将讨论电子零售商是否受益于这种服务及其对竞争的影响。我们把这种情况用一个上"…"表示。

假设电子零售商的销售服务扭曲了转换成本 b 的值，而这种服务的成本为每人 $\lambda b(\lambda \leqslant 1)$（边际成本），因此消费者在实体店购买时，如果在网上购买，转换成本 b 会减少。因此，当消费者的转换成本小于 b 时，转换成本为 0。我们可以让转换成本为 0 的消费者比例为 b，并且两个零售商都与转换成本介于 $(0, 1-b)$ 的剩余消费者竞争。当电子零售商提供销售服务时，他为所有从他那里购买的消费者产生了服务成本，因此他的利润函数为 $\overset{\dots}{\Pi}_E = (\overset{\dots}{p}_E - \lambda b)\overset{\dots}{D}_E$。

由于存在不同的市场结构，我们研究了包含所有类型消费者的复杂情景（$B \rightarrow （B$ 或 $E)$，$E \rightarrow E$，$(B, E) \rightarrow （B$ 或 $E)$ 型），其中，电子零售商决定提供何种销售服务扭曲了转换成本。类似的讨论可以应用于其他场景，我们不再重复此讨论。

首先，给出了电子零售商提供销售服务时的购买阶段的需求。与混合情况类似，$1 - \dfrac{4k}{\hat{\epsilon}}$ 的线上搜索者从电子零售商处购买，$\dfrac{4k}{\hat{\epsilon}}$ 的消费者访问商店。与混合情况不同，当消费者考虑线上销售服务的收益时，$b\dfrac{4k}{\hat{\epsilon}}$ 消费者的转换成本变为 0，并选择电子零售商。其次，两家零售商设定价格以争夺剩余消费者 $(1-b)\dfrac{4k}{\hat{\epsilon}}$。消费者比较他们网上购买的预期剩余 $\ddot{U}^S = V + u - \ddot{p}_E - ks$ 和线下 $\ddot{U}^R = V + u - \dddot{p}_B$，因此 $\dfrac{\dddot{p}_B - \ddot{p}_E}{k}\left(\dfrac{4k}{\hat{\epsilon}}\right)$ 用户选择转换线上购买，$\left(1 - b - \dfrac{\dddot{p}_B - \ddot{p}_E}{k}\right)\left(\dfrac{4k}{\hat{\epsilon}}\right)$ 用户选择线下购买。因此，最优价格、线下零售商的信息服务水平和利润可以通过逆向求解得到：$\dddot{p}_B = -\dfrac{3}{4}\dfrac{\hat{\epsilon}(\hat{\epsilon} + \lambda b)}{8b^2 - 16b + 8 - 9\hat{\epsilon}}$，

$\ddot{p}_E = \dfrac{1}{2}\dfrac{(4b^2 - 8b + 4 - 3\hat{\epsilon})(\hat{\epsilon} + \lambda b)}{8b^2 - 16b + 8 - 9\hat{\epsilon}}$，$\ddot{\Pi}_B = \dfrac{(4\lambda b + \hat{\varepsilon})^2}{4(8b^2 - 16b + 8 - 9\hat{\epsilon})}$，$\dddot{\Pi}_E = $

$\dfrac{(6\lambda b + 4b^2 - 8b - 3\hat{\epsilon} + 4)^2\hat{\epsilon}}{8b^2 - 16b + 8 - 9\hat{\epsilon}}$，$\dddot{k}_B = \dfrac{2(b-1)(\hat{\epsilon} + 4\lambda b)}{8b^2 - 16b + 8 - 9\hat{\epsilon}}$。

为了保证这两种情况具有正向结果和相同的市场配置，参数的取值范围必须满足 $b < 0.184$，$\dfrac{16}{9} < \hat{\epsilon} < \dfrac{8}{3(b-1)^2}$。比较存在或不存在销售服务的混合情形下的纳什均衡解，我们得到命题 4。

命题 4 存在一个临界点 $\lambda_1^* = \dfrac{-2\hat{\epsilon}(-2+b)}{-8 + 9\hat{\epsilon}}$，低于该临界值线上零售商可从其提供的销售服务中获益；当 $\lambda > \lambda_2^{**}$ $\Big(\lambda_2^{**}$

$\dfrac{(-9\hat{\epsilon} + 8 + \sqrt{-(8b^2 - 16b - 9\epsilon + 8)(-8 + 9\hat{\epsilon})})\hat{\epsilon}}{4(b(-8 + 9\hat{\epsilon}))}\Big)$ 时，零售商 B 也获得收益。当 $\lambda_1^* > \lambda > \lambda_2^{**}$ 时，线上零售商提供的销售服务为双方零售商带来了双赢的局面。

命题 4 表明，提供线上销售服务只有在成本不够高的情况下才会增加零售商 E 的利润，而在成本超过一定水平时才会提高零售商 B 的利润。在提供

销售服务的情况下，无论 λ 足够低还是足够高，零售商 E 都会产生供给成本，并设定更高的价格来弥补这一成本，从而弱化了对零售商 B 的竞争，因此零售商 B 降低其信息服务水平并设定更高的价格。当 λ 足够低时，由于购买阶段的转换成本降低，以及信息竞争阶段的线上搜索的消费者数量增加，线上零售商获得了更多的需求，因此更高的价格和需求带来的收益超过了提供销售服务的成本，从而增加了线上零售商的利润。虽然零售商 B 设定了较低的信息服务水平和较高的价格，但他是否获得利益取决于线上零售商的销售服务成本。由于线上零售商设定了更高的价格来抵销供应成本，所以他不愿意降低价格。在 λ 足够高的情况下，电子零售商必须保持较高的价格来抵销供应成本，因此零售商 B 即使在需求减少的情况下，也可以在购买阶段设定更高的价格，从而主导利润的上升。

五、总结与管理意义

（一）总结

消费者可以在线下零售商的销售信息服务协助下收集产品信息，然后从另一家价格较低的零售商（比如线上零售商）处购买产品（展厅行为）。作为廉价分销渠道的电商平台的出现扩大了这种可能性。然而，在这种新环境下，零售商在信息收集阶段也面临着竞争——考虑到顾客需要足够的产品信息来对自己喜欢的产品进行感知评价，特别是当消费者对产品的整体评价和属性存在不确定性问题时。通过对信息和价格竞争的两个阶段进行建模，本章能够对消费者如何选择获取信息的渠道，并在收集到足够的信息后，在线上线下零售商之间作出购买决策提供新的见解。我们对存在展厅行为和不存在展厅行为的情形进行了对比，消费者可以从不同于他们获取信息的商店处购买产品（基准情况——展厅行为），另一种情况是消费者只能从他们获取信息的商店购买产品（不存在展厅行为）。通过比较，我们总结出展厅行为的有效性。

与巴拉克里希南等（Balakrishnan et al，2014）和梅赫拉等（Mehra et al，2018）关于展厅行为的负面影响的文献类似，本章也发现任何享受其他零售商贡献的"搭便车"者通过提供更低的价格从这种行为中受益，并且提供该贡献的零售商会受到伤害。但这只发生在当线下零售商的信息服务对降低消费者搜索和学习成本的作用很大时，因为展厅行为极大地影响了线下零售商这一优势。与之不同的是，我们发现，当网络零售商或传统零售商在帮助消费者学习效能方面都不具有较强的竞争优势时，"搭便车"者和线下提供信息服务的零售者可以同时从展厅行为中获益。因此，在没有展厅行为的情况下，网络零售商或传统零售商只采取更激进的价格策略，加剧了价格竞争，而存在展厅行为情况下的竞争减弱。本章研究得出了一个新的反直觉研究结果，即"搭便车"的行为伤害了"搭便车"者，但使提供信息服务的线下零售商受益。这是因为传统零售商可以提供高质量的信息服务帮助，从而增加消费者的转换成本，使得更多的消费者由于更高的转换成本选择留下。这种锁定忠诚的策略使得对"搭便车"的行为产生更加激烈的竞争，从而对"搭便车"者造成了伤害。

我们将消费者的搜索和购买过程分为两个阶段，通过分析消费者在搜索和学习过程中的收益和成本，研究了消费者复杂的搜索—转换行为。本章发现，当消费者不确定性问题较低时，他们只使用一种渠道来进行搜索和学习，而当消费者对产品具有高度不确定性时，他们偏好选择混合搜索和学习行为，从而带来最高的效用。本章还发现，混合搜索行为降低了线上和线下两家零售商的利润。原因是，混合行为损害了线上零售商提供有序信息所产生的细分市场效应，降低了挤压消费者剩余的能力。在混合搜索模式下，线下和线上零售商的竞争加剧了，因为线上零售商为了与实体零售商争夺到传统商店购物的消费者，采取了更为激进的定价策略。我们进一步延伸了线上零售商降低消费者转换成本的策略，并提出这种策略在一定条件下对线上和线下零售商是有利的。

（二）管理意义

本章研究结果可以为平台零售厂商提供关于引导消费者的管理建议，对如何通过优质的信息服务影响消费者搜索和转换行为提供了有用的指导。首先，在一定条件下，限制消费者的展厅行为并不总是对提供信息服务的线下零售商有利，也并不总是使"搭便车"的线上零售商获得好处。尽管线上零售商从实体店挤占了更多的需求，但主要的原因是线上价格较低（这也同时导致了无展厅行为情况下发生了激烈的竞争），而不是展厅行为，营销人员和学者需要更新他们对展厅行为的认识。正如我们在研究中所述，在一定条件下，展厅行为在一定程度上弱化了价格竞争，对实体店和网上商店的利润产生了积极的影响。言下之意是，实体零售商并不总是优先采取更为激进的价格与网上卖家进行竞争或是限制展厅行为，相反，线下零售商应该专注于线下信息服务的水平，并允许展厅行为。其次，消费者混合行为的研究结果表明，由于该行为使得线上和线下零售商的竞争加剧，应该对这种混合行为采取更多的限制措施。为了对抗混合行为的负面影响，线上零售商需要采取降低转换成本的市场策略来弱化竞争。

在这项工作中，本章研究对文献作出了以下贡献：本章引入了一个动态框架，该框架捕捉了客户的复杂学习路径，并允许分析线上和线下零售商之间的信息服务和价格竞争；本章区分了网络零售商和实体店提供的不对称信息服务对消费者学习过程的异质性效应；本章揭示了关于展厅行为对零售商的积极影响这一新的理论见解，并进一步讨论了消费者的混合搜索行为。

第五章 考虑促销努力合作的农产品供应链协调研究

顾客对新进入市场的产品估值具有较高不确定性，在购买决策时受零售店内披露产品信息的服务影响较大。开展此类信息服务的形式可以是零售商独自开展，也可以是农产品生产商向零售商提供支持由零售商开展。本章研究了垄断市场和竞争市场中农产品生产商和零售商对新产品的最优披露产品信息的服务策略。研究表明，垄断市场环境中，零售商独自开展信息服务的情形使渠道整体利润最优；而进入存在现任竞争对手的市场中，农产品生产商为开展信息服务的零售商提供支持的情形使渠道整体利润最优。此外，农产品生产商向零售商提供支持可提高农产品生产商的收益，但会导致零售商收益下降，本章利用广义纳什讨价还价博弈来实现竞争市场环境下双方利润的协调。

一、 研究背景和问题

随着生活水平的不断提高，人们对农产品的质量要求也越来越高。农产品属于特殊的易变质产品，具有保存时间短、极易腐败等特性。所以，要想在短时间内将农产品销售给消费者，就需要通过促销努力向消费者传递有效的农产品质量信息。然而，农产品的易腐性也导致顾客难以掌握农产品的全面质量信息进而作出购买决策。因为顾客往往根据掌握的产品质量信息来确定产品总体价值的估值，进而基于该估值决定是否购买产品。所以农产品的促销努力成为影响顾客购买决策的重要手段。尤其对于农产品，顾客对产品质量的了解程度偏低，当对其作出相对较低的评价时，降低了农产品的价格。因此，农产品供应链如何提高促销努力将直接影响新进入市场的农产品的需求。比如超市通过产品试用（水果、奶制品等）、包装说明和广告展示产品质量信息等影响顾客对新进入市场农产品质量信息的了解程度，从而影响顾客对其总体价值的估值。

实践中农产品生产商经常需要其零售合作伙伴在当地为其产品进行广告宣传和推广，以便更有效地销售产品。比如合作促销广告，是指品牌方或制造商分担（或补贴）当地零售商、供应商或经销商的广告费用，这笔资金总额十分庞大。另外，一些零售商选择不参与生产商的合作广告计划。尽管许多研究都关注新产品的合作广告模式，但很少有文献讨论在农产品面临来自新产品的激烈竞争时的合作促销努力模式。本章研究构建了促销努力广告对提升消费者对农产品购买意愿的影响模型，并分析了在不同竞争环境下，不同促销努力广告模式对农产品供应链及其成员最优利润的影响。对于此类促销服务，农产品零售商可独自开展，或农产品生产商向零售商提供支持由零售商开展，例如农产品生产商向超市提供的展位和促销人员支付费用。然而不同的促销努力提供模式会对需求以及生产商和零售商的利润产生不同的影响，因此，在供应链中如何提供产品质量信息和促销服务成为农产品企业关心的重要问题。但是，促销服务需要付出一定的促销成本，促销成本如何在供应链成员企业中分配才能够有效提高零售商的促销积极性和供应链的系统收益，对此进行深入的研究，具有一定的理论意义和现实意义。

在市场中，生产商会为将新产品引入零售店而支付上架费或固定费用。零售商也会向品牌价值高、产品受欢迎的生产商支付特许权使用费，以换取销售权。面对不同的竞争环境，学术界认为生产商和零售商之间相互转移的这些费用可以协调渠道。在考虑生产商与其零售商之间的垂直竞争时，我们提出了以下问题：在不同竞争环境下，农产品供应链及其成员在促销努力合作或非促销努力合作计划中如何实现最优利润？基于此，本章分析了垄断和存在现有竞争对手的市场环境下，作为新进入者的农产品生产商是否为开展传递质量信息的促销努力的零售商提供支持的问题，及其对渠道整体和各成员利益的影响。为了回答上述问题，本章研究引入了一个受非促销合作或促销合作实践驱动的二级农产品供应链，以提高消费者对新进入市场的农产品的接受度。考虑到促销广告会影响顾客对农产品的估值，本章分析了市场竞争环境对农产品生产商和零售商选择促销努力合作或非促销努力合作计划的影响。本章还进一步解释了在不同竞争场景下，进场费或特许权使用费在选择促销努力合作模式中的作用。研究发现，垄断市场环境下生产商为开展质量信息促销努力的零售商提供支持降低了渠道整体利润。存在竞争时，农产品生产商为开展质量信息促销努力的零售商提供支持，提高了渠道整体利润；生产商的支持提高了生产商的收益却降低了零售商的收益。因此，本章提出，通过广义纳什讨价还价合作博弈，分析竞争环境下作为新进入者的农产品生产商为开展质量信息促销努力的零售商提供支持时双方利润协调问题。

二、相 关 文 献 介 绍

与本章研究相关的文献主要集中在产品信息提供对消费者购买决策的影响以及农产品供应链的广告策略方面。

关于生产商和零售商的促销服务策略，国内外一些学者对此进行了研究。豪瑟等（Hauser et al, 1994）讨论了雇员提供的服务水平对顾客满意度的影响，指出厂商应采取措施鼓励雇员在考虑厂商的利益下调整自己提供服务时付出的努力。夏宇森等（Xia et al, 2007）研究了生产商提供服务或将服务外包给经销商两种情形。沈左军和达斯金（Shen and Daskin, 2005）发现，设计供应链时厂商承担一定的成本可以有效地改进服务水平。吴庆等（2008）运用动态博弈模型研究了第三方物流服务提供商努力提高物流服务水平这一情形下的协调合同设计问题。许明辉等（2006）的研究与本章有相近之处，他们通过斯塔克伯格博弈和纳什博弈比较服务由零售商和生产商分别或同时提供的三种不同情形，但没有考虑生产商为开展服务的零售商提供支持。近年来，一些文献研究了厂商的产品信息策略及其对顾客购买决策的影响。科帕尔等（Kopalle et al，1995）提出顾客基于厂商提供的广告信息对产品质量进行评价，分析了广告这一披露产品信息方式对顾客消费行为的影响。安德森和沙利文（Anderson and Sullivan，1993）认为，产品实际质量体现的价值和顾客对产品质量预期评价之间的差异会影响顾客的购买决策。巴伊萨克等（Bar-Isaac et al，2010）指出，顾客可以不断收集产品信息了解产品，提出零售商可控制顾客获得产品信息的难易程度以影响顾客购买决策。孙莫尼克（Sun，2011）研究了垄断情况下零售商关于多属性产品的信息披露策略。申智雄（Shin，2007）指出零售商开展如产品试用等信息服务可降低或解决顾客对产品的不确定性，研究了销售同一产品竞争对手的"搭便车"问题。郭亮和赵莹（Guo and Zhao，2009）研究了双寡头厂商的信息披露策略，并讨论披露信息成本和披露信息先后顺序对双寡头厂商信息策略的影响。这些研究都只考虑了单个企业的信息披露策略，没有考虑供应链其他主体的决策。与本章相近的研究已经有许多，安东尼·杜克斯（Dukes，2010）比较了生产商独自开展广告和生产商向零售商支付一定费用促使零售商开展广告披露产品信息这两种情形。荆小青（Jing，2011）考虑团购低价策略促使完全信息顾客向不完全信息顾客分享产品信息的情形，构建出完全信息顾客分享产品信息努力程度影响不完全信息顾客对产品总体价值估值的模型。阿贾伊·卡拉等（Kalra et al，1998）研究了现任厂商面对新进入者竞争的应对策略，假设顾客了解新进入者产品的部分信息，而对现任厂商的产品信息完全掌握。郭亮（Guo，2009）研究了垄断下生产商直接披露信息和通过零售商披露信息这两种情形。

从渠道整合的角度来看，现有研究考虑了合作广告的积极面（Huang and Li，2001；Jing et al，2013；Kennedy et al，2021）。有研究考虑了两个制造商旗下的两个零售商之间的竞争，并发现合作广告模式导致渠道成员的边际利润减少，表明合作广告对渠道并无益处（Liu et al，2013）。有研究对通过两个相互竞争的零售商销售产品的制造商之间的竞争进行了建模，发现价格水平和广告竞争会影响合作广告模式的有效性（Johnson and Myatt，2006）。国内外关于促销努力合作和协调的相关研究中，大多是通过单契约或者多契约组合的形式体现的。王道平等（2017）认为，转移支付契约可以使零售商传递真实的促销努力成本信息。代建生等（2017）研究了风险厌恶型零售商促销努力下供应商的回购契约设计问题。浦徐进等（2016）研究了实体店促销努力中的"搭便车"行为，并通过设计促销努力成本分担契约提高了供应链运作效率。与以上研究不同，本章考虑到顾客对新进入市场农产品信息的了解程度与零售商所设定的质量信息促销努力水平有关，分析了新进入市场的生产商为开展质量信息促销努力的零售商提供支持使该努力水平得到改善的情形，研究了新进入市场的农产品生产商和零售商进入垄断市场与存在现任竞争对手市场中的最优质量信息促销努力策略。

三、促销努力模型假设

（一）对农产品生产商和零售商的假设

本章研究了包含一个农产品生产商和一个零售商的两级供应链。农产品生产商以一定的批发价格 w 将农产品卖给零售商，假设产品的生产成本为 0；零售商以一定零售价 p 销售产品，比较分析在垄断和竞争环境下作为新进入者的农产品生产商为开展质量信息促销努力的零售商提供支持与不提供支持两种情形：（1）农产品生产商为零售商开展质量信息促销努力提供支持的情形（用 S 表示）。（2）零售商独自开展质量信息促销努力的情形（用 E 表示）。首先，分析新进入市场的农产品生产商和零售商在垄断市场中的最优质量信息促销努力策略。本章分析基于 Hotelling 线性城市模型，零售商开设的零售店位于线性城市的中点，零售店开展质量信息促销努力。其次，分析作为新进入者的农产品生产商和零售商进入存在现任竞争对手市场的最优质量信息促销努力策略。市场上存在现任竞争对手（r_2）销售同类产品与零售商（r_1）销售的新产品进行竞争。零售商和竞争对手分别位于线性城市两端，零售商和竞争对手以价格 p_1 和 p_2 分别销售两种可替代的产品。零售商提供的传递质量信息的促销努力水平为 s。

（二）对顾客的假设

假设顾客均匀分布在 [0，1] 区间，0 和 1 分别表示城市两端。不失一般性，每个顾客购买 1 个产品，顾客关于产品的内在效用为 v，旅行成本为 t。顾客对现任竞争对手的农产品质量信息完全掌握，但只了解新进入市场产品质量的部分信息（Kalra，1998）。本章假设顾客基于已掌握信息对产品总体价值进行初步估值，然后根据零售商促销努力披露的农产品质量信息调整该估值，最后根据调整后的评价决定是否购买产品。同时，假设顾客在未体验质量信息促销努力前，根据已掌握信息对产品总体价值的估值为 $(1-a)Q(0 \leqslant a \leqslant 1)$。在体验质量信息促销努力后，顾客对产品总体价值的估值进行调整，零售店质量信息促销努力对顾客产品估值影响为 $saQ(0 \leqslant s \leqslant 1)$（Guo，2009；Kopalle and Lehmann，2006）。所以本章假设顾客在体验质量信息促销努力后，顾客对产品总价值的估值为基于已了解的产品信息作出的估值加上体验质量信息促销努力后调整的估值，用 $(1-a)Q + saQ$ 表示。

定义模型中的符号如下：p 为产品销售价格；w 为产品批发价格；s 为零售店提供的质量信息促销努力水平；t 为旅行成本；v 为产品带给顾客的内在效用；S、E、N 分别为生产商为零售商开展质量信息促销努力提供支持的情形、零售商独自开展和不开展质量信息促销努力的情形；h 为质量信息促销努力成本系数；b 为农产品生产商的支持力度系数；a 为顾客关于零售店披露的产品质量信息的评价系数；u 为产品带给顾客的实际价值。

四、最优决策模型分析

（一）垄断市场环境下农产品生产商和零售商的决策

垄断市场环境下主要讨论两种情形：一是零售商独自开展质量信息促销努力的情形（E），零售商承担全部服务努力导致的成本；二是作为农产品生产商为开展质量信息促销努力的零售商提供支持的情形（S），农产品生产商和零售商同时为质量信息促销付出努力，假设农产品生产商与零售商共同承担质量信息促销努力导致的成本。同时将不开展质量信息促销努力的情形（N）作为基准模型进行比较。因为质量信息促销努力水平的改变将引起市场份额的变化，所以此处讨论市场不完全覆盖的情况。并假设 $h > 3u^2a^2/2t$，保证最优结果的存在。

由前面分析可得，E 和 S 情形下顾客效用函数同为：

$$V = v + (1 - a)u + sau - p - \left| x - \frac{1}{2} \right| t \qquad (5-1)$$

根据效用理论可得，E 和 S 情形下需求为：

$$q = 2 \frac{v + u - ua + sau - p}{t}$$

1. 零售商独自开展质量信息促销努力的情形（E）

伊耶（Iyer，1998）指出，服务水平为长期决策，先于销售价格 p 决定。因此，该情形下农产品生产商首先宣布批发价格 w，其次零售商决定质量信息促销努力水平 s，最后零售商再决定销售价格 p。本章采用二次成本函数，即质量信息促销努力水平为 s，质量信息促销努力成本为 $1/2hs^2$。

零售商与农产品生产商的利润函数分别为：

$$\pi_{Er}(s,p) = pq - wq - \frac{1}{2}hs^2 \qquad (5-2)$$

$$\pi_{Em}(w) = wq \qquad (5-3)$$

根据斯塔克尔伯格模型求解可得，E 情形下最优批发价、零售价和质量信息促销努力水平，以及农产品生产商和零售商最优利润分别为：

$$w_E = \frac{1}{2}v + \frac{1}{2}u - \frac{1}{2}ua$$

$$p_E = -\frac{1}{4} \frac{(-v - u + ua)(2u^2a^2 - 3ht)}{u^2a^2 - th}$$

$$s_E = \frac{1}{2} \frac{ua(-v-u+ua)}{u^2a^2-th}$$

$$\pi_{Em} = -\frac{1}{4} \frac{(-v-u+ua)^2 h}{u^2a^2-th}$$

$$\pi_{Er} = -\frac{1}{8} \frac{(-v-u+ua)^2 h}{u^2a^2-th}$$

求解过程详见附录 B。

命题 1 零售商独自开展质量信息促销努力可以提高生产商、零售商和供应链整体的利润：$\pi_{Er} > \pi_{Nr}$，$\pi_{Em} > \pi_{Nm}$；$\pi_{Er} + \pi_{Em} > \pi_{Nr} + \pi_{Nm}$。

π_{Nr} 和 π_{Nm} 是当没有提供质量信息促销努力时进行 Stackelberg 博弈零售商和农产品生产商的最优利润。

证明：没有提供质量信息促销努力时顾客效用函数为：

$$V = v + (1-a)u - p - \left| x - \frac{1}{2} \right| t \qquad (5-4)$$

没有提供质量信息促销努力时零售商和农产品生产商的利润函数为：

$$\pi_{Nr}(p) = pq - wq \qquad (5-5)$$

$$\pi_{Nm}(w) = wq \qquad (5-6)$$

根据斯塔克尔伯格模型求解得：

$$\pi_{Nr} = \frac{1}{8} \frac{(-v-u+ua)^2}{t}$$

$$\pi_{Nm} = \frac{1}{4} \frac{(-v-u+ua)^2}{t}$$

由前面结果得到 N 和 E 情形下农产品生产商和零售商的利润，根据假设 $h > 3u^2a^2/2t$，于是有：

$$\pi_{Em} - \pi_{Nm} = -\frac{1}{4} \frac{(-v-u+ua)^2 u^2a^2}{(u^2a^2-ht)t} > 0$$

类似可得 $\pi_{Er} - \pi_{Nr} > 0$、$\pi_{Er} + \pi_{Em} - (\pi_{Nr} + \pi_{Nm}) > 0$。

命题 1 说明新进入市场为垄断市场时零售商独自提供质量信息促销努

力可提高农产品生产商和零售商的利润。零售商愿意主动提供质量信息促销努力，同时农产品生产商没有对质量信息促销付出任何努力，而享受"搭便车"带来的好处。

2. 农产品生产商为零售商开展质量信息促销努力提供支持的情形（S）

S 情形下，首先农产品生产商宣布为提供质量信息促销努力的零售商提供支持力度 b 和批发价格 w，其次基于给定 b 和 w，零售商决定质量信息促销努力水平 s，最后零售商决定销售价格 p。农产品生产商为零售商质量信息促销努力提供支持，表现为农产品生产商和零售商同时为质量信息付出促销努力，他们共担质量信息促销努力引起的成本。农产品生产商提供支持为质量信息促销努力付出的成本为 $1/2 bhs^2 (0 \leqslant b < 1)$，零售商付出的成本为 $1/2(1-b)hs^2$。

零售商和农产品生产商的利润函数为：

$$\pi_{Sr}(s,p) = pq - wq - \frac{1}{2}h(1-b)s^2 \qquad (5-7)$$

$$\pi_{Sm}(w,b) = wq - \frac{1}{2}hbs^2 \qquad (5-8)$$

根据斯塔克尔伯格模型求解可得，S 情形下最优支持力度、批发价、零售价和质量信息促销努力水平，以及农产品生产商和零售商最优利润分别为：

$$b = \frac{1}{3}$$

$$w_S = -\frac{(-v-u+ua)(3u^2a^2-4ht)}{9u^2a^2-8ht}$$

$$p_S = -\frac{3(-v-u+ua)(u^2a^2-2ht)}{9u^2a^2-8ht}$$

$$s_S = \frac{[6(-v-u+ua)]ua}{9u^2a^2-8ht}$$

$$w_S = -\frac{(-v-u+ua)(3u^2a^2-4ht)}{9u^2a^2-8ht}$$

$$\pi_{Sr} = -\frac{4(-v-u+ua)^2h(-2ht+3u^2a^2)}{(9u^2a^2-8ht)^2}$$

$$\pi_{Sm} = -\frac{2(-v-u+ua)^2 h}{9u^2 a^2 - 8ht}$$

求解过程详见附录 B。

命题 2　新进入市场为垄断市场时，农产品生产商向零售商提供最优的支持力度为 1/3，农产品生产商的支持使提供质量信息促销努力和批发价格都增大：$s(S) > s(E)$，$w(S) > w(E)$。

证明：由前面结果得到 S 和 E 情形的质量信息促销努力水平和批发价格，根据假设 $h > 3u^2 a^2 / 2t$ 有：

$$s_S - s_E = \frac{1}{2}\frac{ua(-v-u+ua)(3u^2 a^2 - 4ht)}{(9u^2 a^2 - 8ht)(u^2 a^2 - ht)} > 0$$

$$w_S - w_E = \frac{3}{2}\frac{u^2 a^2(-v-u+ua)}{9u^2 a^2 - 8ht} > 0$$

命题 2 说明新进入市场的农产品生产商为开展质量信息促销努力的零售商提供支持使质量信息促销努力水平得到改善。由于提供支持给农产品生产商带来了额外的成本，因此农产品生产商将提高农产品批发价格以补偿提供支持付出的成本。

命题 3　当 $3u^2 a^2 / 2t < h < 27 a^2 u^2 / 16t$ 时，$\pi_{Sr} < \pi_{Nr}$；当 $h \geqslant 27 a^2 u^2 / 16t$ 时，$\pi_{Sr} \geqslant \pi_{Nr}$；$\pi_{Sm} > \pi_{Nm}$，$\pi_{Sr} + \pi_{Sm} > \pi_{Nr} + \pi_{Nm}$。

证明：由前面结果可得 S 和 N 情形下农产品生产商和零售商的利润，根据假设 $h > 3u^2 a^2 / 2t$ 得：

$$\pi_{Sm} - \pi_{Nm} = -\frac{9}{4}\frac{(-v-u+ua)^2 u^2 a^2}{(9u^2 a^2 - 8ht)t} > 0$$

类似可得：

$$\pi_{Sr} + \pi_{Sm} - (\pi_{Nr} + \pi_{Nm}) > 0$$

$$\pi_{Sr} - \pi_{Nr} = -\frac{3}{8}\frac{(-v-u+au)^2 a^2 u^2(-16ht + 27a^2 u^2)}{(9a^2 u^2 - 8ht)^2 t}$$

所以当 $3u^2 a^2 / 2t < h < 27a^2 u^2 / 16t$ 时，$\pi_{Sr} - \pi_{Nr} < 0$；当 $h \geqslant 27a^2 u^2 / 16t$ 时，$\pi_{Sr} - \pi_{Nr} \geqslant 0$。因此，命题得证。

命题 3 说明新进入市场为垄断市场时，与没有质量信息促销努力的情形比较，新进入市场的农产品生产商为开展质量信息促销努力的零售商提供支持能提高渠道整体和农产品生产商的利润，农产品生产商愿意主动向零售商提供支持以提高自己的利润，但农产品生产商的支持并不总是有利于零售商。

命题 4 $\pi_{Sr} > \pi_{Er}$, $\pi_{Sm} > \pi_{Em}$；$\pi_{Em} + \pi_{Er} > \pi_{Sm} + \pi_{Sr}$。

证明：比较 E 和 S 情形下生产商、零售商和渠道的整体利润得：

$$\pi_{Em} - \pi_{Sm} = -\frac{1}{4} \frac{(-v - u + ua)^2 hu^2 a^2}{(-th + u^2 a^2)(9u^2 a^2 - 8th)} < 0$$

$$\pi_{Er} - \pi_{Sr} = \frac{1}{8} \frac{h(-v - u + ua)^2 u^2 a^2 (15u^2 a^2 - 16th)}{(-th + u^2 a^2)(9u^2 a^2 - 8th)^2} > 0$$

$$\pi_{Em} + \pi_{Er} - (\pi_{Sm} + \pi_{Sr}) = -\frac{(-v - u + ua)^2 hu^4 a^4}{(-th + u^2 a^2)(9u^2 a^2 - 8th)^2} > 0$$

命题得证。

命题 4 说明新进入市场为垄断市场时，与零售商独自提供质量信息促销努力情形比较，农产品生产商为提供质量信息促销努力的零售商提供支持，可提高农产品生产商利润，却降低了零售商和渠道整体利润。S 情形下农产品生产商付出支持成本，生产商提高农产品批发价格以补偿成本。零售商相应提高销售价格，价格的提高减少了需求。但农产品生产商的支持提高了信息服务水平，从而提高需求。由于服务水平上升增加的需求大于价格上升减少的需求，使 S 情形下总需求大于 E 情形下总需求（$q_S > q_E$）。S 情形下，批发价格和需求上升提高的收益大于农产品生产商向零售商提供支持付出的成本，使生产商的收益高于 E 情形下的收益。对于零售商，农产品生产商提供支持分担了部分服务成本，但 S 情形下的批发价格大于 E 情形下的批发价格（$w_S > w_E$），导致批发成本上升。同时促销努力水平提高使总的促销成本增加，零售商承担了大部分的促销成本。农产品生产商提供的支持和促销努力水平上升使零售商增加的收益不足以补偿批发价格上升提高的批发成本和促销努力水平上升提高的促销成本，所以农产品生产商的支持对提供质量信息促销努力的零售商并不利。对于整个渠道，提供质量信息促销努力水平的上升既提高了收益也提高了成本，整个渠道因促销努力水平提高增加的收益并不能补偿促销努力水平提高招致的服务成本，所以相对于 E 情形，S 情形下渠道的整体利润下降。

命题 5　当 $3u^2a^2/2t < h < 27a^2u^2/16t$ 时，$\pi_{Er} > \pi_{Nr} > \pi_{Sr}$，当 $h \geqslant 27a^2u^2/16t$ 时，$\pi_{Er} > \pi_{Sr} \geqslant \pi_{Nr}$；$\pi_{Sm} > \pi_{Em} > \pi_{Nm}$，$\pi_{Em} + \pi_{Er} > \pi_{Sm} + \pi_{Sr} > \pi_{Nm} + \pi_{Nr}$。

命题 5 说明在垄断环境下，零售商独自提供质量信息促销努力这一种情形能够使得渠道利润最优，为零售商的最优开展服务的情形，也是农产品生产商和零售商的平衡选择。因为零售商对提供质量信息促销努力的开展有主导权，即使生产商有强烈的意愿支持零售商，但零售商考虑接受生产商的支持相对于自己独自提供质量信息促销努力时利润降低，所以不会接受农产品生产商的支持，而选择自己独自提供质量信息促销努力。

（二）市场存在竞争对手时农产品生产商和零售商的决策

在存在现任竞争对手的市场中，比较新进入市场的农产品生产商为提供质量信息促销努力时零售商提供支持和不提供支持两种情形。新进入市场的农产品生产商通过批发价格 w 将产品批发给零售商（r_1），由零售商将产品投放进市场，市场上存在现任竞争对手（r_2）销售同一类可替代产品。顾客完全了解现任竞争对手产品的质量信息，而只了解新进入市场产品的部分质量信息。零售商和竞争对手分别位于线性城市两端，零售商和竞争对手以价格 p_1 和 p_2 分别销售两种可替代的产品，零售商提供质量信息促销努力水平 s。假设零售商和竞争对手产品的实际价值和给顾客带来的内在效用相同，所以可以假设两类产品的生产成本相同并且都为零。本章假设现任竞争对手作为渠道整体决策产品零售价格（可理解为现任竞争对手通过直销渠道销售产品）。本章以上假设使本章专注于研究现任竞争对手的竞争对新进入者渠道最优服务策略的影响，而不必讨论现任竞争对手所在渠道的决策。现任竞争对手所在渠道对新进入者渠道最优服务策略的影响是由于竞争引起的，只要现任竞争对手所在渠道产生了竞争的效果，无论是否考虑竞争对手渠道的内部策略，都不影响本章讨论的结果。假设 $t > 1/3au$ 且 $h > 2u^2a^2/9t$，保证最优结果存在性。

由前面分析可得，存在竞争时 E 和 S 情形下顾客对零售商和竞争对手的效用函数为：

$$V(r_1) = v + (1 - a)u + sau - p_1 - xt \tag{5-9}$$

$$V(r_2) = v + u - p_2 - (1 - x)t \tag{5-10}$$

由效用函数可得 E 和 S 情形下零售商和竞争对手需求为：

$$q_{r_1} = \frac{1}{2} \frac{-au + sau - p_1 + p_2 + t}{t}$$

$$q_{r_2} = 1 - \frac{1}{2} \frac{-au + sau - p_1 + p_2 + t}{t}$$

1. 零售商独自提供质量信息促销努力的情形（E）

零售商、竞争对手和农产品生产商的利润函数分别为：

$$\pi_{Er_1}(s, p_1) = p_1 q_1 - w q_1 - \frac{1}{2} h s^2 \tag{5-11}$$

$$\pi_{Er_2}(p_2) = p_2 q_2 \tag{5-12}$$

$$\pi_{Em}(w) = w q_1 \tag{5-13}$$

E 情形下新进入市场的农产品生产商首先宣布批发价格，其次零售商选择提供质量信息促销努力水平 s，最后零售商和竞争对手选择各自的销售价格 p_1 和 p_2。

根据斯塔克尔伯格模型求解可得存在竞争时，E 情形下零售商的最优销售价格、最优质量信息促销努力水平，以及生产商和零售商的最优利润分别为：

$$p_{Er_1} = -\frac{1}{2} \frac{(ua - 3t)(a^2 u^2 - 12ht)}{a^2 u^2 - 9ht}$$

$$s_E = \frac{1}{2} \frac{au(ua - 3t)}{a^2 u^2 - 9ht}$$

$$\pi_{Er_1} = -\frac{1}{8} \frac{h(ua - 3t)^2}{a^2 u^2 - 9ht}$$

$$\pi_{Em} = -\frac{3}{8} \frac{h(ua - 3t)^2}{a^2 u^2 - 9ht}$$

求解过程详见附录 B。

2. 新进入市场的生产商为提供质量信息促销努力的零售商提供支持的情形（S）

农产品生产商、零售商和竞争对手的利润函数为：

$$\pi_{Sr_1}(s,p_1) = (p_1 - w)q_1 - \frac{1}{2}(1 - b)hs^2 \qquad (5-14)$$

$$\pi_{Sr_2}(p_2) = p_2 q_2 \qquad (5-15)$$

$$\pi_{Sm}(w,b) = wq_1 - \frac{1}{2}bhs^2 \qquad (5-16)$$

S 情形下，农产品生产商首先宣布批发价格 w 和支持力度 b，其次零售商选择所提供的质量信息促销努力水平 s，最后零售商和竞争对手选择各自的销售价格 p_1 和 p_2。

根据斯塔克尔伯格模型求解可得存在竞争时，S 情形下零售商的最优支持力度、最优销售价格、最优批发价格和最优质量信息促销努力水平，以及农产品生产商和零售商的最优利润分别为：

$$b = \frac{1}{2}$$

$$p_{Sr_1} = \frac{(au - 3t)(a^2u^2 - 18ht)}{4a^2u^2 - 27ht}$$

$$w_S = -\frac{1}{2}\frac{(au - 3t)(2a^2u^2 - 27ht)}{4a^2u^2 - 27ht}$$

$$s_S = \frac{3(au - 3t)au}{4a^2u^2 - 27ht}$$

$$\pi_{Sr_1} = -\frac{9}{8}\frac{(au - 3t)^2 h(-9ht + 2a^2u^2)}{(4a^2u^2 - 27ht)^2}$$

$$\pi_{Sm} = -\frac{9}{8}\frac{(au - 3t)^2 h}{4a^2u^2 - 27ht}$$

求解过程详见附录 B。

命题 6　新进入市场存在现任竞争对手时，$\pi_{Sr_1} < \pi_{Er_1}$，$\pi_{Sm} > \pi_{Em}$；$\pi_{Sr_1} + \pi_{Sm} > \pi_{Er_1} + \pi_{Em}$。

证明：由前面结果和假设 $h > 2u^2a^2/9t$ 可得：

$$\pi_{Sr_1} - \pi_{Er_1} = -\frac{1}{8}\frac{h(au-3t)^2u^2a^2(-27ht+2a^2u^2)}{(4a^2u^2-27ht)^2(a^2u^2-9ht)} < 0$$

$$\pi_{Sm} - \pi_{Em} = \frac{3}{8}\frac{h(au-3t)^2u^2a^2}{(4a^2u^2-27ht)(a^2u^2-9ht)} > 0$$

$$\pi_{Sr_1} + \pi_{Sm} - (\pi_{Er_1} + \pi_{Em}) = \frac{1}{4}\frac{h(ua-3t)^2u^2a^2(5u^2a^2-27th)}{(4u^2a^2-27th)^2(u^2a^2-9th)} > 0$$

命题得证。

命题 6 说明与垄断环境类似，竞争环境下新进入市场的农产品生产商为零售商提供支持提高了生产商的利润，反而降低了零售商的利润；但是与垄断时关于渠道整体利润的结论相反，存在现任竞争对手时生产商的支持提高了渠道的整体利润。本章将在数值分析中对以上结论进行解释。通过命题 6，我们知道在存在现任竞争对手的市场中，新进入市场的农产品生产商的支持有利于生产商和渠道整体利润，因此生产商有极大的意愿向零售商提供支持。由于利润受损，零售商不愿意接受生产商支持，所以需要设计一种利润协调机制补偿利润受损的零售商，使渠道利润最优的 S 情形成为生产商和零售商的平衡选择。

（三）通过广义纳什讨价还价博弈分析竞争条件下 S 情形利润协调机制

首先根据罗斯（Roth，1979）定义利润协调机制分配的结果都能被农产品生产商和零售商接受的条件，当利润协调结果能够使新进入市场的生产商和零售商的利润优于零售商独自提供质量信息促销努力情形下各自获得的利润，同时这个分配结果反映了生产商和零售商的议价能力，生产商和零售商才会选择接受该利润协调机制。

用 y_1、y_2 表示利润协调后分配给生产商和零售商的利润额度；分配的利润是相对于 E 情形整个渠道增加的利润，用 $\Delta\pi_{Sr} + \Delta\pi_{Sm}$ 表示；生产商和零售商的议价能力分别为 r_1、r_2（由于生产商处于主导地位，假设 $r_1 \geq r_2$）。所以将生产商和零售商之间的利润协调构建为解决以下问题：

$$\max: g(y_1,y_2) = y_1^{r_1}y_2^{r_2}(y_1 \geq 0, y_2 \geq 0)$$

$$\text{s. t. } P = \left\{ (y_1, y_2) : y_1 + y_2 = \Delta\pi_{Sr} + \Delta\pi_{Sm} \right\}$$

$$\Delta\pi_{Sr} + \Delta\pi_{Sm} = \pi_{Sr_1} + \pi_{Sm} - (\pi_{Er_1} + \pi_{Em}) = \frac{1}{4} \frac{h(ua - 3t)^2 u^2 a^2 (5u^2 a^2 - 27th)}{(4u^2 a^2 - 27th)^2 (u^2 a^2 - 9th)}$$

将 $y_2 = \Delta\pi_{Sr} + \Delta\pi_{Sm} - y_1$ 代入目标函数并转换为：

$$\ln[g(y_1)] = \ln[y_1^{r_1} (\Delta\pi_{Sr} + \Delta\pi_{Sm} - y_1)^{r_2}]$$

对上式求关于 y_1 的一阶导数，得出关于 y_1 的最优解：

$$y_1 = \frac{r_2(\Delta\pi_{Sr} + \Delta\pi_{Sm})}{r_1 + r_2}$$

同理得：

$$y_2 = \frac{r_1(\Delta\pi_{Sr} + \Delta\pi_{Sm})}{r_1 + r_2}$$

从前面的分析中得到，相对于 E 情形，生产商提供支持的情形下生产商的利润是增加的，假设增加的利润为 $\Delta\pi_{Sm}$，所以未进行利润协调前生产商分得了渠道整体增加利润中的 $\Delta\pi_{Sm}$ 的利润，而利润协调后生产商应分得 y_1 的利润，所以生产商应向零售商转移 $\Delta\pi_{Sm} - y_1$ 的利润，保证自己和零售商获得的利润同时优于 E 情形下各自的利润。

命题7　存在现任竞争对手的市场环境中，新进入市场的农产品生产商向提供质量信息促销努力的零售商提供支持，生产商可转移部分利润给零售商 $\left[T_{Sm} = \frac{1}{8} \frac{(au - 3t)^2 hu^2 a^2 (12u^2 a^2 r_1 + 2u^2 a^2 r_2 - 81htr_1 - 27htr_2)}{(4u^2 a^2 - 27ht)^2 (u^2 a^2 - 9ht)(r_1 + r_2)} \right]$，使 $\pi_{Sr_1}(T_{Sm}) >$ π_{Er_1}，$\pi_{Sm}(T_{Sm}) > \pi_{Em}$。$\pi_{Sr_1}(T_{Sm})$、$\pi_{Sm}(T_{Sm})$ 为利润协调后零售商与生产商的利润。

证明：由以上分析可得，

$$\pi_{Sr_1}(T_{Sm}) - \pi_{Er_1} = \frac{1}{4} \frac{h(au - 3t)^2 u^2 a^2 r_1 (5u^2 a^2 - 27ht)}{(4u^2 a^2 - 27ht)^2 (u^2 a^2 - 9ht)(r_1 + r_2)} > 0$$

$$\pi_{Sm}(T_{Sm}) - \pi_{Em} = \frac{1}{4} \frac{h(au - 3t)^2 u^2 a^2 r_2 (5u^2 a^2 - 27ht)}{(4u^2 a^2 - 27ht)^2 (u^2 a^2 - 9ht)(r_1 + r_2)} > 0$$

命题得证。

命题 7 说明进入存在现任竞争对手的市场时，新进入市场的生产商应主动为提供质量信息促销努力的零售商提供支持，并转移部分利润给零售商，促使零售商愿意接受生产商的支持开展信息服务，使生产商和零售商的利润同时优于不提供支持的情形，此时新进入市场的生产商为开展服务的零售商提供支持的情形为生产商和零售商最优服务情形。

五、数值分析

为了进一步理解进入垄断市场和存在现任竞争对手的市场下新进入市场的生产商为零售商提供支持对渠道整体利润的影响，取参数 $u=0.8$、$v=0$、$a=0.6$、$t=0.3$ 进行说明。由于竞争环境下的最优结果都不包含 v，所以垄断环境下对 v 的取值为 $v=0$。选择参数条件满足 $h>3u^2a^2/2t$ 且 $t>1/3au$，保证垄断或竞争情况下最优结果的存在性。

图 5.1 显示，垄断市场下 E 情形下渠道整体利润高于 S 情形下的整体利润，验证了命题 4 的结论。图 5.2 显示，竞争环境下渠道利润的结论与图 5.1

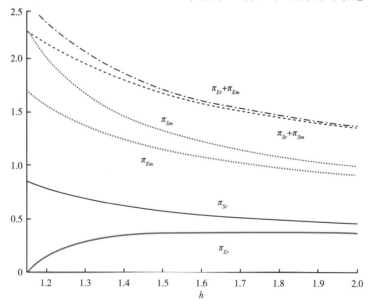

图 5.1　垄断市场下合作与非合作模式下最优利润对比

恰好相反，验证了命题 6 的结论。下面通过 S 和 E 情形下服务水平的变化来说明导致渠道利润在垄断或竞争环境下结论相反的原因。

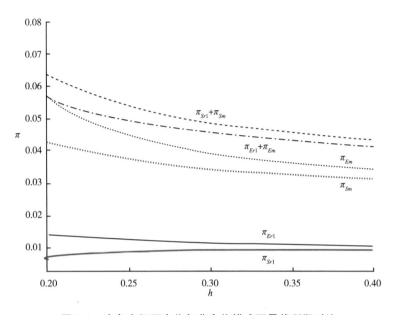

图 5.2　竞争市场下合作与非合作模式下最优利润对比

从图 5.3 和图 5.4 可以看出，无论进入存在现任竞争对手的市场还是垄断市场，新进入市场的生产商的支持均有益于信息服务水平改善。无论 S 情形还是 E 情形，垄断环境下零售商信息服务水平都相对高于竞争环境下，因为进入垄断市场时信息服务覆盖的市场范围大于存在现任竞争对手时的市场范围。在相同服务水平下，垄断时零售商的信息服务可以服务更多顾客，所以垄断市场下零售商愿意设定比存在现任竞争对手时更高的服务水平。同时垄断环境下，新进入市场的生产商提供支持对信息服务水平的改善程度要高于存在现任竞争对手的情况。由于服务水平的边际成本递增，服务水平越高成本越大。相对于存在现任竞争对手的情况，垄断时生产商的支持使零售商的服务水平从一个较高的水平上升到更高的水平，势必引起更多的服务成本。因此，垄断情况下生产商的支持使服务水平改善导致的成本远远大于存在竞争对手的情况。从渠道整体看，相对于零售商独自开展服务的情形，垄断时生产商提供支持使服务水平提高带来的收益不能补偿服务水平提高增加的成本，降低了渠道的整体利润；而存在现任竞争对手时，生产商支持使服务水平提高增加的收益可以补偿服务水平上升增加的成本，提高了渠道利润。

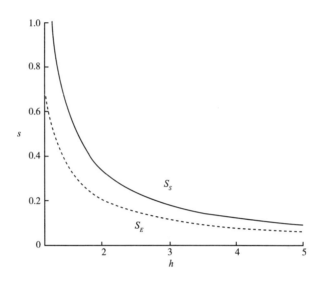

图5.3　垄断市场下合作与非合作模式下最优服务水平对比

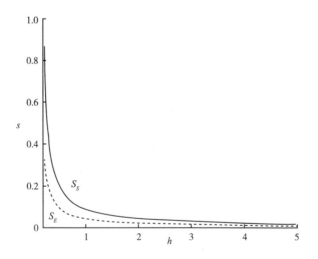

图5.4　竞争市场下合作与非合作模式下最优服务水平对比

六、总结与管理意义

（一）总结

顾客关于新进入市场产品的信息具有较低的了解程度，因此零售店披露产品信息的服务将极大地影响顾客关于新进入市场产品的购买决策。本章考虑到新进入市场的生产商可为开展信息服务的零售商提供相关支持以改善信息服务水平，在垄断和存在现任竞争对手的市场环境下分析对比了作为新进入者的生产商为开展信息服务的零售商提供支持与不提供支持这两种情形。得出的相关结论可以为作为新进入者的生产商和零售商的最优信息服务策略给出一定的管理启示。首先，进入垄断或存在现任竞争对手的市场时，新进入市场的生产商可以为开展信息服务的零售商提供支持以改善信息服务水平，提高实际需求，同时相应地提高批发价格补偿支持付出的成本，使需求和批发价格同时上升让自己的利润达到最优。其次，由于存在现任竞争对手的市场中，信息服务覆盖的市场远远低于垄断下的情况，存在竞争时零售商设定的信息服务水平应低于垄断下的情况。最后，垄断环境下零售商应独自开展信息服务使自己和渠道整体利润最优；存在现任竞争对手时，新进入市场的生产商应主动为开展信息服务的零售商提供支持，并转移部分利润给零售商，促使零售商愿意接受支持，使各自和渠道整体利润都达到最优。本章只专注于新进入市场渠道成员的最优服务策略，对现任竞争对手的应对策略并没有讨论，因此可以进一步对现任竞争对手这一渠道与新进入者这一渠道的纳什均衡策略进行研究。

（二）管理意义

相关结论对农产品供应链中的最优促销努力策略具有启示意义。首先，在垄断情况下，农产品生产商和零售商应就非合作促销努力计划达成一致，此时农产品供应链的利润最优。在合同中，农产品生产商设定一个相对较低的批发价格，并允许零售商独立提供广告，以降低批发和广告成本。农产品生产商还可以在合同中设定特许权使用费，以享受非合作促销努力计划带来的低成本效益。其次，在竞争场景下，农产品生产商应提供合作促销努力计划以提高促销努力水平。在合同中，农产品生产商选择相对较高的批发价格，并承诺支持零售商的促销努力投入。农产品生产商可以支付进场费以获得零售商对这种模式的认可，从而使双方都能获得最优利润。

第六章　平台型供应链的消费者评论和新产品设计策略

近年来，在线消费者评论在平台卖家中越来越流行，以增加产品销售，文献也广泛认可了这些评论的积极影响。然而，本章指出了在线消费者评论对品牌内竞争（多产品）的负面影响，并旨在研究这种影响对快速消费品平台型供应链参与者的批发价格和产品设计策略的影响。我们对面对品牌内竞争的分散式平台型供应链进行建模，当新产品进入时，该供应链由平台卖家（追随者）和生产商（领导者）组成。我们发现，评论对现有产品的销售效应增加，导致了品牌内竞争冲突。如果新产品的消费者评价不够高，平台卖家倾向于限制这种影响，但生产商从中受益。生产商可以降低产品线的批发价格或降低新产品的质量，以防止平台卖家限制消费者评论的效应来协调渠道。本研究提出了结合定价和产品设计策略来协调消费者评论导致的平台型供应链冲突。

一、研究背景和问题

电商巨头亚马逊、阿里巴巴集团和京东已经意识到建立零售合作伙伴和消费者生态系统的重要性，并开设了线下门店，开始了其平台型（线上到线下）战略。大多数快速消费品零售商通过微信小程序等自营平台加强了平台型服务，或与万家、京东、大润发、沃尔玛等密切合作。越来越多的消费者正在调整他们的日常生活和网上购物习惯，2020 年第二季度，30% 的中国城市家庭通过平台购买快速消费品①。这种变化要求快速消费品公司重新定位其渠道管理战略，包括如何对产品线进行分类、定价和推广产品。例如，许多成功的快速消费品公司，如三只松鼠（Three Squirrel）和康尼格拉食品公司（Conagra Foods），尽管其现有产品取得了成功，但也在不断地通过收集消费者关于产品的反馈信息进行分析，对其产品线进行不断调整，以满足消费者的需求。2016 年在中国创立的快速增长的方便面品牌拉面说（RamenTalk）在 2019 年实现了 2.5 亿元人民币（3000 万美元）的销售额②。其成功的关键策略是将新产品从确定消费者偏好、预试、包装设计、制作到推向市场的时间压缩在两个月内，并将口碑营销（word-of-mouth）运用于产品推广，来促进新老产品的销售。直观地说，口碑提升了产品的销量，但也加剧了新产品与原有产品之间的内部竞争。新产品的快速开发是快速消费品行业成功的关键战略，营销人员在新产品进入市场时应更加关注这种产品线内部之间的竞争所带来的损失。因此，在快速消费品平台型供应链中，口碑营销对生产商和平台卖家的利润是正面影响还是负面影响，以及如何管理这些影响是至关重要的。

消费者对此类体验产品的评价往往具有诱导性，因此消费者评论的数量和用户评论的详细体验描述所展现的产品的受欢迎程度对消费者是否购买产品变得十分重要。对于零售商来说，在其网站上提供在线消费者评论这一起重要作用的市场策略，可以有效促进新产品的销售（Chevalier and Mayzlin, 2006；Pradeep et al, 2010）。为了提升该效果，亚马逊或京东上的卖家会在订单网页上发送电子邮件或留言询问评论，从而增加在线评论的数量和评论长度（FloydRyan et al, 2014；You and Vadakkepatt, 2015）。他们引导消费者对购买的产品进行评论，并回应评论，以提高评论评级，获得消费者的信任。弗洛里安·多斯特等（Dost et al, 2019）证明了口碑/消费者评论对快速消费品的销售有积极影响。

---

① 2020 年中国快速消费品销售增长 0.5%［EB/OL］. https：//www. kantar. com/zh-cn/inspiration/fmcg/fmcg-in-china-grew-by-0-point-5-per-cent-in-2020.

② 1 碗面一年卖出 2.5 亿！拉面说是怎么火起来的？［EB/OL］. https：//www. 163. com/dy/article/FVOHV1M405390TQD. html.

在考虑消费者评论对不同利润率的产品的影响时，营销人员需要仔细考虑口碑效应驱动的同类产品之间蚕食的问题。当产品线从一个子品类延伸到另一个新的子品类时，就会产生这种内部竞争，即前者的一部分销售被后者挤压或相反。当新产品进入市场时，营销人员往往忽略了现有产品的正向的消费者评论，使得有更高利润率的新产品的市场份额被挤压，从而减少了新产品的利润。大多数快速消费品公司每年销售数百万包食品。即使一小部分消费者从利润率较高的新产品转向利润率更低的现有产品，这种转换每年也要导致数百万元的损失。这是因为在快速消费品行业中，由于新产品的快速开发策略使得这种同类蚕食的情况经常发生。控制这种口碑效应带来的同类蚕食的方法之一是对现有（I）产品的评论（R）进行限制，以减少所带来的影响（E）（以下简称 RE－I）。限制口碑效应后，部分消费者将不再从新产品转向现有产品。大多数关于消费者评论的文献都强调其积极影响，但本章扩展了口碑推动产品线内部产品间竞争的消极方面的研究。本章提出平台卖家是否应该根据不同的产品组合，区分消费者评论的管理方式，以缓和这种相互蚕食的现象。

生产商往往通过"搭便车"——零售商促进销售的营销努力获得更好的利益。然而，当零售商从营销努力中增加的销售收入不能抵销其付出的成本时，生产商也会通过提供补偿来激励零售商提供促进需求的营销努力。例如，汽车制造商有时会为消费者提供试驾补偿汽车经销商产生的相应成本（Kuksov and Liao，2018）。我们也通过类似的逻辑来研究厂商与平台卖家之间的冲突（一方获利，另一方受损），但本章从口碑效应导致的蚕食机制而非成本抵销机制来探讨增加销售的消费者评论效应是否导致了冲突。然后，我们提出生产商如何通过控制产品线的批发价格来补偿卖家，从而影响平台卖家管理消费者评论的策略。

戈德斯（Godes，2017）提出消费者评论的扩张可能会降低产品的质量。他建议公司的产品策略需要重新考虑社交互动带来的影响。新产品设计与社交互动之间的关系是双向的。我们扩展了现有研究成果，探讨生产商的新产品设计如何影响平台卖家的消费者评论策略，并分析解决冲突问题，以优化平台模式下的快速消费品的供应链。

快速推出满足消费者新偏好的新产品和应用口碑效应吸引消费者是快速消费品公司成功的重要策略，快速消费品平台供应链的主体成员需要平衡产品线内部不同产品的销售（新产品和现有产品），而不是只考虑单一产品的销售，也要考虑其他品牌对这些产品销售的影响。他们还应该考虑平台卖家对产品线的消费者评论策略与生产商在批发价格或新产品设计上可能采取的策略之间的相互作用。本章用 Stackelberg 博弈构建了平台型快速消费品供应链的决策博弈，其中生产商作为领导者，平台卖家作为追随者。通过考虑现有产品的口碑效应对新产品市场的蚕食，平台卖家决定是否限制现有产品消费者评论效应（RE-I），从而减弱品牌内部产品间的竞争。首先，本章分析了现有产品消费者评论效应是如何导致平台型快速消费品供应链中生产商与平台卖家之间的冲突的。本章研究发现，快速消费品生产商总是受益于现有产品的消费者评论效应。另外，平台卖家只有在特定条件下才能从现有产品消费者评论效应中受益。其次，本章展示了在一定条件下，生产商可以降低整个产品线的批发价格或降低新产品质量以引导平台卖家增强现有产品消费者评论效应来协调渠道。

本章研究有两个重要的理论贡献。首先，本章扩展了以往关于消费者评论的文献，考虑了消费者评论对产品销售和品牌内部不同产品间竞争的影响。以往的研究通常关注消费者评论对于销售量的提升效果，而没有考虑到它可能加剧品牌内部竞争，从而损害利润。因为大多数快速消费品公司采用快速的新产品开发战略而取得成功，这导致新产品和现有产品之间产生了严重的内部竞争。其次，过去的平台型供应链管理文献考虑了市场回报无法抵消高营销投入的冲突条件，但遗憾的是忽视了卖家在线评论策略加剧品牌内部竞争导致的冲突。最后，本章通过提出一种协调渠道的新方法，特别是，生产商可以通过采用新的产品设计策略来影响平台卖家的在线评论策略，从而提高自己的利润。

当生产商推出新产品并通过平台卖家分销产品时，我们为平台型快速消费品供应链的协调提供了一些重要的实践启示。当消费者对新产品的评价足够高时，现有产品的消费者评论效应引起了渠道的内部冲突。在此基础上，本章为生产商的渠道协调策略提供了新的见解。（1）当消费者对新产品的评价较高（足够高）时，生产商应通过降低产品线的批发价格来补偿平台卖家，平台卖家对该产品线采用相同的消费者评论策略。（2）当消费者评价相对较低（足够高）时，生产商应降低新产品质量，以激励平台卖家对新产品和现有产品采取相同的消费者评价策略。

二、相关文献介绍

本章研究的问题主要涉及在线消费者评论的文献。现有研究表明，正向的消费者评论或高星级的评价有助于提高产品的销售额（Moe and Trusov，2011；Mayzlin et al，2014），消费者评论体系产生的社会福利可以改善消费者的选择（Duan et al，2008）。在现有文献中，消费者评论对产品销售的影响，通常用消费者评论的数量、评论长度和评论的星级评价来衡量（Floyd et al，2014；You et al，2015）。有文献通过应用经济模型研究了消费者评论，建议企业可以调整消费者评论的管理策略以提高消费者的星级评级，提升销售量（Kuksov and Xie，2010）。孙莫尼克（Sun，2021）研究了产品评级之间的差异对影响产品的后续价格、需求和利润方面的作用。除了调查评论对需求侧（销售）的深远影响之外，在线评论的可用性还可以影响公司的其他策略，如营销传播策略（Chen and Xie，2008）和退货政策（Sun et al，2020；Sahoo et al，2018），以及零售商和制造商之间的竞争。例如，夸克等（Kwark et al，2014）认为，消费者评论的不同内容对零售商和制造商的影响是不同的。他们大多数关注的是消费者评论增加的销售影响（积极影响）。然而，消费者评论对现有产品的销售影响的增加加剧了品牌内竞争，从而降低了利润率较高的新产品的销售（负效应）。本章总结了消费者评论对制造商和平台卖家利润的综合影响。

关于产品线扩展的一致研究解决了低质量和高质量产品之间的相互蚕食问题（Preyas，2001；Yogesh et al，2015；Sridhar Moorthy，1984；Pedram and Balachander，2014）。考虑到这种同类蚕食的现象，大多数文献研究的是影响产品线设计的因素。例如，维拉斯 - 博阿斯（Villas-Boas，1998）探讨了渠道结构对产品线优化设计的影响。他发现，考虑到零售商的战略行为，战略制造商会有意降低分散渠道中的产品质量水平。约翰逊和米亚特（Johnson and Myatt，2006）调查了多产品公司的产品设计决策、广告和营销活动之间的相互作用。戈德斯（Godes，2017）讨论了传播信息对产品设计的影响，并认为消费者评论可能会降低或提高产品质量。这些文献总结了零售商的策略行为，如沟通信息对产品设计的影响。但是，对于两者之间的反向关系以及如何管理它们来改善供应链，我们并不清楚，所以我们通过研究制造商控制的新产品设计如何影响平台卖家对产品线的消费者评论策略来填补这一空白。

与本章相关的另一个研究方向是平台渠道管理。例如，高飞和苏旋明（Gao and Su，2017）运用理论模型研究了在线购买和实体店提货（BOPS）对渠道协调的影响。在考虑渠道冲突和加盟商与品牌所有者之间的自相残杀时，蔡赞明等（Choi et al，2019）探讨了线上线下服装特许经营供应链中特许经营合同选择和订货时间的重点。然而，本章的研究重点是快速消费品平台型供应链成员在产品线延伸背景下的非合作博弈行为。通过对传统供应链中广告研究文献的延伸（Huang et al，2002；Karray and Zaccour，2006），李响等（Li et al，2019）分析了三种模型（整合、单边和双边广告模型）下的合作广告策略，找到了平台型供应链中广告支出的最优分担机制。戈文丹和马洛姆费（Govindan and Malomfalean，2019）考虑了三种机制（收入共享、回购和数量弹性合同）下的两种需求来协调O2O供应链。大多数研究都是从成本抵销机制的角度来考察冲突条件，我们扩展了对网络评论加剧的品牌内部竞争是否导致冲突的研究。本章还提出了一种新的替代策略来协调快速消费品平台型供应链，即新产品设计的调整。

三、研究模型构建

本节假设有两家快速消费品生产商，各自生产两种不同的可替代的快速消费品产品。生产商 A 生产的产品（a）从网上直接销售给消费者；生产商 B

生产的产品（b）通过平台销售商进行销售。通过消费者关于产品的反馈分析，生产商 B 知道消费者的新偏好，并考虑推出一种新产品（b'）来满足消费者。生产商 B 决定新产品的质量，并制定新产品和现有产品的批发价格。在这样的决策过程中，它必须将自己现有产品和竞争对手产品的竞争纳入考虑。平台卖家 B 从生产商 B 处购买产品，制定销售价格并对新产品和现有产品的消费者评论进行管理。表 6.1 为模型依赖的变量和参数。

表 6.1 　　　　　　　　　　　　　　**参数定义**

符号	定义
q_a，q_b，$q_{b'}$	渠道 A 的产品质量，渠道 B 的现有产品质量，渠道 B 的新产品质量
θ_a，θ_b，$\theta_{b'}$	消费者对渠道 A 的产品质量，渠道 B 的现有产品质量，渠道 B 的新产品质量的支付意愿
v_a，v_b，$v_{b'}$	消费者评价的增值效应，其中 $i \in \{a, b, b'\}$
t	消费者感知产品差异化程度
p_a，p_b，$p_{b'}$	渠道 A 的产品价格，渠道 B 的产品价格，渠道 B 的新产品价格
w_b，$w_{b'}$	渠道 B 的现有产品的批发价格，渠道 B 的新产品的批发价格
π_i	企业 i 的利润，其中 $i \in \{AM, BM, BS\}$，M = 制造商，S = 平台卖家

（一）平台卖家管理消费者评论的策略

本节将介绍消费者评论的正面或负面影响，以及平台卖家在管理消费者评论方面可能采取的策略。文献（Godes，2017；Sun et al，2021）认为，卖家管理的消费者评论增加了消费者对产品的评价，提高了销售量，因此本章假设消费者评论对消费者效用有积极的影响，即销售量增加效应（积极影响）。然而，当新产品进入市场时，消费者评论对现有产品的销售增加效应挤压了新产品需求（负面影响）。减轻对新产品的竞争的一个可能方法是限制对现有产品的评论。例如，在线卖家可以通过电子邮件提醒、管理回复或指导等方法对消费者评论的数量和内容进行控制，以减少消费者的评论效应。因此，平台卖家 B 考虑到消费者评论的这两种（正向和反向）效应，对消费者评论的管理策略有两种：当新产品进入市场时，对现有产品的消费者评论（RE－I）进行限制（limit－L）或继续引导消费者的评论。

我们用 v_i，$i \in \{a, b, b'\}$ 表示消费者评论对于产品的正向效应。已经有文献假设消费者评论提高了消费者对产品的评价，并解释评论得分越高或评论数量越多，在线评论的价值就越高（Sun et al，2021）。与之类似，如果平台卖家 B 限制了消费者评论对产品（b）销量的增加效应，则消费者评价对产品 b 的正向效应变小，因此我们假设 $v_b^L < \{v_{b'}, v_a\}$。与文献类似（Sun et al，2021），我们称 v 为消费者评论的正向效应。为了简化模型的分析，我们令 $v_b^L = 0$。

（二）生产商影响平台卖家管理消费者评论策略的方法

生产商和其零售商为了追求自己的利益而产生竞争，为了让自己利润最大化可能会给对方带来损失。我们的模型将研究生产商为解决冲突而采取的两种策略，影响平台卖家的决策。（1）作为供应链领导者，当两者之间存在冲突时，生产商通常会通过补偿机制来指导平台卖家的行为（Kuksov and Liao，2018）。我们将对生产商如何调整产品线的批发价格来影响平台卖家管理产品线消费者评论的策略进行建模。（2）快速消费品生产商使用不断推出新产品的策略获得市场。当生产商决定推出新产品时，需要考虑其决策如何影响零售商可能的市场行为（Godes，2017）以及对其利润的影响。该模型将分析生产商的新产品质量决策对平台卖家管理消费者评价策略的影响。类似于产品线设计的文献（Preyas，2001；Yogesh et al，2015），我们假设消费者对产品质量的评价系数为 θ（也可以理解为支付意愿），我们用 q 表示产品质量。

我们的模型假设生产商 A 通过直销渠道销售产品，而生产商 B 通过平台零售商销售产品，这有助于简化模型。

（三）基准模型

本章给出了平台卖家选择促进现有产品消费者评论（RE－I）的基准模

型。下一个部分将该基准模型与对现有产品的消费者评论（RE–I）限制的
场景进行比较，以分析 RE–I 对供应链成员的影响。本章的分析方法采用了
Stackelberg 博弈模型。本章考虑三种不同的快速消费品形成的竞争，并假设
消费者评论策略对这三种产品都是可用的。我们的模型包括一个生产商
（BM）和平台卖家（BS）——它们共同构成了快速消费品供应链销售渠道
B，以及一个生产商（AM）——渠道 A 的唯一销售主体。生产商（BM）通过
平台卖家（BS）向消费者销售同一品牌的两种差异化产品（b 和 b'）。另一
个生产商（AM）直接在网上向消费者销售产品 a。我们用 q_b 表示渠道 B 现有
产品的质量，用 $q_{b'}$ 表示新产品的质量，用 q_a 表示渠道 A 现有产品的质量。参
照厂商质量生产成本模型（Sridhar Moorthy，1984；Preyas，2001），我们假设
两个生产商的生产成本都是关于产品质量的凸函数 $\dfrac{q_i^2}{2}$。

本章使用 Salop 竞争模型来模拟两个生产商产品之间的竞争。消费者均
匀地分布在周长为一的圆形市场上（Salop，1979），每位消费者最多购买一
种产品。有研究扩展了 Salop 模型，考虑四种横向差异化产品，并将产品之
间的距离视为产品之间的差异化程度（ShulmanAnne and Savaskan，2011）。本
章采用相同的逻辑，并描述了三个差异化产品之间的竞争，每个产品都外生
地位于单位圆上等距离的间隔。更具体地说，当生产两种产品的生产商 B 与
生产一种产品的生产商 A 竞争时，假设 B 现有产品的位置在 Salop 循环市场
的零点（$x_b = 0$）。假设 B 的新产品的位置在三分之二点（$x_{b'} = \dfrac{2}{3}$），A 的竞争

产品的位置在三分之一点（$x_a = \dfrac{1}{3}$），如图 6.1 所示。在第五部分的扩展研究
中，我们放宽等距位置的假设。消费者对产品质量的支付意愿为 θ_b，对渠道
B 的现有产品和新产品的支付意愿为 θ_b 和 $\theta_{b'}$，对渠道 A 的产品的支付意愿为
θ_a。当渠道 B 推出新产品时，两个渠道都应用消费者评论来提高消费者对产
品的评价 v_i，$i = \{a, b, b'\}$。消费者因期望产品与卖方提供的产品不匹配而产
生的负效用由不匹配成本 t 表示。在文献中，它通常被称为产品之间的感知
差异化程度（Liu and Cui，2010；Shulman et al，2011）。给定三个产品的零售

价格 p_a，p_b 和 $p_{b'}$，消费者在 $0 \leqslant x < \dfrac{1}{3}$ 处的消费者剩余为：

$$V_a = \theta_a\, q_a + v_a - p_a - t\left(\dfrac{1}{3} - x\right)$$

$$V_b = \theta_b\, q_b + v_b - p_b - tx \qquad\qquad (6-1)$$

同样，位于 $\dfrac{1}{3} < x \leqslant \dfrac{2}{3}$ 处的消费者剩余由下式给出：

$$V_a = \theta_a\, q_a + v_a - p_a - t\left(x - \dfrac{1}{3}\right)$$

$$V_{b'} = \theta_{b'}\, q_{b'} + v_{b'} - p_{b'} - t\left(\dfrac{2}{3} - x\right) \qquad\qquad (6-2)$$

最后，位于 $\dfrac{2}{3} < x \leqslant 1$ 处的消费者剩余由下式给出：

$$V_b = \theta_b\, q_b + v_b - p_b - t(1 - x)$$

$$V_{b'} = \theta_{b'}\, q_{b'} + v_{b'} - p_{b'} - t\left(x - \dfrac{2}{3}\right) \qquad\qquad (6-3)$$

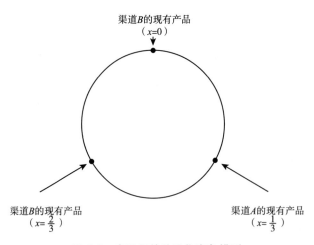

图 6.1　产品间的差异化竞争模型

为了避免烦琐的算式，我们假设消费者对生产商 A 和生产商 B 现有产品的产品质量支付意愿是对称的，即 $\theta_a = \theta_b \equiv \theta$。这种简化意味着生产商 B 的现有产品和生产商 A 的产品最初具有相同的竞争优势。然后我们假设 $\theta_{b'} > \theta$，这意味着消费者对新产品有更高的评价，并激励生产商开发新产品，即他们的新偏好。

两家厂商的决策顺序选择和平台卖家的决策如图 6.2 和图 6.3 所示。图 6.2 描述了厂商基准模型的决策路径。生产商 B 在给定现有产品的质量下，在进入市场之前决定新产品的质量。对于将现有产品的质量作为提前决策变量，是因为现有产品已经在市场上，生产商不能重新调整现有产品的质量。第二阶段是平台卖家 BS 选择是否限制对现有产品的消费者评论 RE－I。在第三阶段生产商 B 决定现有产品和新产品的批发价格，用 w_b 和 $w_{b'}$ 表示。在第四阶段，根据批发价格，平台销售商 B 决定 p_b，$p_{b'}$ 的零售价格，而生产商 A 决定产品 a 的零售价格 p_a。我们通过逆向归纳法求解子博弈的均衡结果。

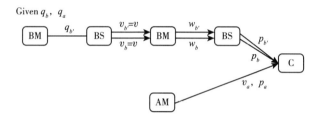

图 6.2　生产商不采取任何策略下的决策顺序

我们通过引理 1 解释品牌 A 和品牌 B 关于现有产品质量的质量决策，然后将这些结果代入我们的解中。由于两种现有产品都已上市一段时间，我们假设它们的质量 q_a 和 q_b 在生产商决定新产品质量之前就已经给定，并在新产品进入市场后作为外生变量。下面的引理表明，如果消费者为质量付费的意愿是对称的，那么两种现有产品在均衡状态下，生产商 A 和生产商 B 设置了相同的产品质量。

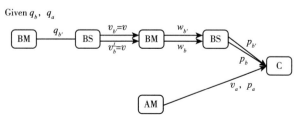

图 6.3　平台零售商在限制消费者评论效应下的决策顺序

引理 1　在消费者对产品质量支付意愿对称（$\theta_a = \theta_b \equiv \theta$）的情况下，不对称的供应链结构并不导致产品质量的不对称，即在均衡状态下，$q_a = q_b = \theta$。

这些结果与已有文献的研究结果一致（Moorthy，1984；Desai，2001）。对消费者来说，厂商最优的质量决策是根据消费者的支付意愿进行决策的。由引理 1 可知，我们令 $\theta_a q_a = \theta_b q_b = \theta^2 \equiv u$。同样，对于新产品，我们令 $\theta_{b'} q_{b'} = \theta_{b'}^2 \equiv u'$。在此表达式中，$u$ 表示消费者对现有产品质量的评价，u' 表示新产品质量的评价。消费者的评论对消费者关于产品的评价有积极影响。我们假设消费者评论对消费者的效用有积极的影响。根据新的表达式，可以表示消费者关于每种产品的需求函数：

$$D_a = \frac{3u - 6p_a + 2t - 3u' + 3p_{b'} + 6v_a - 3v_{b'} - 3v_b - 3p_b}{6t}$$

$$D_b = \frac{3u + 6v_b - 3v_{b'} - 3v_a - 6p_b + 3p_a + 2t - 3u' + 3p_{b'}}{6t}$$

$$D_{b'} = \frac{-6u + 3p_a + 2t + 6u' - 3v_b + 6v_{b'} - 3v_a + 3p_b - 6p_{b'}}{6t}$$

为了保证模型的对称性和可分析性，根据文献的假设（Kwark et al，2014），我们假设两个渠道都应用消费者评论来增加消费者对产品的评价，并假设消费者评论对三种产品的积极效应是对称的，$v_a = v_b = v_{b'} = v > 0$。这种简化不影响研究的主要结果。为了保证均衡结果的非负性，在均衡中，我们给出消费者对新产品评价的合理化区间为：

$$\max\left\{u - \frac{40t}{33}, 0\right\} < u' \leq u - \frac{22v}{7} + \frac{40t}{21}$$

为保证区间的合理性，我们设定足够大产品差异化参数 $t > \frac{121}{120}v$，这一条件在平台零售商 B 限制消费者对现有产品的评论的情形下同样满足。事实上，上述条件决定了这三种差异化产品在市场上都有各自的需求空间。因此，我们在本章中关注的是每个差异化产品在市场中都要具备足够的竞争力，以吸引消费者获得正向的需求。

假设垂直结构下，两家厂商和平台卖家的利润函数为：

$$\pi_{AM} = \left(p_a - \frac{q_a^2}{2}\right)D_a \qquad\qquad (6-4)$$

$$\pi_{BS} = (p_b - w_b)D_b + (p_{b'} - w_{b'})D_{b'} \qquad\qquad (6-5)$$

$$\pi_{BM} = \left(w_b - \frac{q_b^2}{2}\right)D_b + \left(w_{b'} - \frac{q_{b'}^2}{2}\right)D_{b'} \qquad\qquad (6-6)$$

四、平台卖家对消费者评论的管理策略

在本节中，我们研究消费者评论对平台卖家和生产商利润的影响。我们首先假设生产商对平台卖家的评论策略不作出任何响应，其次我们允许生产商调整他的新产品质量和批发价定价策略来影响平台卖家的评论策略。当生产商在与平台卖家的博弈中不采取任何行动时，平台卖家 BS 会限制消费者对现有产品的评论，减弱消费者的评论效应（RE-I）。我们将该策略的结果与图 6.2 中描述的基准模型进行比较，其中平台卖家不限制消费者关于现有产品的评论对现有产品的影响。我们允许生产商是策略性的，他会考虑到他对批发价格或新产品质量的调整，从而影响平台卖家的行为。

（一）当生产商不采取任何策略时平台卖家限制 RE-I

当平台卖家 BS 限制对现有产品评论的效应时（RE-I），即消费者评论对消费者关于现有产品的消费者效用不产生影响，$v_b^L = 0$。我们使用如图 6.3 所示的决策路径，并根据产品差异化程度和消费者对新产品质量的评价 (t, u') 来分析平台卖家 BS 选择 RE-I 策略的子博弈完美均衡区域。我们指出了平台卖家和生产商之间存在利益冲突的区域。

定理 1 在推出新产品后，对于平台卖家 BS 的 LRE-I 和 RE-I 评论管理策略进行了比较分析，得出以下结果：

（1）生产商 BM 总是从 RE-I 中受益。

（2）只有当消费者对新产品的估值足够小时，平台卖家 *BS* 才会从 RE–I 策略中受益。

定理 1 表明，对于拥有多种产品的生产商 *BM* 而言，在新产品进入市场后，只要每个差异化产品都有一定的竞争优势，从而保证每个产品的需求均高于零，那么该生产商总是可以从 RE–I 策略中获益，如图 6.4（a）中的区域 C_1 和 $C_{2,3}$ 所示。相比之下，平台卖家只有在新产品竞争优势相对较弱的情况下才会从 RE–I 中受益。也就是说，当消费者对购买新产品的评价并不比对现有产品的评价高出太多的情况下（区域 C_1）。定理 1（2）是下列不等式的结果：

$$\pi_{BS}(\nu_b=\nu)-\pi_{BS}(\nu_b^L=0)>0 \text{ 如果}(t,u')\in C_1 \text{ 和 } \pi_{BS}(\nu_b=\nu)-\pi_{BS}(\nu_b^L=0)$$
$$\leqslant 0 \text{ 如果}(t,u')\in(C_{2,3}).$$

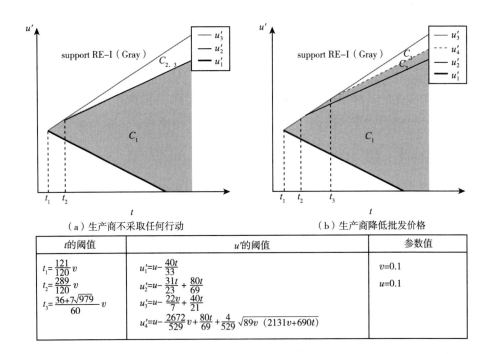

（a）生产商不采取任何行动　　　（b）生产商降低批发价格

t的阈值	u'的阈值	参数值
$t_1=\dfrac{121}{120}v$ $t_2=\dfrac{289}{120}v$ $t_3=\dfrac{36+7\sqrt{979}}{60}v$	$u_1'=u-\dfrac{40t}{33}$ $u_2'=u-\dfrac{31t}{23}+\dfrac{80t}{69}$ $u_3'=u-\dfrac{22v}{7}+\dfrac{40t}{21}$ $u_4'=u-\dfrac{2672}{529}v+\dfrac{80t}{69}+\dfrac{4}{529}\sqrt{89v\,(2131v+690t)}$	$v=0.1$ $u=0.1$

图 6.4　生产商和平台零售商的最优策略

在这种情况下，有两个因素影响平台卖家的利润。首先，由于现有产品对新产品的可替代性，现有产品需求的增加会对新产品的市场份额产生不利影响。其次，现有产品的评论效应导致新产品的价格下降，再加上对新产品市场份额的蚕食，导致平台卖家利润下降。新产品价格的下降挤压了平台卖家的利润，因为此时新产品的批发价格是保持不变的。有趣的是，当产品差异化程度 t 更高，使得产品间的竞争变弱时，对于 RE-I 情形下满足盈利区间的新产品的评价参数的范围会扩大，但平台卖家不会选择 RE-I。竞争的减弱增加了盈利能力，因此可以作为对同类产品蚕食效应的缓冲。因此，竞争越激烈，在消费者对新产品的高评价情形下，平台零售商从 RE-I 获利的区间就变得越小。产生这种结果的原因是 RE-I 加剧了现有产品对新产品的蚕食效应。当消费者对新产品的评价很高时，这种情况尤其严重。RE-I 提高了现有产品的利润（正效应），却损害了新产品的利润（负效应），但该负效应只影响到了平台卖家。

本节总结得出，对现有产品的评论对于增加现有产品销售量的效应，在一定条件下加剧了平台卖家产品间的蚕食问题，导致平台卖家的利润损失（见图 6.4 （a）中的 $C_{2,3}$），因此平台卖家选择限制这种影响（LRE-I）。但是，这种效应总是提高了生产商的利润，导致了生产商和平台销售商的冲突。在这种情况下，为了在 RE-I 存在的情况下获得更高的利润，生产商有很强的动机引导平台卖家选择 RE-I。

（二）生产商策略性调整批发价格引导平台卖家从 LRE-I 转向 RE-I

当生产商和平台销售商存在冲突（利润趋势不一致）时，生产商往往会补偿零售商的损失，以提高其利润。本小节研究当平台卖家选择限制 RE-I 时，生产商可以通过更优惠的批发价格来影响平台卖家的消费者评论策略以协调渠道冲突的情况，这种调整的决策顺序如图 6.5 （a）所示。当平台卖家不限制 RE-I 时，需要满足下述条件：

$$\pi_{BS}(w_b, w_{b'} \mid RE-I) - \pi_{BS}(w_b, w_{b'} \mid LRE-I)$$

$$= \frac{\nu(138w_{b'} + 93\nu_b - 186\nu - 186w_b + 162u + 80t - 138u')}{432t} \geq 0$$

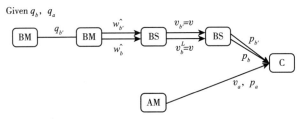

（a）生产商降低批发价格引导平台零售商采取RE–I

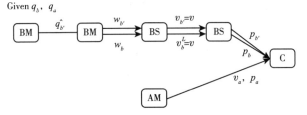

（b）生产商降低新产品质量引导平台零售商采取RE–I

图6.5　生产商主动引导平台零售商采取 RE – I 决策顺序

我们分析关于满足生产商 B 通过降低批发价格 $\hat{w}_{b'}$ 和 $\hat{w}_b$ 影响平台卖家 BS 是否限制 RE – I 的批发价格决策的一个分界点。此时，生产商的利润最大化问题受到平台卖家 BS 选择 RE – I 而非 LRE – I 的约束为：

$$\max_{\hat{w}_{b'},\hat{w}_b}\Pi_{BM}\left(\hat{w}_{b'},\hat{w}_b\mid RE - I\right) = \left(\hat{w}_{b'} - \frac{q_{b'}^2}{2}\right)D_{b'} + \left(\hat{w}_b - \frac{q_b^2}{2}\right)D_b$$

$$\text{s. t.}\quad \frac{\nu(138w_{b'} + 93\nu_b - 186\nu - 186w_b + 162u + 80t - 138u')}{432t} \geqslant 0$$

我们通过求解生产商 BM 的选择降低或者不降低批发价格的决策结果，来确定下调批发价格引导平台卖家选择 RE – I 和不降低批发价格两种策略之间的权衡。当选择降低批发价格以防止平台卖家限制 RE – I 时，生产商 BM 必须保证其利润不受损害。也就是说，生产商 BM 降低批发价格引导 RE – I 时的利润不能低于在 LRE – I 时的利润：$\pi_{BM}(\hat{w}_{b'}, \hat{w}_b \mid \nu_b = \nu) \geqslant \pi_{BM}(w_{b'}, w_b \mid \nu_b^l = 0)$。

命题 1　在产品差异化和消费者对新产品的评价参数在一定范围内 [图 6.4（b）中的（t，u'）的情况下] 时，拥有多种产品的生产商可以同时降低现有产品和新产品的批发价格，以引导平台卖家提升消费者对现有产品的评论效应。

这一命题表明，生产商可以通过降低批发价格来引导平台卖家选择 RE－I 策略，从而使他们的利润得到提高。因此，对于生产商来说，批发价格不仅可以从平台卖家那里获取更多的剩余价值，还可以作为引导平台卖家管理消费者评论的手段。我们通过图 6.6 说明命题 1 的结论。纵轴表示消费者对新产品的评价，下标的使用与图 6.4 中绘制的线条保持一致，横轴表示的是生产商和平台销售商利润的变化，是基于对 RE－I 下基准模型计算的结果进行比较。图 6.6 展示了产品差异化变化导致的利润变化，$t_2 \leqslant \ddot{i} < t_3$；在图 6.4（b）中，可以看到没有 C_3 区域，在这个区域内生产商无法通过降低批发价格来引导平台卖家的消费者评论管理策略。我们注意到，当消费者对新产品的评价较低时 $\dot{u}_1' \leqslant \dot{u}' < \dot{u}_2'$，生产商和平台卖家都从 RE－I 中获益（其中 $\dot{u}'$ 是 $\dot{u}'(i)$ 的缩写）；另外，当消费者对新产品的评价较高时 $\dot{u}_2' \leqslant \dot{u}' < \dot{u}_4'$，平台卖家发现选择 RE－I 时的利润是下降的（虚线保持继续下降的趋势超过零点）。如果平台卖家不选择 RE－I，则生产商的利润没发生变化（如图 6.6 所示，RE－I 和 LRE－I 下的利润差异）。在这里，生产商有动机放弃部分利润来引导平台卖家选择 RE－I，以此来改善利润。当消费者对新产品的评价处于这个范围，生产商和平台卖家都从 RE－I 中获益。同样，图 6.6 展示了较大的产品差异化值（竞争较为柔和时），$\ddot{i} \geqslant t_3$ 的情况。该范围包括图 6.4（b）中的 C_3 区域。对于这个新的产品差异化范围，当消费者评价范围满足 $u_4'(\ddot{i}) \leqslant u'(\ddot{i}) < u_3'(\ddot{i})$ 时，生产商发现激励平台零售商选择 RE－I 不是最优的，因此选择不降低批发价格，而平台卖家选择限制消费者对现有产品的评论效应 RE－I。

在 RE－I 存在的情况下，现有产品对新产品的蚕食会给平台卖家造成损失，促使其选择限制消费者对现有产品的评论效应。生产商可以通过向平台卖家提供更优惠的批发价格来抵消这一损失，从而改变平台卖家对 RE－I 的态度。生产商的这种策略只有在新产品的估值（u'）不太大时才会奏效。

从图 6.6 中可以看出，当消费者对新产品的评价在 $u_2'(i) \leqslant u' < u_3'(i)$

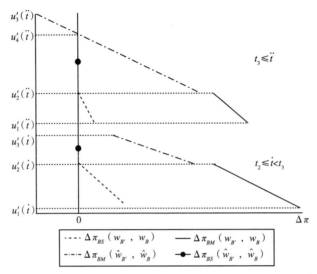

t 和 u' 的阈值	$\Delta\pi$ 的阈值	参数值
见图6.4	$\pi_{BS}(w_{b'}, w_b|v_b=v) - \pi_{BS}(w_{b'}, w_b|v_b^L=0)$ $\pi_{BM}(w_{b'}, w_b|v_b=v) - \pi_{BM}(w_{b'}, w_b|v_b^L=0)$ $\pi_{BS}(\hat{w}_{b'}, \hat{w}_b|v_b=v) - \pi_{BS}(w_{b'}, w_b|v_b^L=0)$ $\pi_{BM}(\hat{w}_{b'}, \hat{w}_b|v_b=v) - \pi_{BM}(w_{b'}, w_b|v_b^L=0)$	$v=0.1$ $u=1$ $\dot{i}=0.3$ $\ddot{i}=1$

图 6.6　批发价格下降后对生产商和平台零售商利润的影响

或 $u_2'(\ddot{i}) \leqslant u' < u_4'(\ddot{i})$ 范围内时，RE–I 存在时平台卖家的利润低于限制消费者对现有产品的评论效应的情形。然而，生产商 B 的利润则相反，因为现有产品的需求更大，批发价格更高，生产商可以从 RE–I 中获得更多的利益。由于批发价格的抵消作用，在 RE–I 存在的情况下，随着 u' 的增加，生产商 B 的利润下降速度比平台卖家慢。此外，当同一市场上的差异化产品具有各自的竞争优势时，在 RE–I 存在的情况下，现有产品的需求增加和批发价格主导了生产商 B 的利润。

当消费者对新产品的评价足够高时［图 6.4（b）中的 C_3］，$u_4'(\dot{i}) \leqslant u'(\dot{i}) < u_3'(\dot{i})$。当 u' 上升到足够高的水平，t 超过 t_3 时，现有产品对新产品的蚕食效应变得更为严重，RE–I 对渠道 B 的收益被蚕食效应的负面影响所主导，此时生产商降低批发价格引导平台卖家转向 RE–I 不再是最优选择。

本节的研究结论支持实践中生产商对于零售商的补偿策略，即通过降低产品线的批发价格来抵消平台卖家因消费者评论导致的蚕食效应所引起的利润下降，这样平台卖家就不会限制消费者的评论效应，双方都能从中获益。

（三）厂商策略性调整新品的质量引导平台卖家从 LRE – I 转向 RE – I

生产商热衷于创新产品，以满足消费者逐新的需求，并决定新产品的质量。本节将讨论生产商如何控制新产品的质量，以影响平台卖家的消费者评论策略，并改善他们的利润。因此本章给出，平台卖家会选择 RE – I 的条件，如果新产品质量满足：

$$\pi_{BS}(q_{b'} \mid RE - I) - \pi_{BS}(q_{b'} \mid LRE - I)$$

$$= \frac{\nu_{b'}(69u - 138\theta_{b'} q_{b'} + 69q_{b'}^2 + 80t - 186\nu + 93\nu_b)}{1728t} \geqslant 0$$

本章首先分析是否存在一个唯一的临界点 $q_{b'}$，使得平台卖家 BS 采取 RE – I 或 LRE – I 策略时的利润保持一致。生产商的利润最大化的约束问题为，生产商调整新产品质量后引导 RE – I 后的利润不能低于平台卖家 BS 选择 LRE – I 时的利润：

$$\max_{\hat{q}_{b'}} \Pi_{BM}(\hat{q}_{b'} \mid RE - I) = \left(w_{b'} - \frac{\hat{q}_{b'}^2}{2}\right)D_{b'} + \left(w_b - \frac{q_b^2}{2}\right)D_b$$

$$\text{s. t. } \frac{\nu_{b'}(69u - 138\theta_{b'} q_{b'} + 69q_{b'}^2 + 80t - 186\nu + 93\nu_b)}{1728t} \geqslant 0$$

本章通过求解生产商 BM 在降低新产品质量引导平台卖家支持 RE – I 情形，将该情形下的结果与平台零售商选择 LRE – I 情形下的结果进行比较来确定平衡点。当选择降低新产品质量以引导平台零售商的 RE – I 策略时，生产商 BM 必须保证其利润不会受到损害。也就是说，生产商 BM 的利润必须高于当平台零售商选择 LRE – I 情形下的利润：$\pi_{BM}(\hat{q}_{b'} \mid \nu_b = \nu) \geqslant$

$\pi_{BM}(q_{b'} \mid v_b^L = 0)$。

命题 2 在产品差异化和消费者对新产品的评价参数在一定范围内的情况下，开发多种产品的生产商会设置较低质量的新产品来引导平台零售商提升消费者对于现有产品的评论效应，使生产商和零售商的利润不低于采取 LRE – I 的情形。

命题 2 由以下不等式推导，其中，新产品质量是 $\theta_{b'}$ –

$$\frac{\sqrt{4761\theta_{b'}^2 - 4761q_b^2 - 5520t + 6471v}}{69}$$；当 $t > \frac{121v}{120}$ 和 $u'_2 < u' < \min\left\{u'_3, u - \frac{40t}{33} - \frac{14v}{11} + \frac{\sqrt{360000t^2 + 9860tv - 36071v^2}}{253}\right\}$ 时，$\pi_{BM}(\hat{q}_{b'} \mid v_b = v) - \pi_{BM}(q_{b'} \mid v_b = 0) > 0$，$\pi_{BR}(\hat{q}_{b'} \mid v_b = v) - \pi_{BR}(q_{b'} \mid v_b = 0) \geqslant 0$。

这一命题表明，当消费者对新产品的评价不够高的情况下，新产品创新越多使得产品质量上升并不是一个好的选择，会导致生产商和平台销售商之间的冲突，会使平台零售商限制对现有产品的评论效应，因此生产商无法从现有产品中攫取更多的盈余。然而，生产商降低新产品的质量可以协调渠道，作为引导平台卖家对 RE – I 行为的一种手段。这意味着当消费者对新产品的评价处于上述范围内时，快速消费品生产商应相对减少对新产品的质量投入，以引导其平台卖家提升消费者对于现有产品的评论效应，从而增加其利润。

（四）生产商调整质量或降低批发价格的最佳策略

命题 1 和命题 2 给出了生产商影响平台零售商消费者评论管理的两种策略，这两种策略可以影响平台卖家对 RE – I 的态度。我们分析了生产商能控制批发价格的情况，也分析了零售商降低新产品质量的策略。现在，我们分析何种策略更优。

命题 3 当平台零售商限制现有产品的评论导致生产商利润下降时，生产商诱导平台卖家 RE – I 的最优策略为：

（1）生产商降低产品线的批发价格，平台卖家会选择 RE – I，需满足以下条件：$u - 4t + \dfrac{713\nu}{225} + \sqrt{\dfrac{126736t^2}{4761} - \dfrac{16642288t\nu}{357075} + \dfrac{1207070777\nu^2}{53561250}} < u' <$

$\min\{u'_4, u'_3\}$；

（2）生产商降低新产品的质量，平台卖家选择 RE-I，需满足以下条件

$$u'_2 < u' < \min\left\{u'_3,\ u - 4t + \dfrac{713\nu}{225} + \sqrt{\dfrac{126736t^2}{4761} - \dfrac{16642288t\nu}{357075} + \dfrac{1207070777\nu^2}{53561250}}\right\}。$$

命题 3 给出了生产商降低批发价格或降低新产品的质量以引导平台零售商采取 RE-I 时关于 t 和 u' 的条件。当 u' 相对较高（足够高）时，生产商可以降低批发价格，并设定更高的新产品质量，以诱导 RE-I。在消费者具有相对较低的 u' 时，生产商倾向于降低新产品的质量以引导平台零售商采取 RE-I。

现在我们来解释最优策略的机制。当生产商选择更新产品高质量的策略时，他们需要降低批发价格来引导平台零售商采取 RE-I 策略。一方面，他们可以从更高质量的设计中获益。另一方面，他们承担了额外的补偿费用（批发价格下降）和更高的质量生产成本。然而，在低质量策略场景下，生产商不需要降低批发价格并节省一些生产成本。与消费者对新产品低估值相比，较高的估值意味着消费者更愿意为同样质量的新产品支付更高的价格。当市场对新产品的评价较高时，这种高质量策略起主导作用（带来更多的收入），使生产商更倾向于采用高质量策略。当估值较低时，高质量策略的收益在消费者低评价时不如消费者评价较高时高。当消费者对新产品有一个相对低的评价时，高质量投资的市场回报并不能补偿生产商，因此生产商选择低质量策略来增加消费者评论效应，以协调渠道。

我们总结了消费者评论对平台零售商的利润影响，以及平台零售商为了追求自己的最优利润而可能采取的评论管理策略，从而导致与生产商的冲突。考虑到生产商的领导角色，我们提出了生产商可以采取两种策略来影响平台零售商的评论策略以协调渠道，并给出了每种策略的最优区间。接下来，我们将进一步研究产品差异化的变化以及其他品牌竞争的加剧对消费者评论策略的影响。

五、扩展研究

（一）产品差异化的变化对 RE - I 策略的影响

到目前为止，我们都假设衡量产品差异化的圆环上的距离是相等的。现在我们假设新产品与现有产品的质量差异变得更小的情况。为了能够刻画新产品与现有产品可替代性的接近度，我们引入了一个新的参数 $1 < \delta < \dfrac{3}{2}$，它定义了新产品与同一生产商生产的现有产品在圆环市场上的距离（产品间的差异性）。

我们之前假设了三个产品位于单位圆的零点、三分之二点和三分之一点。现在，我们允许新产品的位置在零到三分之二点之间移动（也就是说，新产品可以位于离 B 的现有产品更近或更远的地方）。参数 δ 值越大，表示产品 b 与 b' 之间的差异越小。因此，如图 6.1 中绘制的 Salop 环形市场形成的消费者效用情况如下所述。

对于位于 $0 < x \leqslant \dfrac{1}{3}$ 的消费者，效用保持不变：

$$V_b = u + v_b - p_b - tx$$

$$V_a = u + v_a - p_a - t\left(\dfrac{1}{3} - x\right)$$

而对于位于 $\dfrac{1}{3} < x \leqslant \dfrac{2}{3}$ 的消费者，效用为：

$$V_a = u + v_a - p_a - t\left(x - \dfrac{1}{3}\right)$$

$$V_{b'} = u' + v_{b'} - p_{b'} - t\left(\dfrac{2}{3}\delta - x\right)$$

同样，对于位于 $\dfrac{2}{3} < x \leqslant 1$ 的消费者，效用为：

$$V_{b'} = u' + v_{b'} - p_{b'} - t\left(x - \frac{2}{3}\delta\right)$$

$$V_b = u + v_b - p_b - t(1 - x)$$

在下面的命题中，我们将分析产品差异化的变化对平台零售商消费者评论管理的影响。

命题 4　新产品和现有产品之间差异的减少加剧了由 RE－I 引起的蚕食效应，并抑制了 RE－I 的有益作用。

命题 4 指出，新产品和现有产品之间的相似性增加（δ 上升），缩小了平台零售商从 RE－I 中获益的区域。如图 6.7 所示，黑色实线包围的区域（$\delta = 1$）大于虚线包围的区域（$\delta > 1$），该区域是图 6.4 中零售商从 RE－I 中获益的区域，即 C_1 区域。在这种情况下，同一品牌产品之间的竞争变得激烈，因此 RE－I 导致的同类蚕食问题变得更加严重。

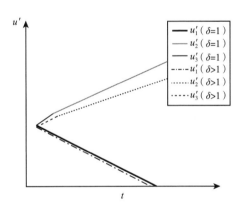

图 6.7　产品差异性对于 RE－I 的影响

本小节指出，通过在单位圆上产品差异化的变化带来的影响进行了前面命题的分析，得出产品之间差异化的变化只影响参数的范围大小，不影响本章的结论，提升了研究结论的稳健性。

（二）来自对手的激烈竞争

之前我们假设两家生产商的现有产品具有相同的竞争优势，也就是说，它们在质量评价上是对称的（$\theta_a q_a = \theta_b q_b \equiv u$）。现在，我们去掉对称性，假设产品 a 的质量评价高于产品 b 的质量评价，$\theta_a q_a > \theta_b q_b$。

命题5 如果单产品的快速消费品供应链的现有产品质量显著高于多产品供应链的现有产品的质量，则：

（1）平台卖家 BS 不会选择 RE-I，无论消费者对新产品的质量评价是高是低；

（2）b' 产品的生产厂商绝不降低新产品的质量。

这一命题表明，当存在来自其他品牌的激烈竞争时（消费者对产品 a 有足够高的评价），平台零售商的最优策略是限制 RE-I，生产商 A 选择推出新产品，但不降低产品质量或采取降低批发价格来引导消费者的评论。这是因为 RE-I 形成了新的需求，不仅挤占了生产商 A 的现有产品的需求，而且蚕食了生产商 B 自己的新产品的需求。当与 a 产品的竞争足够激烈时，RE-I 带来的现有产品需求增加的收益不足以抵消新产品利润被蚕食所造成的损失。然而，当消费者对单产品快速消费品供应链现有产品的评价明显高于多产品快速消费品供应链现有产品时，B 的新产品需求的增加带来的利润占主导地位。

这个命题加强了我们关于如何管理消费者评论的积极或消极影响的认识。当来自其他品牌的竞争非常激烈时，对现有产品（RE-I）的消费者评论效应变得很小。它同时也加剧了对新产品的竞争。消费者评论导致的蚕食的负面效应远远超过了评论带来的销量增长的效应。因此，在 RE-I 的存在下，生产商和平台零售商都受到了伤害。

六、总 结 与 管 理 意 义

（一）总结

业界普遍认为，利用在线消费者评论是促进快速消费品销售的主要市场策略。本章研究发现了它对推动快速消费品品牌内产品间竞争的负面影响，以及它是如何导致平台商家和生产商之间的冲突的。本章还研究了生产商通过其产品线收入平衡可能的补偿机制，以及其新产品设计如何影响平台零售商的消费者评论策略以协调渠道。本章建立了一个多阶段非合作 Stackelberg 博弈模型，特别关注：消费者评论对平台零售商的产品线的销售量增加效应，以及生产商可以通过新产品的批发价格和质量设计策略来引导平台零售商的消费者评论管理策略。本章的研究结果补充了平台型快速消费品供应链文献，并为管理决策提供了重要的见解，这些决策涉及供应链内部的补偿策略和影响平台零售商在线评论策略的替代策略，以协调快速消费品渠道冲突，其中，新产品的快速开发和口碑效应对快速消费品供应链的成功至关重要。

（二）管理意义

本章研究有两个重要的理论意义。首先，本章揭示了消费者评论对现有产品的销售量加强效应增加所导致的同类产品间的蚕食现象。本章的研究结果为不断增长的在线评论管理和研究蚕食效应的文献带来了新的见解。具体而言，研究表明，当消费者对市场上推出的新产品有足够高的评价时，评论对现有产品的销售增加效应（RE‑I）并不总是有利于平台零售商，这一论点与平台卖家在提供消费者评论方面所持的积极态度相矛盾。这是因为 RE‑I 通过增加平台卖家对现有产品的利润（积极影响）来损害新产品的利润（消极影响），从而产生了同类蚕食。实际上，RE‑I 损害了平台卖家，造成了冲突，因为生产商至少可以通过提高批发价格将伤害部分转嫁给平台卖家，从而从消费者评论增加的销售效应中争夺更多利益。因此，当消费者评论的负面影响占主导地位时，平台卖家应该限制 RE‑I，即使是生产商也会从 RE‑I 中受益。其次，现有的平台供应链文献考虑了市场回报无法抵消高营销投入的冲突条件，但忽视了卖家在线评论策略加剧的品牌内部竞争导致的冲突。本章研究了这种冲突，并通过提出补偿机制的另一种协调策略，即降低新产品的质量，为协调平台供应链关于消费者评论导致的冲突提供了新的见解。

本章研究对分散的快速消费品 O2O 供应链中的平台卖家和生产商具有重要的现实意义，在这种供应链中，生产商通过平台卖家推出新产品并分销产品。首先，本章对平台卖家有两点建议。（1）当消费者对新产品的评价不够高时，平台卖家对整个产品线采用相同的消费者评价策略，两者的利润都是最优的。（2）当消费者对新产品的评价足够高时，平台卖家应该限制评论对现有产品的增销作用，以获得最优利润，而生产商则不希望零售商有这样的行为出现。其次，为生产商的渠道协调策略提供了新的见解。（1）当消费者对新产品的评价较高（足够高）时，生产商应通过降低产品线的批发价格来补偿平台卖家，平台卖家对该产品线采用相同的消费者评价策略。（2）当消费者评价相对较低（足够高）时，生产商应降低新产品质量，以刺激平台卖家对该产品线采取相同的消费者评价策略。

第七章　平台型供应链间全渠道定价策略博弈分析

一、研究背景与研究问题

随着网络信息技术和物流行业的迅速发展，全渠道（omni-channel）战略已成为趋势，越来越多的农产品电商和实体零售商向全渠道转型。例如，华为、苹果等生产商早已实施全渠道战略，并取得了巨大的成功。许多中小型的传统区域零售商也通过亚马逊、天猫和京东等第三方电子零售平台销售产品。虽然全渠道零售可以为零售商扩大市场，但也可能会造成渠道冲突。学术界和业界建议在不同的渠道中采取统一的定价策略，以解决渠道冲突问题。但是有实证研究发现仍然有超过30%的零售商在不同渠道实行差异化定价策略（Cavallo，2017）。新的全渠道零售模式下，零售商的定价决策环境更为复杂。他们不仅需要考虑内部的渠道竞争，还要考虑来自其他品牌全渠道策略造成的线上和线下的竞争，同时也需要考虑消费者跨渠道和品牌的消费行为。在如此复杂的竞争和多样化的消费选择环境中，管理者很难从直觉上作出最优的定价策略（统一定价或差异化定价）。虽然大量的文献研究了单一供应链全渠道的定价策略，但是也还需要更多的研究来阐述在更为复杂的跨品牌和渠道竞争的环境中选择不同定价策略的机制以及博弈竞争情形下竞争者之间的均衡价格策略，这也是全渠道战略实践中最为迫切的定价决策议题。

多渠道零售商在动态定价决策中面临的最大困境之一是：在复杂的竞争环境下，如何解决渠道冲突的统一定价与在线上和门店中通过差异化定价争夺需求之间作出选择。尽管电子渠道的拓展能为零售商带来更多利润（Liu et al, 2022；Tsay and Agrawal, 2004），但新增渠道很可能引发渠道冲突（Kolay and Shaffer, 2013）。一些学者认为，在两个渠道中实行统一定价政策可以缓解渠道冲突（Cattani et al, 2006），或通过减少双重边际化来最优地惠及供应链（Sun et al, 2022）。相反，另一些文献认为，基于渠道价格差异化为争夺细分市场提供了机会（Yoo and Lee, 2011）。研究发现，在两个渠道都销售的产品中约有72%的时间价格水平是相同的，但不同渠道之间的价格分散（差异化定价）也存在（Cavallo, 2017）。以往的大多数研究都是从单一供应链的渠道内部竞争的角度来解释这些定价策略，很少有研究探讨过由强势品牌和弱势品牌供应链经营的线上和传统渠道之间更为复杂的跨品牌渠道竞争所驱动的动态定价机制。事实上，这种复杂竞争是强势品牌和弱势品牌多渠道零售企业日常经历的现象，有必要进一步地研究，以探讨在更为复杂的跨品牌渠道竞争中的动态定价政策机制。

在确定线上和传统渠道的动态定价策略（统一定价与差异化定价）时，营销人员应确定不同渠道所服务的目标细分市场，并了解在竞争环境下不同定价策略对其异质性行为的影响（Eachempati et al, 2022）。首先，运营电商平台的目的之一是覆盖本地渠道难以轻易服务的市场。例如，小城市、乡镇和郊区（远程市场）的消费者由于距离本地商店较远，交易成本较高，因此对传统渠道的购买意愿极低。零售商的线上部门可以克服地理障碍，通过差异化定价在各细分市场实现利润最大化（Shriver and Bollinger, 2022）。其次，更为复杂的竞争环境提供了多种购买选择，导致消费者出现不同的搜索和购买行为，如价格比较、展厅现象（在实体店查看商品后在网上购买更便宜的同款商品），以及品牌和渠道之间的转换行为。消费者在基于效用最大化作出购买决策之前，会比较不同品牌渠道的价格、物流成本和距离。虽然消费者享受在强势品牌门店的购物体验，但其中一部分人可能会在网上平台或另一个弱势品牌中寻找价格更低的产品并进行购买（Balakrishnan et al, 2014）。一些零售商在两个渠道中设定相同的价格（统一定价策略），以排除这种展厅现象（Mehra et al, 2018）。然而，消费者可能会转向提供更低价格的另一个弱势品牌零售商。同时，在双渠道零售环境中，易于获取的线上或传统价格不仅可以作为两个渠道的销售价格，还可以作为参考价格，影响消费者对每个渠道销售产品的心理效用（Wang，2018）。如果实际价格低于参考价格，消费者就会将其视为收益（Wang et al，2021）。

因此，营销人员在制定跨品牌渠道竞争下的定价决策时，必须了解不同分销渠道所针对的细分市场，并考虑那些容易被忽视但对消费者心理效用有重要影响的因素。制造商和零售商相互竞争，追求自身利益。以往文献大多关注渠道内部竞争，而较少考虑供应链之间更为普遍和复杂的竞争场景。在更为复杂的竞争环境下，零售商的最优价格策略是否也有利于制造商和整个平台型供应链，这一点尚不清楚。此外，强势品牌供应链与弱势品牌供应链在最优定价上是否存在差异？因此，从强势品牌和弱势品牌供应链的线上或传统零售渠道出发，研究更为复杂的跨品牌渠道竞争下的定价对其绩效的影响，既有实践意义，也有理论价值。

在传统的分散式供应链中，许多强势品牌或弱势品牌的制造商通过多渠道系统将产品批发给由独立实体运营的门店和线上渠道（Abhishek et al，2016）。基于这些考虑，本章考虑了一个现实的竞争背景，并研究了两条相互竞争的供应链（强势品牌与弱势品牌）。每条供应链由一个制造商和一个独立零售商组成，他们通过线上和线下渠道向终端客户销售产品。本章研究旨在解决以下基本问题：（1）考虑消费者的跨品牌渠道行为时，多渠道零售中的最优定价策略是什么（统一定价还是差异化定价）？（2）在跨品牌渠道竞争下，两种定价策略的纳什均衡是什么？强势品牌和弱势品牌供应链及其成员实现帕累托改进的情景是什么？（3）强势品牌或弱势品牌零售商的最优定价策略是否也有利于他们的制造商和整个平台型供应链？

选择不同渠道的定价策略时，决策者共有三种价格策略可以选择：统一价格、线上高价和实体高价差异化定价策略。在选择何种价格策略时，决策者应该考虑可能的消费者行为，以及了解这些定价策略的各种目标。首先，更复杂的竞争环境为消费者提供了多种购买选择，导致消费者有不同的搜索和购买行为，如消费者的反展厅行为。当消费者从网上了解产品信息后，他们可能会寻求提供更低价格的渠道或更低价格的替代产品进行购买。有研究指出，受访者中具有反展厅行为的消费者占到 70% 以上（Flavián et al，

2020)。虽然部分零售商可以采取统一定价策略以排除这种反展厅行为，但是消费者可能会转向另一低价格的品牌零售商购买产品，导致更为激烈的跨品牌和渠道竞争。其次，全渠道战略目标是通过服务不同的细分顾客扩大市场，比如电子渠道主要服务于对网络熟悉和对网络渠道偏好的消费者；实体渠道主要服务于实体店周边的消费者。塞弗特（Seifert, 2006）研究表明，实体店的需求和线上商店的需求不具有很大的重叠性，指出这两个渠道服务于不同的客户群体。部分零售商采用差异定价策略，服务于线上和实体市场，以获得更多的需求和消费者剩余。最后，供应链中制造商和零售商相互竞争，追求自己的利益。目前还不清楚全渠道零售模式下，零售商的最优价格策略是否也对制造商和整个供应链有利。基于以上分析，本章旨在解决以下基本问题：（1）基于消费者跨品牌渠道行为，商家的最优定价策略是什么（全渠道零售中的统一定价或差异化定价策略）？（2）竞争者之间关于不同定价策略的纳什均衡是什么以及是否存在达到帕累托最优的策略组合？（3）零售商的最优定价策略是否也对制造商和整个供应链都有利？

考虑实施全渠道战略的强势（S）和弱势（W）平台型供应链间的定价竞争对顾客跨品牌渠道消费行为的影响，即统一定价（E）、线上高价（$\overline{D}$）或线上低价（$\underline{D}$），本章研究建立了强弱平台型供应链之间 3×3 的定价策略纳什均衡博弈模型。首先，本章建立顾客在强势和弱势零售商之间 9 种不同价格策略组合下的效用选择模型，分析强势或弱势零售商的最优定价策略。研究显示，无论是强势还是弱势零售商，都应当采用与竞争对手一样的价格策略以获得最优利润。基于 9 种不同价格策略组合，本章研究构建了强势和弱势零售商，以及整个平台型供应链之间的定价策略纳什均衡博弈，指出 $\overline{D}_S\overline{D}_W$、$E_SE_W$ 和 $\underline{D}_S\underline{D}_W$ 三种情形是零售商间，以及供应链间的定价博弈的纳什均衡结果。强势零售商在 E_SE_W 情形下获得最优利润，而弱势零售商在 $\overline{D}_S\overline{D}_W$ 或 $\underline{D}_S\underline{D}_W$ 情形下获得最优利润。强势和弱势两条供应链在 E_SE_W 情况下可以达到最优。因此，在长期博弈情况下，弱势供应链制造商可以转移部分利润给弱势零售商，使得弱势零售商选择 E_SE_W，从而两条平台型供应链以及各成员都能达到帕累托最优。

二、相关文献介绍

本章主要考虑跨品牌渠道竞争情形下，研究两条供应链最优定价策略和它们之间定价策略的纳什均衡博弈，相关文献可以分为三类：研究顾客跨渠道消费行为的文献、研究渠道策略的文献以及研究多渠道策略下不同供应链相互竞争的文献。第一类相关研究从心理学角度解释了消费者跨渠道策略行为动机。比如利希滕斯坦等（Lichtenstein et al，1990）指出，消费者"得到一笔好交易"的心理感知增加了他们交易时的效用。基于神经反应的研究，克努森等（Knutson et al，2007）提出消费者对潜在收益和损失的立即情感反应影响消费者购买决策，并建议商家采取更多的可以刺激这些反应的销售策略。这些研究从实证证据中发现了消费者跨渠道消费行为的原因之一是金钱的节约以及这种节约产生的心理效用。从实证角度，根斯勒等（Gensler et al，2017）发现，对于价格导向的消费者来说，跨渠道的消费行为是为了追求更好的交易。本章借鉴以上文献，构建消费者跨品牌和渠道的消费行为模型，不仅考虑消费者跨单一供应链的不同渠道，还考虑消费者跨越不同供应链的不同渠道进行消费。

第二类相关研究讨论了多渠道或者全渠道管理策略的研究问题。大部分文献从定价策略进行分析。比如蔡港树（Cai，2010）评估了价格折扣合同和定价方案对双渠道供应链竞争的影响。考虑制造商开辟直销渠道和传统渠道零售商竞争的供应链，卡塔尼（Cattani，2006）进一步提出是否采取统一价格策略以减弱渠道冲突。近年来，国内外文献更多地考虑消费者不同消费行为下的全渠道策略研究。郎骁和邵晓峰（2020）将消费者分为产品导向型和渠道导向型，基于以上消费行为给出全渠道模式下产品组合、价格及交付时间的最优决策。范丹丹等（2018）考虑了O2O供应链中顾客的需求受线上与线下服务影响，在客户需求迁移和不迁移两种情形下，分析了线下门店为品牌商自营门店的集中式服务决策模型，以及线下门店为品牌商加盟门店的分散式服务决策模型。

　　第三类相关研究从消费者的跨渠道消费行为出发，分析采取多渠道或者全渠道战略的供应链运营的相关问题。大部分文献首先研究了消费者的展厅现象对利润的影响，虽然库克索夫和廖晨曦（Kuksov and Liao，2018）、申智雄（Shin，2007）等指出，展厅现象在一定的条件下对实体零售商是有利的，但是大部分文献（Jing，2016；Balakrishnan et al，2014；马德青和胡劲松，2020）指出，展厅现象可能会加剧线下和线上零售商之间的竞争，使得两者的利润都降低。随后，更多的文献寻求限制展厅现象的方法，比如梅赫拉等（Mehra et al，2018）提出价格匹配策略和线上线下产品专有化策略。其他学者则考虑消费者的跨渠道行为，分析商家的渠道管理策略。刘金荣和徐琪（2019）基于消费者效用分别建立单一网络渠道和"网络＋实体"渠道下零售商开设展厅前后的利润模型，对比分析固定销售价格和优化定价两种情形下展厅对定价、市场需求、利润和退货率的影响。申成然等（2014）在考虑消费者比价行为下，研究了双渠道供应链的定价决策及协调策略问题。国内外学者也开始了对反展厅行为的研究，但是理论模型的文献尚不多见。在由一个线下和一个线上零售商组成的双寡头垄断市场中，有研究结论显示，展厅行为和反展厅购买行为同时存在，且当线上逛店只能部分解决匹配的不确定性时，反展厅现象可能会增加两个零售商的利润（Jing，2018）。而王战青等（2021）构建一个由线下和线上零售商组成的双寡头垄断市场，探讨消费者非电子属性的质量期望对反展厅购买行为，以及线下和线上商店之间价格竞争的影响。这些研究忽略了在更复杂的跨品牌渠道竞争情形下，消费者购物不是单一的线上线下的选择行为，而是从不同品牌渠道间进行的多重考虑优化选择。考虑到越来越多的消费者具有反展厅行为，本章构建了不同定价策略下消费者决策效用模型，分析两条供应链之间的定价博弈竞争，拓展了以上研究。

　　本章也涉及关于多渠道或全渠道策略下双寡头供应链竞争博弈的文献。部分文献提出了不同供应链间渠道结构策略的纳什均衡博弈。比如伯恩斯坦（Bernstein，2008）考虑不同供应链的零售商是否选择线上渠道或者传统的实体渠道，指出线上渠道 vs 线上渠道是该博弈的均衡结果，导致了"囚徒困境"。有研究考虑产品可替代性和品牌差异，研究不同供应链的制造商是否进行直销或者通过零售商进行销售的模式（Yang，2015）。迪弗朗西斯科等（Difrancesco et al，2020）拓展了这些文献，研究了三种渠道选择，单一渠道（线上或实体）或者双渠道，提出均衡的渠道结构受退货成本的影响。聂佳佳等（Nie et al，2019）研究不同供应链的零售商的渠道均衡策略，指出不同供应链的零售商是否采取全渠道策略以及最后的渠道均衡结果受渠道交叉效应的影响。这些研究并没有考虑消费者的反展厅行为以及分析跨品牌渠道竞争环境下不同供应链间的定价策略博弈（统一定价或差异化定价）。本章考虑采取全渠道零售模式下不同供应链间的竞争，通过构建两条供应链之间 3×3 的定价策略纳什均衡博弈模型，丰富了研究全渠道双寡头竞争博弈的文献。

三、模型假设

（一）对制造商和零售商的假设

为了探讨两条供应链之间的最优定价均衡策略，本章分析了一个两阶段的双寡头定价策略竞争的纳什均衡博弈模型。其中，两个制造商 M 通过两个独立的零售商 R 分销两种可替代产品。与文献类似（Geylani et al，2007），本章模拟了强势（strong，缩写为 S）和弱势（weak，缩写为 W）供应链之间的竞争。大多数电器制造商都通过有知名度的强势零售商来分销他们的产品，但是一些家电制造商通过区域经销商销售其产品，因为强势零售商要收取高额的进场费。供应链中的强势或弱势零售商由于品牌的强弱对消费者的吸引力有所不同。已经建立很强的品牌知名度的商家，向消费者提供了更优的配送、安装和金融等增值服务，但中小型的区域经销商却没有这样的优势。消费者对强弱品牌零售商提供的产品或服务质量的信任度有所不同也会造成这种差异。本章假设顾客对这种强弱品牌差异的评价为 s，服从 $[0，1]$ 的均匀分布。

两家零售商通过各自的传统实体店（B）和线上零售平台（O）竞争顾客，因此消费者在购买时有四个选择，分别是两个强势或者弱势零售商的实体和线上渠道（iB 或 iO，$i = S$，W）。S 或者 W 零售商决定两个渠道的零售价格：统一定价（equal pricing，用 E 表示）、线上高价（$\overline{D}$）或者线上低价（$\underline{D}$）的差异化定价策略（discrimination pricing）。因此，双方博弈中总共有 3×3 种可能的定价策略组合，它们是（$j_S j_W$，$j = E$，$\overline{D}$ 或 $\underline{D}$）。一方面，线上低价和统一价格都是很常见的全渠道定价策略；另一方面，在很多节日活动时，实体店也开展很多的促销团购等活动，使得实体店也具有一定的价格优势。

（二）对顾客的假设

本部分将详细介绍关于顾客的几个关键假设。这些假设将解释顾客如何在强势或者弱势零售商实体渠道或者线上渠道之间进行选择（iB，iO，$i = S$，W）。首先，我们对实体和线上零售渠道所服务的细分市场进行假设。塞弗特（Seifert，2006）的实证分析表明，实体商店的顾客市场与线上商店的顾客市场并不具有很高的重叠性，因此这两个渠道服务于不同的细分市场。梅赫拉等（Mehra et al，2018）根据线上购物成本的高低将顾客分为线上偏好和实体偏好的顾客。因此，我们假设市场中存在两种类型的细分顾客：线上偏好和实体偏好的顾客市场，每个市场的总需求分别为 1。线上偏好的顾客可以解释为对网络熟悉和有更多网络购买体验的顾客，比如年轻顾客；实体偏好的顾客可以解释为对网络信任感不强和不熟悉网络支付与退换等操作的顾客，比如年龄较大的顾客。基于此，可以认为线上偏好的顾客拥有较低的线上购物成本，而实体偏好的顾客线上购物成本高。现在越来越多的顾客会产生策略性的消费行为，比如展厅或者反展厅行为。顾客在了解产品后，会根据线上线下不同的价格和购物成本等因素，调整最终的购买选择。与奥菲克等（Ofek et al，2011）相似，我们假设顾客的线下购物成本是有差异的，分为实体渠道购物成本高的顾客（a）和实体渠道购物成本低的顾客（$1 - a$）。比如居住在实体店周边的顾客的实体店购物成本低，但是偏远地区的顾客有高昂的实体渠道购物成本，顾客实体渠道购物成本为 C_l，$l = H$，L。

消费者在购买产品时，不仅从经济上考虑自己的购买行为，还会从心理的角度评价其消费行为。有关研究消费者行为的文献指出，顾客通过自己的策略行为以更低的价格购买产品，这种节约行为使他们认为自己的决策更为高明，带来了额外正向的效用。因此，我们假设顾客在用较低的价格（p_L 为低价）购买在其他渠道高价（p_H）的同一产品时会获得额外效用 $\partial(p_H - p_L)$。不同的消费者对这种感受程度不同。例如，价格敏感的消费者会比较强烈地赞同这种明智的行为，对价格不敏感的消费者这种心理效用则不强烈。钱登（Chandon，2000）等通过量表（1＝完全不同意；7＝完全同意）来测量消费者对这种节约行为的感受程度，因此我们假设顾客的节约敏感系数 ∂ 服从 $[0，1]$ 的分布。

我们接下来描述线上偏好和实体偏好的消费者如何在强势（S）或弱势（W）零售商的 B 或 O 商店中作出他们的选择。所有消费者对弱势零售商的基本评价为 v，对于强势零售商的基本评价为 $v + s$，每个客户都购买一个产品。由于每个零售商有三种定价选择：统一定价（equal pricing，用 E 表示）、线上高价（$\overline{D}$）或者线下低价（$\underline{D}$）的差异定价策略，我们分别给出不同定价策略下不同类型消费者的效用。

实体偏好型顾客（B 类型）：该类顾客的线上购物成本较高，并不会选择线上渠道购买产品，因此到线下渠道了解并决定是否在实体店购买产品。根据前面的假设，顾客的实体渠道购买成本为 C_l，$l = H, L$，本章假设 C_H 足够大，因此有高昂实体购物成本的顾客离开市场，比如离实体店距离远的顾客。低实体渠道购物成本的顾客（BL 类型）对比不同实体商店带来的效用，该效用受到零售商不同价格策略的影响，不失一般性，我们假设 $C_L = 0$。

当 S 或者 W 零售商选择 E 或者 $\underline{D}$ 时，BL 类型顾客在 S 或者 W 零售商的实体渠道的净效用为：

$$u_{SB}^{BL}(E_S / \underline{D}_S) = v + s - p_S / p_{SB} \tag{7-1}$$

$$u_{WB}^{BL}(E_W / \underline{D}_W) = v - p_W / p_{WB} \tag{7-2}$$

当 S 或者 W 零售商采取 $\overline{D}$ 策略时，从 S 或者 W 实体渠道以低价格购买的顾客获得节约带来的额外效用为 $\partial(p_{SO} - p_{SB}) / \partial(p_{WO} - p_{WB})$，该类顾客的效用为：

$$u_{SB}^{BL}(\overline{D}_S) = v + s - p_{SB} + \partial(p_{SO} - p_{SB}) \tag{7-3}$$

$$u_{WB}^{BL}(\overline{D}_W) = v - p_{WB} + \partial(p_{WO} - p_{WB}) \qquad (7-4)$$

线上偏好消费者（O 类型）：线上偏好消费者访问线上商店，产生的线上搜寻费用可以忽略不计，我们假设为 0。当 S 或者 W 零售商选择 E 或者 $\overline{D}$ 策略时，顾客关于线上渠道的效用为：

$$u_{SO}^{O}(E_S/\overline{D}_S) = v + s - p_S/p_{SO} \qquad (7-5)$$

$$u_{WO}^{O}(E_W/\overline{D}_W) = v - p_W/p_{WO} \qquad (7-6)$$

当 S 或 W 零售商选择 $\underline{D}$ 策略时，从 S 或者 W 线上渠道以低价格购买的顾客获得节约带来的额外效用为 $\partial(p_{SB} - p_{SO})/\partial(p_{WB} - p_{WO})$，该类顾客的效用为：

$$u_{SO}^{O}(\underline{D}_S) = v + s - p_{SO} + \partial(p_{SB} - p_{SO}) \qquad (7-7)$$

$$u_{WO}^{O}(\underline{D}_W) = v - p_{WO} + \partial(p_{WB} - p_{WO}) \qquad (7-8)$$

线上了解产品后，高实体购物成本的顾客（OH 类型）选择线上渠道，对比式（7-5）~式（7-8）进行决策。低实体渠道购买成本的线上偏好消费者可以轻松地访问实体商店（反展厅行为）。该类消费者（OL 类型）还要比较线下购物的渠道，产生 C_l 的购买费用。

对于低实体渠道购物成本的顾客（$C_l = 0$），当 S 或 W 零售商采取 E 或 $\underline{D}$ 时，他们在线下实体店的效用分别为：

$$u_{SB}^{OL}(E_S/\underline{D}_S) = v + s - p_S/p_{SB} \qquad (7-9)$$

$$u_{WB}^{OL}(E_W/\underline{D}_W) = v - p_W/p_{WB} \qquad (7-10)$$

当 S 或 W 零售商采取 $\overline{D}$ 策略时，在 S 或 W 线下渠道以低价购买的顾客获得节约带来的额外效用为 $\partial(p_{SO} - p_{SB})/\partial(p_{WO} - p_{WB})$，他们的效用分别为：

$$u_{SB}^{OL}(\overline{D}_S) = v + s - p_{SB} + \partial(p_{SO} - p_{SB}) \qquad (7-11)$$

$$u_{WB}^{OL}(\overline{D}_W) = v - p_{WB} + \partial(p_{WO} - p_{WB}) \qquad (7-12)$$

四、最优决策结果分析

首先我们将分析两条供应链零售商的最优价格策略，其次分析零售商之间以及供应链之间的价格策略的纳什博弈均衡，探寻是否有帕累托最优状态的均衡结果。

（一）各种定价情形下最优结果分析

本小节用两阶段博弈模型求解两条供应链的均衡策略。我们在附录 D 中提供了对该博弈的详细分析。第一阶段，S 和 W 供应链的制造商（SM、WM）共同决定批发价格 w_S，w_W，分别批发给通过线上和实体渠道销售产品的强势和弱势零售商（SR、WR）；第二阶段，零售商决定实体渠道和线上渠道的价格。制造商的利润分别为：

$$\pi_{SM} = w_S(Q_{SB} + Q_{SO}) \tag{7-13}$$

$$\pi_{WM} = w_W(Q_{WB} + Q_{WO}) \tag{7-14}$$

其中，Q 是每个商店的需求。

我们将在本小节中分析强势/弱势零售商的定价策略，给出 S 和 W 零售商在三种价格策略下的利润函数。

（1）$\overline{D}_{S/W}$或$\underline{D}_{S/W}$差异定价策略：

$$\pi_{SR}(\overline{D}_S/\underline{D}_S) = (p_{SB} - w_S)Q_{SB} + (p_{SO} - w_S)Q_{SO} \tag{7-15}$$

$$\pi_{WR}(\overline{D}_W/\underline{D}_W) = (p_{WB} - w_W)Q_{WB} + (p_{WO} - w_W)Q_{WO} \tag{7-16}$$

（2）E_S或E_W策略：

$$\pi_{SR}(E_S) = (p_S - w_S)(Q_{SB} + Q_{SO}) \tag{7-17}$$

$$\pi_{WR}(E_W) = (p_W - w_W)(Q_{WB} + Q_{WO}) \tag{7-18}$$

本节先分析给定弱势零售商价格策略时，强势零售商的最优定价策略。首先我们讨论给定弱势零售商采取线上高价的差异化策略时，强势零售商的策略。我们分析在不同定价策略下零售商的需求。根据前面分析有四类顾客，即高/低实体购物成本的线上/实体偏好顾客。无论价格如何，实体偏好但具有高实体购物成本的顾客既不会从线上，也不会从实体渠道购买产品而离开市场。所以我们给出 OL、OH 和 BL 顾客在不同定价情形下的需求分布，所得结果详见以下分析。具体的消费者决策路径如图7.1所示。

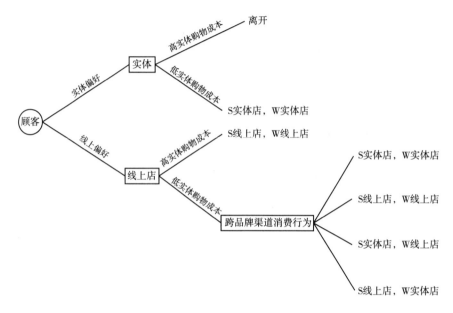

图7.1 顾客跨品牌渠道决策树

1. W 零售商线上高价策略，S 零售商最优策略

现在我们讨论 W 零售商选择线上高价策略时（$\overline{D}_W$），探讨 S 零售商价格策略是否会发生变化。下面我们先给出 $\overline{D}_S\overline{D}_W$、$E_S\overline{D}_W$ 和 $\underline{D}_S\overline{D}_W$ 情形下，消费者的效用模型以及需求分布。

（1）$\overline{D}_S\overline{D}_W$ 情形：S 零售商选择线上高价策略。

W 零售商选择线上高价策略（$\overline{D}_W$），设定线上和实体价格 $p_{WO} > p_{WB}$。S 零售商选择线上高价策略（$\overline{D}_S$），设定线上和实体价格 $p_{SO} > p_{SB}$。

①OH 类型顾客（$1-a$）：该类顾客线上购物成本低和实体购物成本高，使 $u_{SO}^{OH} > u_{SB}^{OH}$，$u_{WO}^{OH} > u_{WB}^{OH}$。式（7-5）和式（7-6）给出该类顾客对 S 零售商线上店（$\overline{D}_S$ 策略）的效用 $u_{SO}^{OH} = v + s - p_{SO}$ 和 W 零售商线上店（$\overline{D}_W$ 策略）的效用 $u_{WO}^{OH} = v - p_{WO}$，顾客对比以上效用并作出选择。

②OL 类型顾客（a）：该类顾客线上购物成本和实体购物成本都较低，S

和 W 零售商的线上高价策略使得 $u_{SB}^{OL} > u_{SO}^{OL}$，$u_{WB}^{OL} > u_{WO}^{OL}$。该类消费者产生反展厅行为并获得 S 和 W 实体低价带来的额外效用，对比式（7-7）和式（7-8）在 S 零售商实体店效用 $u_{SB}^{OL} = v + s - p_{SB} + \partial(p_{SO} - p_{SB})$ 和 W 零售商实体店效用 $u_{WB}^{OL} = v - p_{WB} + \partial(p_{WO} - p_{WB})$ 间作出选择。

③BL 类型顾客（a）：该类顾客线上购物成本高和实体购物成本低，使 $u_{SB}^{BL} > u_{SO}^{BL}$，$u_{WB}^{BL} > u_{WO}^{BL}$。该类顾客获得 S 和 W 实体低价带来的额外效用，对比式（7-3）和式（7-4）在 S 零售商实体店效用 $u_{SB}^{BL} = v + s - p_{SB} + \partial(p_{SO} - p_{SB})$ 和 W 零售商实体店效用 $u_{WB}^{BL} = v - p_{WB} + \partial(p_{WO} - p_{WB})$ 间作出选择。

从以上对线上和实体偏好消费者在不同价格策略组合情形下的净效用分析，得出 S 和 W 零售商线上和实体店在不同价格策略情形下的需求（见附录 D 中的证明）。我们使用向后归纳法来求解斯塔克伯格博弈中的最优均衡结果。我们首先将需求代入 S 和 W 零售商的利润函数。给定制造商的批发价格，S 和 W 零售商设定线上和实体店的零售价格，使利润最大化和求出最优价格；将最优价格代入需求，并将需求代入两个制造商的利润函数，使制造商利润最大化而获得最优批发价格。类似的分析将应用于后续分析，我们不再重复叙述。

引理 1　$\overline{D}_S \overline{D}_W$ 情形下，强势或弱势零售商的最优利润为：$\pi_{SR} = \dfrac{(1+a)(125-128a)}{9(45-46a)}$ 和 $\pi_{WR} = \dfrac{(1+a)(160-163a)}{18(45-46a)}$；强势或弱势制造商的最优利润为：$\pi_{WM} = \dfrac{(1+a)(40-41a)^2}{60(45-46a)}$ 和 $\pi_{SM} = \dfrac{(1+a)(50-51a)^2}{60(45-46a)}$。

（2）$E_S \overline{D}_W$ 情形：S 零售商选择统一价格策略。

W 零售商选择线上高价策略（$\overline{D}_W$），设定线上和实体价格 $p_{WO} > p_{WB}$。S 零售商选择线上与实体统一的价格策略（E_S），$p_{SB} = p_{SO} = p_S$。

①OH 类型顾客（$1-a$）：该类顾客线上购物成本低和实体购物成本高，使 $u_{SO}^{OH} > u_{SB}^{OH}$，$u_{WO}^{OH} > u_{WB}^{OH}$。式（7-5）和式（7-6）给出该类顾客 E_S 情形下在 S 零售商线上店的效用为 $u_{SO}^{OH} = v + s - p_S$ 和 $\overline{D}_W$ 情形下在 W 零售商线上店的效用为 $u_{WO}^{OH} = v - p_{WO}$，顾客对比以上效用并作出选择。

②OL 类型顾客（a）：该类顾客线上购物成本和实体购物成本都较低，S

零售商的统一价格策略使得 $u_{SO}^{OL} > u_{SB}^{OL}$，W 零售商的线上高价策略使 $u_{WB}^{OL} > u_{WO}^{OL}$。该类顾客获得 W 实体店低价带来的额外效用，因此他们对比式（7-9）给出的 S 零售商线上店（E_S 情形）效用 $u_{SB}^{OL} = v + s - p_S$，和式（7-12）给出的 W 零售商实体店（$\overline{D}_W$ 情形）效用 $u_{WB}^{OL} = v - p_{WB} + \partial(p_{WO} - p_{WB})$。

③BL 类型顾客（a）：该类顾客线上购物成本高和实体购物成本低，使 $u_{SB}^{BL} > u_{SO}^{BL}$，$u_{WB}^{BL} > u_{WO}^{BL}$。该类顾客获得 W 实体店低价带来的额外效用。所以他们对比式（7-1）给出的 S 零售商线下实体店（E_S 情形）效用 $u_{SB}^{BL} = v + s - p_S$ 和式（7-4）给出的 W 零售商实体店（$\overline{D}_W$ 情形）效用 $u_{WB}^{BL} = v - p_{WB} + \partial(p_{WO} - p_{WB})$。

引理 2 $E_S \overline{D}_W$ 情形下，强势或弱势零售商的最优利润为：$\pi_{SR} = \dfrac{4(1+a)(15-16a)^2}{9(18-19a)^2}$ 和 $\pi_{WR} = \dfrac{(1+a)(12-13a)(24-25a)^2}{108(18-19a)^2(1-a)}$；强势或弱势制造商的最优利润为：$\pi_{SM} = \dfrac{2(1+a)(15-16a)^2}{27(1-a)(18-19a)}$ 和 $\pi_{WM} = \dfrac{(1+a)(24-25a)^2}{54(18-19a)(1-a)}$。

（3）$\underline{D}_S \overline{D}_W$ 情形：S 零售商选择线上低价策略。

W 零售商选择线上高价策略（$\overline{D}_W$），设定线上和实体价格 $p_{WO} > p_{WB}$。强势零售商选择线上低价策略（$\underline{D}_S$），设定线上与实体价格 $p_{SB} > p_{SO}$。

①OH 类型顾客（$1-a$）：该类顾客线上购物成本低和实体购物成本高，使 $u_{SO}^{OH} > u_{SB}^{OH}$，$u_{WO}^{OH} > u_{WB}^{OH}$。该类顾客获得 S 线上店低价带来的额外效用，他们比较 S 零售商线上店的效用 $u_{SO}^{OH} = v + s - p_{SO} + \partial(p_{SB} - p_{SO})$ 和 W 零售商线上店的效用 $u_{WO}^{OH} = v - p_{WO}$；

②OL 类型顾客（a）：该类顾客线上购物成本和实体购物成本都低，S 线上店低价策略使得 $u_{SO}^{OL} > u_{SB}^{OL}$，W 的线下店低价策略使得 $u_{WB}^{OL} > u_{WO}^{OL}$。该类顾客获得 S 线上低价或 W 实体低价带来的额外效用，他们对比 S 零售商线上店效用 $u_{SO}^{OL} = v + s - p_{SO} + a(p_{SB} - p_{SO})$ 和 W 零售商实体店效用 $u_{WB}^{OL} = v - p_{WB} + a(p_{WO} - p_{WB})$。

③BL 类型顾客（a）：该类顾客线上购物成本高和实体购物成本低，使 $u_{SB}^{BL} > u_{SO}^{BL}$，$u_{WB}^{BL} > u_{WO}^{BL}$。该类顾客获得 W 实体店低价带来的额外效用，所以他们对比 S 零售商线下实体店效用 $u_{SB}^{BL} = v + s - p_{SB}$ 和 W 零售商实体店效用

$$u_{WB}^{BL} = v - p_{WB} + a(p_{WO} - p_{WB})。$$

引理 3　$\underline{D}_S \overline{D}_W$ 情形下，S 零售商的最优利润为 $\pi_{SR} =$

$$(1 + a)(675a^9 + 18468a^8 + 175599a^7 + 609565a^6 + 690a^5$$

$$\frac{- 2382379a^4 + 1712848a^3 - 126702a^2 + 3068a - 24)}{a(7 + a)^2(9a^3 + 56a^2 - 63a + 2)^2}，W 零售商的最优利润$$

$$(1 + a)(432a^{10} + 11628a^9 + 103701a^8 + 286023a^7 - 401408a^6$$

为 $\pi_{WR} = \dfrac{- 151687a^5 + 2603217a^4 - 1173741a^3 + 89198a^2 - 1920a - 4)}{27a(1 - a)(7 + a)^2(9a^3 + 56a^2 - 63a + 2)^2}$；S 或 W

制造商的最优利润为：$\pi_{SM} = \dfrac{(1 + a)(15a^3 + 95a^2 - 104a + 2)^2}{27a(1 - a)(7 + a)(63a - 9a^3 - 56a^2 - 2)}$,

$$\pi_{WM} = \frac{(1 + a)(12a^3 + 73a^2 - 85a + 4)^2}{27a(1 - a)(7 + a)(63a - 9a^3 - 56a^2 - 2)}。$$

本章研究竞争对强势和弱势供应链的全渠道定价策略的影响。由于每个零售商都有三种定价策略，我们需要分析动态竞争中的最优定价策略。当弱势零售商采取线上高价策略时，我们对比引理 1、引理 2 和引理 3 给出的 $\overline{D}_S \overline{D}_W$、$E_S \overline{D}_W$ 和 $\underline{D}_S \overline{D}_W$ 情形下 S 零售商和制造商的利润，可以得到命题 1。

命题 1　给定 W 零售商选择线上高价策略时，S 零售商采取线上高价策略获得最优利润，同时 S 制造商也获得最优利润。即：$\pi_{SR}(\overline{D}_S \overline{D}_W) > \pi_{SR}(E_S \overline{D}_W)$，$\pi_{SR}(\underline{D}_S \overline{D}_W)$；$\pi_{SM}(\overline{D}_S \overline{D}_W) > \pi_{SM}(E_S \overline{D}_W)$，$\pi_{SM}(\underline{D}_S \overline{D}_W)$。

S 或 W 零售商线上和实体的最优零售价为：$p_{SB} = \dfrac{563a^2 - 1059a + 498}{9(1 - a)(27 - 29a)}$

和 $p_{SO} = \dfrac{2(259a^2 - 531a + 270)}{9(1 - a)(27 - 29a)}$，$p_{WO} = \dfrac{2(205a^2 - 423a + 216)}{9(1 - a)(27 - 29a)}$ 和 $p_{WB} =$

$\dfrac{452a^2 - 843a + 393}{9(1 - a)(27 - 29a)}$，分别获得的最优利润为 $\pi_{SR} = \dfrac{(1 + a)(25 - 27a)}{3(27 - 29a)}$ 和

$\pi_{WR} = \dfrac{(1 + a)(16 - 17a)}{3(27 - 29a)}$；S 或 W 制造商的最优批发价为：$w_S = \dfrac{15 - 16a}{9(1 - a)}$

和 $w_W = \dfrac{12 - 13a}{9(1 - a)}$，分别获得的最优利润为：$\pi_{SM} = \dfrac{(1 + a)(15 - 16a)^2}{9(1 - a)(27 - 29a)}$ 和

$$\pi_{WM} = \frac{(1 + a)(12 - 13a)(9 - 10a)}{9(1 - a)(27 - 29a)}。$$

　　命题1表明，当W零售商采用线上高价策略时，S零售商也应该采用与竞争对手相同的线上高价策略以获得最优的利润（如图7.2实线所示），S零售商没有动机选择统一或者线上低价策略而损害其利润。当W零售商选择线上高价策略时，W零售商实体渠道的低价会对S零售商两个渠道产生激烈的竞争。当S零售商在实体和线上商店设定统一价格时，虽然解决了渠道冲突和限制了反展厅行为，但统一价格下的S零售商的总需求低于线上高价情形下的需求，需求的降低主导了S零售商利润的趋势，使得利润下降。当S零售商选择线上低价的策略，引起强势和弱势零售商线上与实体渠道激烈的竞争，一方面，W零售商线下低价策略导致线下渠道激烈的竞争；另一方面，强势零售商的线上低价策略导致网络渠道激烈的竞争。因此，当S零售商选择线上低价策略时，W零售商需要选择线上低价的差异化价格策略，以获得更多的需求，同时减弱彼此之间的竞争，获得最优利润。

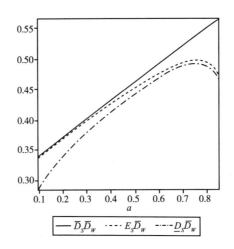

图7.2　W零售商线上高价：S零售商的最优定价

2. W零售商统一价格策略，S零售商的最优策略

　　零售商的最优定价策略在不同的价格竞争环境中会发生变化。为了探讨动态竞争对零售商定价策略的影响，现在我们允许W零售商选择统一价格策略，探讨S零售商价格策略会发生怎样的变化。给定W零售商采用统一定价策略，我们分析强势零售商的三种策略下（$E_S E_W$、$\overline{D}_S E_W$和$\underline{D}_S E_W$）消费者的效用模型。

（1）$E_S E_W$情形：强势零售商选择统一价格策略。

给定 W 零售商选择统一价格 $p_{WB} = p_{WO} = p_W(E_W)$，S 零售商选择统一价格 $p_{SB} = p_{SO} = p_S(E_S)$。

①OH 类型顾客（$1-a$）：该类顾客线上购物成本低和实体购物成本高，使 $u_{SO}^{OH} > u_{SB}^{OH}$，$u_{WO}^{OH} > u_{WB}^{OH}$。所以该类顾客比较在 S 零售商线上店的效用 $u_{SO}^{OH} = v + s - p_S$ 和 W 零售商线上店的效用 $u_{WO}^{OH} = v - p_W$；

②OL 类型顾客（a）：该类顾客线上购物成本和实体购物成本都较低，S 和 W 零售商的统一价格策略使 $u_{SO}^{OL} > u_{SB}^{OL}$，$u_{WO}^{OL} > u_{WB}^{OL}$。所以该类顾客比较在 S 零售商线上店的效用 $u_{SO}^{OH} = v + s - p_S$ 和 W 零售商线上店的效用 $u_{WO}^{OH} = v - p_W$。

③BL 类型顾客（a）：该类顾客线上购物成本高和实体购物成本低，使 $u_{SB}^{BL} > u_{SO}^{BL}$，$u_{WB}^{BL} > u_{WO}^{BL}$。所以他们对比 S 零售商线下实体店效用 $u_{SB}^{BL} = v + s - p_S$ 和 W 零售商实体店效用 $u_{WB}^{BL} = v - p_W$。

引理 4　$E_S E_W$ 情形下，S 和 W 零售商的最优利润为：$\pi_{SR} = \dfrac{25 + 25a}{81}$ 和 $\pi_{WR} = \dfrac{16 + 16a}{81}$；S 和 W 制造商的最优利润为：$\pi_{SM} = \dfrac{75 + 75a}{81}$ 和 $\pi_{WM} = \dfrac{64 + 64a}{81}$。

（2）$\overline{D}_S E_W$ 情形：强势零售商选择线上高价策略。

给定 W 零售商选择统一价格 $p_{WB} = p_{WO} = p_W(E_W)$，S 零售商选择线上高价策略，设定线上和实体价格 $p_{SO} > p_{SB}$。

①OH 类型顾客（$1-a$）：该类顾客线上购物成本低和实体购物成本高，使 $u_{SO}^{OH} > u_{SB}^{OH}$，$u_{WO}^{OH} > u_{WB}^{OH}$。所以该类顾客比较在 S 线上店的效用 $u_{SO}^{OH} = v + s - p_S$ 和 W 零售商线上店的效用 $u_{WO}^{OH} = v - p_{WO}$。

②OL 类型顾客（a）：该类顾客线上购物成本和实体购物成本都低，W 零售商的统一价格策略使 $u_{WO}^{OL} > u_{WB}^{OL}$，S 零售商的实体低价策略使 $u_{SB}^{OL} > u_{SO}^{OL}$，该类顾客获得 S 实体低价带来的节约效用。消费者对比 S 零售商线上店效用 $u_{SB}^{OL} = v + s - p_{SB} + a(p_{SO} - p_{SB})$ 和 W 零售商实体店效用 $u_{WB}^{OL} = v - p_W - C_L$。

③BL 类型顾客（a）：该类顾客线上购物成本高和实体购物成本低，使 $u_{SB}^{BL} > u_{SO}^{BL}$，$u_{WB}^{BL} > u_{WO}^{BL}$。该类顾客获得 S 实体店低价带来的节约效用，所以他们对比 S 零售商线下实体店效用 $u_{SB}^{BL} = v + s - p_S + a(p_{SO} - p_{SB})$ 和 W 零售商实

体店效用 $u_{WB}^{BL} = v - p_W$。

引理 5 $\overline{D}_S E_W$ 情形下，零售商获得最优利润分别 $\pi_{SR} = \dfrac{(1 + a)(12 - 13a)(30 - 31a)^2}{108(18 - 19a)}$，$\pi_{WR} = \dfrac{4(1 + a)(12 - 13a)^2}{9(18 - 19a)^2}$。制造商获得的利润分别为 $\pi_{SM} = \dfrac{(1 + a)(30 - 31a)^2}{54(18 - 19a)(1 - a)}$ 和 $\pi_{WM} = \dfrac{2(1 + a)(12 - 13a)^2}{27(1 - a)(18 - 19a)}$。

（3）$\underline{D}_S E_W$ 情形：强势零售商选择线上低价策略。

给定 W 零售商选择统一价格 $p_{WB} = p_{WO} = p_W(E_W)$，S 零售商选择线上低价策略 $p_{SB} > p_{SO}$。

①OH 类型顾客（$1 - a$）：该类顾客线上购物成本低和实体购物成本高，使 $u_{SO}^{OH} > u_{SB}^{OH}$，$u_{WO}^{OH} > u_{WB}^{OH}$。该类顾客获得 S 零售商线上低价带来的节约效用，所以该类顾客比较在 S 零售商线上店的效用 $u_{SO}^{OH} = v + s - p_{SO} + a(p_{SB} - p_{SO})$ 和 W 零售商线上店的效用 $u_{WO}^{OH} = v - p_W$。

②OL 类型顾客（a）：该类顾客线上购物成本和实体购物成本都较低，S 零售商的线上低价策略使 $u_{SO}^{OL} > u_{SB}^{OL}$，W 零售商的统一定价策略使 $u_{WB}^{OL} > u_{WO}^{OL}$。该类顾客获得 S 零售商线上低价带来的额外效用，消费者对比 S 零售商线上店效用 $u_{SO}^{OL} = v + s - p_{SO} + a(p_{SB} - p_{SO})$ 和 W 零售商实体店效用 $u_{WB}^{OL} = v - p_W$。

③BL 类型顾客（a）：该类顾客线上购物成本高和实体购物成本低，使 $u_{SB}^{BL} > u_{SO}^{BL}$，$u_{WB}^{BL} > u_{WO}^{BL}$。所以他们对比 S 零售商实体店效用 $u_{SB}^{BL} = v + s - p_{SB}$ 和 W 零售商实体店效用 $u_{WB}^{BL} = v - p_W$。

引理 6 $\underline{D}_S E_W$ 情形下，S 和 W 零售商的最优利润为：$\pi_{SR} = \dfrac{(1 + a)(24a - 1)(1 - 60a)^2}{216a(1 - 36a)^2}$ 和 $\pi_{WR} = \dfrac{4(1 + a)(1 - 24a)^2}{9(1 - 36a)^2}$；S 和 W 制造商的最优利润：$\pi_{SM} = \dfrac{(1 + a)(1 - 60a)^2}{108a(1 - 36a)}$ 和 $\pi_{WM} = \dfrac{(1 + a)(1 - 24a)^2}{27(1 - 36a)}$。

本节对比引理 4、引理 5 和引理 6 给出的 $E_S E_W$、$\overline{D}_S E_W$ 和 $\underline{D}_S E_W$ 情形下 S 和 W 零售商与制造商的利润，给出命题 2。

命题 2 给定 W 零售商选择线上高价策略，S 零售商采取线上高价策略获得最优利润，同时 S 制造商也获得最优利润。即 $\pi_{SR}(E_S E_W) > \pi_{SR}(\overline{D}_S E_W)$，$\pi_{SR}(\underline{D}_S E_W)$，$\pi_{SM}(E_S E_W) > \pi_{SM}(\overline{D}_S E_W)$，$\pi_{SM}(\underline{D}_S E_W)$。

S 和 W 零售商的价格为：$p_S = \dfrac{20}{9}$ 和 $p_W = \dfrac{16}{9}$，获得的最优利润为：$\pi_{SR} = $

$\dfrac{25 + 25a}{81}$ 和 $\pi_{WR} = \dfrac{16 + 16a}{81}$；S 和 W 制造商的批发价格为：$w_W = \dfrac{4}{3}$ 和 $w_W = \dfrac{5}{3}$，

获得的利润为：$\pi_{SM} = \dfrac{75 + 75a}{81}$ 和 $\pi_{WM} = \dfrac{64 + 64a}{81}$。

命题 2 表明，当 W 零售商采用统一的定价策略时，S 零售商设定线上和实体店一样的价格以获得最优利润（如图 7.3 实线所示）。直觉上，统一定价的好处是限制了反展厅行为，可解决渠道冲突，但最重要的原因是统一定价策略缓和了 S 和 W 零售商之间的竞争。当 W 零售商选择统一定价策略时，S 零售商选择差异化策略会导致激烈的价格竞争（无论是线上高价还是线上低价），即 W 零售商降低实体店和线上店的价格 $[p_W(E_S E_W) > p_W(\underline{D}_S E_W)$，$p_W(\overline{D}_S E_W)]$，降低了 S 零售商的需求 $[D_S(E_S E_W) > D_S(\underline{D}_S E_W)$，$D_S(\overline{D}_S E_W)]$。因此，当 W 零售商采取统一定价时，S 零售商采取统一定价策略减弱了价格竞争，并主导 S 零售商的利润。

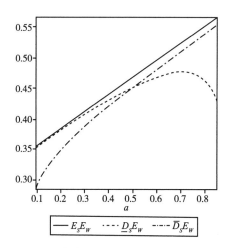

图 7.3 W 零售商统一定价：S 零售商的最优价格策略

3. W 零售商线上低价策略，S 零售商的最优策略

现在我们允许 W 零售商选择线上低价策略，探讨 S 零售商价格策略是否会发生变化。给定 W 零售商采用线上低价策略，我们对比 S 零售商的三种策

略下的利润（$\overline{D}_S\underline{D}_W$、$E_S\underline{D}_W$、$\underline{D}_S\underline{D}_W$）分析最优定价选择。我们先给出$\overline{D}_S\underline{D}_W$、$E_S\underline{D}_W$和$\underline{D}_S\underline{D}_W$情形下，消费者的效用模型以及需求分布。

（1）$\overline{D}_S\underline{D}_W$情形：强势零售商选择线上高价策略。

给定 W 零售商选择线上低价策略 $p_{WB} > p_{WO}$，S 零售商选择线上高价策略 $p_{SO} > p_{SB}$。

①OH 类型顾客（$1-a$）：该类顾客的线上购物成本低和实体购物成本高，使 $u_{SO}^{OH} > u_{SB}^{OH}$，$u_{WO}^{OH} > u_{WB}^{OH}$。该类顾客获得 W 零售商线上低价带来的额外效用，所以他们比较 S 零售商线上店的效用 $u_{SO}^{OH} = v + s - p_{SO}$ 和 W 零售商线上店的效用 $u_{WO}^{OH} = v - p_{WO} + a(p_{WB} - p_{WO})$。

②OL 类型顾客（a）：该类顾客线上购物成本和实体购物成本都低，S 零售商线上高价策略使 $u_{SB}^{OL} > u_{SO}^{OL}$，W 零售商的线上低价策略使 $u_{WO}^{OL} > u_{WB}^{OL}$。该类顾客获得 S 零售商实体低价或 W 零售商线上低价带来的节约效用，消费者对比 S 零售商线下实体店效用 $u_{SB}^{OL} = v + s - p_{SB} + a(p_{SO} - p_{SB})$ 和 W 零售商线上店效用 $u_{WO}^{OL} = v - p_{WB} + a(p_{WB} - p_{WO})$。

③BL 类型顾客（a）：该类顾客线上购物成本高和实体购物成本低，使 $u_{SB}^{BL} > u_{SO}^{BL}$，$u_{WB}^{BL} > u_{WO}^{BL}$。该类顾客获得 S 零售商实体店低价带来的额外效用，所以他们对比 S 零售商实体店效用 $u_{SB}^{BL} = v + s - p_{SB} + a(p_{SO} - p_{SB})$ 和 W 零售商实体店效用 $u_{WB}^{BL} = v - p_{WB}$。

引理 7 $\overline{D}_S\underline{D}_W$ 情形下，S 零售商的最优利润为 $\pi_{SR} =$

$$\frac{(1+a)(675a^{10} + 18045a^9 + 160761a^8 + 446778a^7 - 615752a^6 - 2417251a^5 + 4110297a^4 - 1819392a^3 + 118103a^2 - 2004a - 4)}{27a(1-a)(7+a)^2(9a^3 + 56a^2 - 63a + 2)^2}$$，W 零售商的最

优利润为 $\pi_{WR} = $

$$\frac{(1+a)(432a^9 + 12222a^8 + 117834a^7 + 406693a^6 - 11931a^5 - 151992a^4 + 1094509a^3 - 90570a^2 + 2564a - 24)}{a(7+a)^2(9a^3 + 56a^2 - 63a + 2)^2}$$；S

和 W 制造商的最优利润为 $\pi_{SM} = \dfrac{(1+a)(15a^3 + 91a^2 - 106a + 4)^2}{27a(1-a)(7+a)(63a - 9a^3 - 56a^2 - 2)}$ 和

$$\pi_{WM} = \frac{(1+a)(12a^3 + 77a^2 - 83a + 2)^2}{27a(1-a)(7+a)(63a - 9a^3 - 56a^2 - 2)}。$$

（2）$E_S\underline{D}_W$情形：强势零售商选择统一价格策略。

给定 W 零售商选择线上低价策略 $p_{WB} > p_{WO}$，S 零售商选择统一价格策略 $p_{SB} = p_{SO} = p_S$。

①OH 类型顾客（$1-a$）：该类顾客的线上购物成本低和实体购物成本高，使 $u_{SO}^{OH} > u_{SB}^{OH}$，$u_{WO}^{OH} > u_{WB}^{OH}$。该类顾客获得 W 线上低价带来的额外效用，所以他们比较 S 零售商线上店的效用 $u_{SO}^{OH} = v + s - p_S$ 和 W 零售商线上店的效用 $u_{WO}^{OH} = v - p_{WO} + a(p_{WB} - p_{WO})$；

②OL 类型顾客（a）：该类顾客线上购物成本和实体购物成本都低，S 零售商的统一价格使 $u_{SO}^{OL} > u_{SB}^{OL}$，W 零售商的线上低价使 $u_{WO}^{OL} > u_{WB}^{OL}$。该类顾客获得 W 零售商线上低价带来的额外效用，消费者对比 S 零售商线上店效用 $u_{SB}^{OL} = v + s - p_S$ 和 W 零售商线上店效用 $u_{WB}^{OL} = v - p_{WO} + a(p_{WB} - p_{WO})$。

③BL 类型顾客（a）：该类顾客线上购物成本高和实体购物成本低，使得 $u_{SB}^{BL} > u_{SO}^{BL}$，$u_{WB}^{BL} > u_{WO}^{BL}$。所以他们对比 S 零售商实体店效用 $u_{SB}^{BL} = v + s - p_S$ 和 W 零售商实体店效用 $u_{WB}^{BL} = v - p_{WB}$。

引理 8　$E_S \underline{D}_W$ 情形下，S 和 W 零售商的利润为：$\pi_{SR} = \dfrac{4(1+a)(1-30a)^2}{9(1-36a)^2}$，$\pi_{WR} = \dfrac{(1+a)(24a-1)(1-48a)^2}{216a(1-36a)^2}$；S 和 W 制造商的利润为：$\pi_{SM} = \dfrac{(1+a)(1-30a)^2}{27a(1-36a)}$，$\pi_{WM} = \dfrac{(1+a)(1-48a)^2}{108a(1-36a)}$。

（3）$\underline{D}_S\underline{D}_W$情形：强势零售商选择线上低价策略。

给定 W 零售商选择线上低价策略 $p_{WB} > p_{WO}$，S 零售商选择线上低价策略 $p_{SB} > p_{SO}$。

①OH 类型顾客（$1-a$）：该类顾客的线上购物成本低和实体购物成本高，使 $u_{SO}^{OH} > u_{SB}^{OH}$，$u_{WO}^{OH} > u_{WB}^{OH}$。该类顾客获得 S 或 W 零售商线上低价带来的额外效用，所以该类顾客比较在 S 零售商线上店的效用 $u_{SO}^{OH} = v + s - p_{SO} + a(p_{SB} - p_{SO})$ 和 W 零售商线上店的效用 $u_{WO}^{OH} = v - p_{WO} + a(p_{WB} - p_{WO})$；

②OL 类型顾客（a）：该类顾客线上购物成本和实体购物成本都低，S 零售商的线上低价策略使得 $u_{SO}^{OL} > u_{SB}^{OL}$，W 零售商的线上低价策略使得 $u_{WO}^{OL} > u_{WB}^{OL}$。该类顾客获得 S 或 W 零售商线上低价带来的额外效用，因此对比 S 零售商线

上店效用 $u_{SO}^{OL} = v + s - p_{SO} + a(p_{SB} - p_{SO})$ 和 W 零售商实体店效用 $u_{WO}^{OL} = v - p_{WO} + a(p_{WB} - p_{WO})$。

③BL 类型顾客（a）：该类顾客线上购物成本高和实体购物成本低，使 $u_{SB}^{BL} > u_{SO}^{BL}$，$u_{WB}^{BL} > u_{WO}^{BL}$。所以他们对比 S 零售商线下实体店效用 $u_{SB}^{BL} = v + s - p_{SB}$ 和 W 零售商实体店效用 $u_{WB}^{BL} = v - p_{WB}$。

引理 9 $\underline{D}_S \underline{D}_W$ 情形下，S 和 W 零售商的最优利润为：$\pi_{SR} = \dfrac{(1 + a)(25a - 1)}{3(27a - 1)}$，$\pi_{WR} = \dfrac{(1 + a)(32a - 1)}{6(27a - 1)}$；S 和 W 制造商的最优利润为：$\pi_{SM} = \dfrac{(1 + a)(30a - 1)^2}{36a(27a - 1)}$，$\pi_{WM} = \dfrac{(1 + a)(24a - 1)^2}{36a(27a - 1)}$。

命题 3 给定 W 零售商选择线上低价的策略时，S 零售商采取线上低价策略获得最优利润，S 制造商的利润也为最优。即 $\pi_{SR}(\underline{D}_S \underline{D}_W) > \pi_{SR}(E_S \underline{D}_W)$，$\pi_{SR}(\overline{D}_S \underline{D}_W)$；$\pi_{SM}(\underline{D}_S \underline{D}_W) > \pi_{SM}(E_S \underline{D}_W)$，$\pi_{SM}(\overline{D}_S \underline{D}_W)$。

S 和 W 零售商线上和实体店的价格为：$p_{SB} = \dfrac{996a^2 - 63a + 1}{18a(27a - 1)}$ 和 $p_{SO} = \dfrac{567a^2 + 12a - 1}{9a(27a - 1)}$，$p_{WB} = \dfrac{786a^2 - 57a + 1}{18a(27a - 1)}$ 和 $p_{WO} = \dfrac{432a^2 + a - 1}{9a(27a - 1)}$，分别获得的最优利润为：$\pi_{SR} = \dfrac{(1 + a)(25a - 1)}{3(27a - 1)}$ 和 $\pi_{WR} = \dfrac{(1 + a)(32a - 1)}{6(27a - 1)}$。S 和 W 制造商的批发价格为：$w_S = \dfrac{30a - 1}{18a}$ 和 $w_W = \dfrac{24a - 1}{18a}$，获得的最优利润为：$\pi_{SM} = \dfrac{(1 + a)(30a - 1)^2}{36a(27a - 1)}$ 和 $\pi_{WM} = \dfrac{(1 + a)(24a - 1)^2}{36a(27a - 1)}$。

命题 3 指出，当弱势零售商在线上设置低价时，强势零售商也需要采取线上低价的策略，以获得最优利润（如图 7.4 实线所示）。当弱势零售商在实体店设定较高的价格时，这时弱势零售商的线上价格足够低，造成激烈的市场竞争。当 S 零售商在线上和实体店设定统一价格时，虽然解决了渠道冲突，但此时 S 零售商的总需求低于采取差异化策略时，导致总体利润下降。如果 S 零售商采取线上高价的策略，由于 W 零售商线上低价和 S 零售商线下低价，加剧了线上线下渠道的竞争，因此，S 零售商需要采取差异化定价策略以获得更多的需求，同时也要保持和竞争对手一样的渠道差异化定价策略，避免更为激烈的价格竞争。

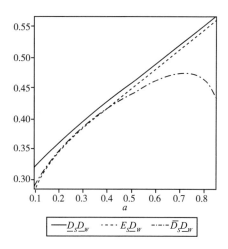

图 7.4　W 零售商线上低价：S 零售商的最优价格策略

（二）纳什均衡定价策略博弈和帕累托改进分析

前面我们考虑给定 W 零售商价格策略时，S 零售商的最优价格策略，我们也通过类似的比较得出了 W 零售商和 S 零售商相同的结论。因此我们不再对弱势零售商进行重复叙述。根据前面 9 个引理给出的 S 零售商和 W 零售商最优利润结果，我们分析 S 零售商和 W 零售商双方博弈的动态均衡结果，首先分析博弈矩阵（见表 7.1），得到命题 4 和命题 5。

表 7.1　　　　　　　　S 零售商和 W 零售商价格策略纳什均衡博弈

项目		W 零售商		
		$\overline{D}_W$	E_W	$\underline{D}_W$
S 零售商	$\overline{D}_S$	(<u>0.4621212123</u>, <u>0.2973484848</u>)	(0.4445886198, 0.2791234141)	(0.4400378081, 0.2617769377)
	E_S	(0.452133794, 0.2796520570)	(<u>0.4629629630</u>, <u>0.2962962963</u>)	(0.4521337948, 0.2796520569)
	$\underline{D}_S$	(0.4400378072, 0.2617769383)	(0.4445886197, 0.2791234141)	(<u>0.4600000000</u>, <u>0.3000000000</u>)

命题 4 S 零售商和 W 零售商在 3×3 的定价（线上高价、统一定价和线上低价）策略博弈中，$\overline{D}_S\overline{D}_W$、$E_SE_W$ 和 $\underline{D}_S\underline{D}_W$ 三种情形是 S 零售商和 W 零售商定价策略博弈的纳什均衡结果。

命题 4 表明，当其中一个零售商（S 或 W）采用线上线下统一价格、线下低价和线下高价，或线上高价和线下低价的定价策略时，另一个零售商（W 或 S）也采用与竞争对手相同的定价策略，其中任何一个博弈者都没有动机改变其定价策略而损害其利润。在 E_SE_W 情形下，S 零售商或 W 零售商选择统一定价，不会选择其他两种差异化定价策略。这是因为统一定价策略减弱了他们之间的价格竞争，当 S 零售商和 W 同时选择统一定价策略时，这种减弱竞争的效应更为明显。任何一方改变策略，都会引起对方调低价格导致更为激烈的价格竞争，损害双方利益。$\overline{D}_S\overline{D}_W$ 和 $\underline{D}_S\underline{D}_W$ 这两种差异定价策略是 S 零售商和 W 零售商的另外两种均衡结果。在这两种情况下，线上和实体的不同价格分别服务于不同的线上和实体细分市场，通过差异化的价格能够获得更多的需求。当一个零售商采用差异化定价策略时，如果另一个零售商采用统一的定价策略，就会因为来自竞争对手低价渠道的激烈竞争而导致需求减少，这种需求带来的损失主导了零售商的利润。因此，当 S 零售商或 W 零售商采取差异化定价策略时，W 零售商或 S 零售商不愿采取统一的定价策略。同时，S 零售商和 W 零售商必须保持一致的差异化价格策略（线上低价 vs 线上低价，线上高价 vs 线上高价），如果采取不一致的差异化策略，会造成两个渠道都处于激烈的竞争环境中，损害他们的利润。

命题 5 在三种纳什均衡结果中（$\overline{D}_S\overline{D}_W$、$E_SE_W$ 和 $\underline{D}_S\underline{D}_W$），S 零售商在 E_SE_W 情形下获得最优利润；但对于 W 零售商，当 $1 \geqslant a > \frac{1}{2}$，弱势零售商在 $\overline{D}_S\overline{D}_W$ 情形下获得最优利润，当 $0 < a \leqslant \frac{1}{2}$，W 零售商在 $\underline{D}_S\underline{D}_W$ 情形下获得最优利润。

命题 5 说明，虽然 $\overline{D}_S\overline{D}_W$、$E_SE_W$ 和 $\underline{D}_S\underline{D}_W$ 三种情形是 S 零售商和 W 零售商定价博弈的纳什均衡结果，但是并没有一种情形使得 S 零售商和 W 零售商同时达到最优的均衡解集。S 零售商在 E_SE_W 情形下获得最优利润，但 W 零售商在其他两种情形下获得最优利润（见图 7.5）。这是因为 S 零售商和 W 制造

商都在 $E_S E_W$ 的情况下设定了更高的批发价格。由于 S 零售商在市场上的强势地位，他可以获得更多的需求，并设定相对较高的零售价格，因此 S 零售商可以获得最优的利润。然而，W 零售商没有足够的需求支撑，较高的批发价格也使他在统一价格的情况下处于弱势地位。在两个零售商差异化定价策略下，差异化定价策略带来了更多的需求，同时制造商设定了更低的批发价格，因此，相对于 $E_S E_W$ 情形，弱势零售商在 $\overline{D}_S \overline{D}_W$ 和 $\underline{D}_S \underline{D}_W$ 情形下获得更高的利润。但是 W 零售商在何种情形下获得最优利润主要取决于何种价格策略带来的需求和消费者剩余更高。当 a 足够大时，线下购物成本低的顾客增多，线上高价策略 $\overline{D}_S \overline{D}_W$ 使得更多的顾客获得实体低价带来的额外效用，因此 W 零售商能够获得更多的需求和消费者剩余。当 a 不断变小时，意味着线上购物成本低的顾客变多，线上低价策略使更多的顾客在线上渠道获得额外效用，W 零售商能够获得更多的需求和消费者剩余。

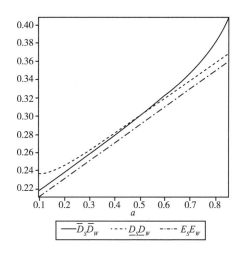

图 7.5　纳什均衡下 W 零售商的最优利润

　　命题 6　S 和 W 供应链的长期重复博弈过程中，W 供应链中的制造商可以补偿 W 零售商，使 W 零售商在 $E_S E_W$ 情形下的利润优于 $\overline{D}_S \overline{D}_W$ 和 $\underline{D}_S \underline{D}_W$，从而选择 $E_S E_W$。此时，两条供应链及其成员都能够达到最优的帕累托状态。

　　命题 6 表明，W 供应链的制造商在 $E_S E_W$ 情形下获得最优利润，在长期重复博弈过程中，W 制造商可以将部分利益转移给 W 零售商，使其零售商在

$E_S E_W$情形下获得最优利润，因此在长期重复博弈过程中$E_S E_W$都成为 S 和 W 供应链最优均衡选择（见图7.6）。否则，W 零售商更愿意选择差异化的价格策略，W 制造商无法获得最优利润。由于 W 零售商在差异化$\overline{D}_S \overline{D}_W$和$\underline{D}_S \underline{D}_W$情形下的利润高于$E_S E_W$情形下的利润，所以会倾向于选择利润高的策略。而作为弱势供应链的制造商在$E_S E_W$情形下获得最优利润（设置较高的批发价格），此时供应链的利润也是优于其他情形的，因此自然会出现一个问题：弱势供应链中的供应商是否应该将部分收益转移给弱势零售商以寻求最优的帕累托效率？在实践中，制造商为了获得更高的利润，可以通过降低批发价格和价格折扣等方法实现对零售商的引导，但是分配的额度取决于零售商和供应商在供应链中的议价能力。

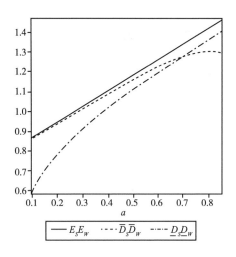

图7.6　纳什均衡下 W 供应链最优利润

五、总结与管理意义

（一）总结

本章考虑实施全渠道战略的强势（S）和弱势（W）供应链的统一定价、线上高价或线上低价三种定价策略会影响不同类型顾客（线上和实体渠道偏好）对品牌和渠道的选择，比如线下低价会导致反展厅行为，但是统一定价或者线上高价会限制该种行为。首先，基于强弱零售商不同的价格策略的组合，详细分析了消费者的效用选择模型，从而得出 S 零售商和 W 零售商的最优价格策略。其次，通过对九种价格策略组合情形下，S 零售商和 W 零售商、制造商和供应链的利润进行对比分析，给出纳什均衡结果并指出从供应链角度如何达到帕累托最优状态。具体的结论如下：研究显示，无论是强势还是弱势零售商，都应当采用与竞争对手一样的价格策略，以获得最优利润。基于九种不同价格策略组合的情形，本章研究构建了强势或弱势零售商和供应链之间的纳什均衡价格博弈模型，指出 $\overline{D}_S\overline{D}_W$、$E_SE_W$ 和 $\underline{D}_S\underline{D}_W$ 三种情形是 S 零售商和 W 零售商定价策略博弈的纳什均衡结果。但是并没有一种情形使得 S 零售商和 W 零售商同时达到最优的均衡解集。S 零售商在 E_SE_W 情形下获得最优利润，但 W 零售商在其他两种情形下获得最优利润。从长期博弈分析，W 供应链在 E_SE_W 情形下获得最优利润，因此 W 制造商可以转移部分利润给 W 零售商，从而引导 W 零售商选择 E_SE_W，使两条供应链及其成员达到帕累托最优的状态。

（二）管理意义

本章研究也可为强品牌和弱品牌制造商与零售商在竞争环境下应用多渠道零售模式提供实践指导。首先，在短期内，零售商需要考虑竞争对手的定价策略，并采用与竞争对手相同的定价策略以获得最佳优势。其次，长期参与重复博弈的两个基于平台的供应链需要合作，通过应用统一定价策略来获得帕累托最优的结果。这种策略削弱了竞争，零售商可以保持更高的价格以最大限度地提高供应链的利润。但是，弱品牌供应链中的制造商应该补偿其零售商使其转向统一定价策略，否则零售商采取差异化定价策略，会给他自己带来最好的利润，但却损害了制造商的利润。由此，弱品牌供应链中的冲突得以解决，两条供应链及其成员均获得更高的利润。

第八章 平台型易逝农产品供应链可追溯和定价策略研究

区块链可追溯性技术可以帮助零售端进行灵活定价决策，并提高消费者的购买意愿。政府的技术补贴计划可以减少采用新技术的障碍，但供应链成员是策略性追求自身利益的。在考虑平台型易逝农产品供应链多销售期的情况下，本章研究分析了该供应链定价和可追溯策略的交互机制，以及政府技术补贴对平台型农产品供应链的影响。本章发现，在有损耗和无损耗场景下，当区块链技术成本并不大时，零售商和供应商从技术中受益。但是零售商需要考虑何时激励供应商，然后制定合理的定价策略，以实现利润最大化。政府也应积极解决定价策略带来的冲突问题，激励零售商选择统一定价，使社会福利最大化。在无损耗的情况下，传统供应商必须积极参与区块链技术并获得政府补贴，提高自己的利润。同时，供应商要充分了解零售商定价策略的影响，并根据零售商策略的变化及时调整与零售商的合作，在激烈的竞争中获得更好的利润。

一、研究背景与问题

在农产品零售中，农产品的易逝性所造成的损失对社会、经济和环境都产生了重大的影响。2021 年，估计有 16 亿吨粮食损失或浪费，占全球粮食产量的 1/3，这意味着 1.2 万亿美元的价值损失，食物浪费释放的温室气体占全球年度温室气体排放量的 10%（Stancu and Lähteenmäki，2022）。业界已采用多方面的方法减少零售业中易逝商品的损失，包括技术的投入、风险管理、营销策略的调整和供应链上合作。比如许多线上和线下的生鲜食品零售商或供应商正在积极探索区块链技术对于易逝农产品供应链效率的提升（Buell，2019）。沃尔玛的区块链技术应用，大大提高了食品可追溯的运营效率，降低了运营成本。阿里、京东、英特尔（Intel）和可口可乐（Coca-Cola）也加入了使用区块链技术进行可追溯体系建设的行列。像以色列的初创公司 Wasteless，已经帮助欧洲和美国的很多零售商店整合了区块链技术，通过可追溯体系了解生鲜产品的运输、流通和销售，并考虑顾客对生鲜产品新鲜程度和相应折扣的反应。Wasteless 采用了电子货架标签，可以根据易逝商品的生命周期进行价格调整。学者和业界人士认为，运用可追溯技术和动态定价策略可以有效控制生鲜产品的损耗，但是零售企业的目的是利润最大化，这可能会造成利益冲突。因此，需要从理论上去分析利润目标和损耗之间的关系，并探索区块链可追溯策略和定价策略的相互作用，以及对平台型易逝农产品供应链的影响。

先进技术在平台零售行业的应用为改善平台型易逝农产品供应链的运营效率提供了切实可行的解决方案（Bigliardi and Galanakis，2020），带来了一些新的应用场景。这些重点的应用场景包括农业供应链的可追溯性、智能合约协议和生鲜产品的电子标签动态定价管理。区块链技术使平台型农产品供应链端到端的可追溯体系建设成为现实，可以显著提高供应链的透明度、真实性和信任度，促进了农产品交易。可追溯性技术可以帮助监测和控制易腐货物，并提供有关温度、湿度、库存、有效期和需求趋势的数据，这有助于协助零售企业制定灵活的定价决策。平台零售端的定价可以根据易逝产品的市场因素而灵活变化，比如平台零售端的商超可以对接近保质期的商品进行折扣定价，以使它们更具竞争力。一项报告指出，零售商超采取动态定价的定价方式，平均减少了21%的损耗，同时使商超连锁店的毛利率提高了3%。在超市的生鲜和乳制品区，如沃尔玛商店，货架上经常堆满了不同生产日期的产品（如水果、牛奶等），同时进行了不同的价格设置（Cao et al，2023）。由于不同质量差异产品间的竞争，动态定价在零售企业的收益管理中起着至关重要的作用。忽视新鲜度（质量）下降的定价策略尤其会伤害易逝产品的零售商,迫使他们在产品新鲜度的不同阶段(多时期)采取降价或折扣等措施来提高临期产品的竞争力(Fan et al,2020)。在考虑高质量和低质量产品之间的蚕食效应,以及多销售期导致的产品跨期竞争时,学界对于区块链的可追溯体系和动态定价对平台型易逝农产品供应链的影响机制尚不清楚。

在区块链技术在农产品供应链的推广和应用实践中,需要对相关经营主体如供应商和零售商,以及政府如何积极合作提升技术投入效率进行更多的探索。这需要不同的市场机制和政府干预对平台型农产品零售商和供应商等经营主体进行供应链内部协调。在政府支持下推动区块链技术在农产品供应链上的应用,可以有效地激励供应链成员通过合作提高供应链管理的效率。比如利用政府的技术补贴计划来减少或解决市场采用新技术时遇到的资金障碍。然而,考虑到不同的利益相关者在多期销售中都有追求自己利益的诉求,这需要政府在技术补贴时考虑供应链内部可能会由于补贴的影响带来更多的冲突。比如,部分零售商宁愿把临期生鲜产品扔掉,也不愿以更低的折扣价销售产品。又比如,沃尔玛承诺对采用技术优化供应链的上游供应商提供良好稳定的订货量和批发价格来解决冲突。但是,当政府为区块链可追溯体系建设提供补贴时,市场经营主体也可能会产生使得利润最大化的策略行为。基于上述分析,平台型易逝农产品供应链成员需要从动态的角度考虑不同定价策略、供应链损耗和新鲜度驱动的跨销售期的需求变化,以及区块链技术的投入成本和补贴对于供应链的影响。为了进一步了解易逝农产品供应链损耗对生鲜产品供应链的影响,本章也将对无损耗高效率的易逝农产品供应链进行分析。通过将有损耗和无损耗两种情形的对比分析,加深市场机制和政府干预对于易逝农产品供应链运营管理影响的认识。因此,本章将对以下问题进行研究。

(1)在考虑平台型易逝农产品供应链损耗、异质产品间的跨期竞争和利益最大化的诉求时,平台型易逝农产品供应链的区块链可追溯性和定价策略的相互影响,以及对供应链各主体利益及损耗的影响。

(2)考虑到平台型易逝农产品供应链中不同的利益相关者——零售商、供应商和政府,他们进行相互博弈以满足自己的利益诉求时,政府技术补贴计划、可追溯和定价策略是否引起了内部冲突?如何通过市场机制和政府干预达到帕累托最优状态?

（3）在高效率无损耗的情形下，区块链的可追溯和定价策略是否会发生变化？无损耗和有损耗情形下，各自协调平台型易逝农产品供应链的市场机制和政府干预机制又有何不同?

本章构建了一个由政府、传统农产品批发商和平台零售商组成的平台型易逝农产品供应链，平台零售商自有溢价更高的有机农产品，并从传统农产品供应商那里批发传统产品。考虑到产品的易逝性和多期市场，供应链经营主体考虑是否建设可追溯体系以提高消费者的信任度和购买意愿，零售商考虑在两个销售周期内采取动态或者统一定价的策略，政府考虑是否对采用区块链技术的供应链成员进行补贴。因此，我们考虑了四种情形，包括是否采取追溯体系（blockchain or non-blockchain）和动态定价（dynamic pricing）策略的情形（情形 DB 或 DN），以及是否采取追溯体系（blockchain or non-blockchain）和统一定价（uniform pricing）策略的情形（情形 UB 或 UN）。通过对比分析，我们发现：（1）在有损耗和无损耗的两种情况下，易逝农产品零售商和供应商都不一定从区块链可追溯策略中受益。当采用区块链可追溯策略的单位投入成本较低时，零售商和供应商可以从区块链可追溯策略中获益。即使在采用区块链可追溯策略的单位投入成本处于中等范围时，在有损耗的情形时，零售商仍然可以从区块链可追溯策略中增加其利润，但是此时供应商的利润并不是最优的。因此，零售商可以通过补偿供应商，来激励供应商加入区块链可追溯体系的建设。然而，在无损耗情形下，零售商和供应商在采用区块链可追溯策略时，区块链可追溯策略的单位投入成本的盈利区间非常接近，即区块链可追溯策略对于零售商和供应商的影响差别不大。（2）在有损耗和无损耗的情形下，区块链可追溯策略和定价策略对供应商和零售商的影响机制相互独立。在有损耗情形下，这两种策略影响了单个销售周期内的损耗量，但对多个销售周期的总损耗量并没有影响。（3）当供应商和零售商采取区块链可追溯策略时，政府的技术补贴增加了零售商和供应商的利润，也增加了采取区块链可追溯策略情形下的社会福利，但当区块链可追溯策略的单位投入成本过大时，政府补贴采取区块链可追溯策略情形的社会福利低于不采取区块链可追溯策略的情形。（4）对比有损耗和无损耗情形，我们得出，有损耗时需要市场机制和政府干预达到政府、供应商和零售商的帕累托最优状态；无损耗时市场本身就可以达到政府、供应商和零售商的帕累托最优状态。

综上所述，本章的主要贡献体现在以下方面。首先，本章使用博弈论模型研究了农产品供应链的经营主体及政府在区块链可追溯和定价、政府补贴计划等策略上的动态博弈。其次，提出了区块链可追溯策略对消费者效用的影响，并构建了供应链可追溯体系的多层次成本结构，来分析政府、供应商和零售商之间的冲突。最后，考虑到生鲜农产品的易逝性、动态和静态定价、政府补贴和市场损耗等，从动态角度探讨平台型易逝生鲜产品供应链的市场和政府干预的协调机制。

二、相关文献介绍

学者们对生鲜产品供应链的运营管理进行了深入研究，主要集中在采购和补货管理（Zheng et al，2019；Wang et al，2019）、物流和运输服务决策（Yu and Xiao，2017；Wang et al，2018）、保鲜力度（Liu et al，2019）和协调机制（Wu et al，2015）等方面。例如内马图拉希等（Nematollahi et al，2021）研究了在订单农业下传统产品和有机产品的竞争。另有文献对生鲜产品的价格水平和保鲜努力展开了研究，研究了生鲜食品在实体渠道、双渠道和O2O渠道三种商业模式下的定价和保鲜策略，并指出哪种销售模式对供应商和零售商更有利（Yang and Tang，2019）。由于质量差异产品的共存和竞争，动态定价在企业收益管理中起着至关重要的作用。忽视新鲜度（质量）下降的定价政策尤其会伤害销售易逝农产品的公司，迫使他们采取降价或折扣等措施来提高旧产品的竞争力（Fan et al，2020）。另一类文献关注的是供应链损耗带来的影响。例如，阿扎迪等（Azadi et al，2019）提出了一种两阶段随机优化模型，该模型将定期审查库存系统中的库存补充，并将定价决策与销售损耗相结合。对于具有销售损耗的不确定价格敏感需求，伯内塔斯和斯密斯（Burnetas and Smith，2000）设计了具有渐近性质的自适应定价和订购策略，而钦塔帕利（Chintapalli，2015）使用具有一般分布的线性需求，基于随机需求模型研究了厂商的同时定价问题。考虑销售损耗的易逝产品库存，有研究考虑了运输过程中的流通损耗量（Wang and Chen，2018）。考虑了高质量产品和低质量产品同时在市场上竞争时的联合定价和订购问题（Chen et al，2021a）。

　　我们的研究也涉及新兴区块链技术。区块链是一个去中心化的共享账本和数据库，不依赖于中心化的设备和管理机制（Chod et al，2020），这给食品可追溯系统带来了新的技术方法。随着信息技术和互联网的日益普及，电子商务的应用进一步拓宽了学者们的研究范围。乔杜里（Choudhary，2020）详细解释了如何将区块链智能合约纳入合同农业中，从而为农业生态系统带来公正性、高效率和透明度。荣格（Jung，2021）通过对已建立的食品配送和管理平台进行改造，提出了基于区块链技术的 B2B 食品配送平台概念模型，以考虑 B2B 食品配送市场产生的海量数据并对其进行有效管理。近年来，区块链技术引起了运营和供应链方向学者的极大兴趣。例如曹宇等（Cao et al，2022）认为，建立区块链平台对农产品购买者总是有利的，但在某些情况下，可能会降低合作社的利润。蔡赞明等（Choi et al，2019）利用数学模型分析了区块链技术在认证中的价值，发现在一定条件下，将该技术应用于销售渠道可以使制造商和消费者受益。吴海涛等（Wu et al，2021）分析了在由供应商、第三方物流服务提供商和电子零售商组成的生鲜农产品供应链中采用区块链的最优策略。消费者对产品的接受程度、生鲜产品的优质率以及对区块链可追溯成本的分担是影响建立区块链可追溯体系的关键因素（Wu et al，2023）。另有文献研究了区块链对产品质量、定价和渠道选择策略的影响。比如，沈斌等（Shen et al，2020）进一步探讨了区块链在二手产品质量披露中的价值。董玲秀等（Dong et al，2023）研究表明，在采用区块链等可追溯技术后，单纯的可追溯效应与策略定价效应之间的相互作用可能会导致供应链成员处于不利的境地。李志文（Li et al，2021）讨论了区块链采用与渠道选择在打击假冒产品中的相互作用，并研究了这种相互作用对消费者剩余和社会福利的影响。为了解决欺骗性假冒问题，彭等（Pun et al，2021）指出，采用区块链和政府补贴可以共同建立消费者信任，从而提高社会福利。

供应链管理领域已经有了大量关于区块链采用策略的研究成果。以农业或食品供应链为重点的研究与本章研究更相关，为我们的模型建立提供了坚实的基础。上述文献大多基于静态视角讨论区块链技术采用后的经营策略，难以突出考虑产品新鲜度和市场需求/损耗随时间变化的特点。本章研究考虑了零售商和供应商之间跨多个销售周期的竞争，以及消费者的策略行为。因此，本章运用博弈论研究动态环境下易逝农产品供应链的区块链应用和定价策略，丰富了以上研究。

三、模型假设

（一）平台型易逝农产品供应链中的区块链技术

区块链技术的出现改变了平台型易逝农产品供应链中利益相关者之间的动态交互。在本节中，我们将介绍区块链技术如何影响平台型易逝农产品供应链中的供应商、平台型零售商、消费者，以及政府。

基于区块链可追溯技术的多层级的成本结构。在基于区块链的可追溯体系中，供应商和零售商需要将易逝产品的生产、新鲜度、运输和冷藏信息记录到与中央服务器连接的多节点中。缺乏多层级数据追溯体系将限制对产品信息的快速识别。而且很容易受到宕机、黑客攻击或系统崩溃的影响。因此，供应商和零售商必须同时将产品的信息记录到区块链的节点中，从而保证一个防篡改和稳定的可追溯体系（Jimi, 2018）。奶牛的可追溯体系建设中，需要在每头奶牛身上建立射频识别标签记录和传输每头牛的信息，而每个标签的平均成本大约为 5 美元（Insight, 2020）。因此，本章假设零售商和供应商对每单位产品的可追溯的投入产生的单位成本为 bc 和 $(1 - b)c$。

区块链技术可以实现精准的动态定价策略。区块链技术可以帮助零售企业精准地了解产品信息，并进行准确地动态定价。有了区块链技术，企业可以广泛地接触到客户和整个供应链的信息系统，使他们能够收集市场数据，了解客户行为和市场细分，考虑到产品有效期、当前库存水平和历史销售数据等因素，及时准确地对价格进行调整，以实现利润最大化。

区块链形成的智能合约下政府对平台零售商和供应商的技术进行定向补贴。使用区块链的智能合约的最终目标是满足支付条款和保密性等主要合同条件，最大限度地减少恶意压价和欺诈，并降低总体的交易成本（Szabo，1994）。农产品供应链的订货协议中，零售商和供应商所要求的品种、价格、数量和质量都事先商定在智能合约的条款中。因此，区块链的智能合约可以为政府的补贴计划提供实时和精准的信息。实施区块链智能合约，可以有效地激发政府对采用区块链技术产品有针对性地进行补贴，从而提高政府补贴的效能，避免欺诈。因此，我们假设政府为采用区块链可追溯技术产品的单位补贴 s，零售商和供应商为单位产品付出 bc 和 $(1-b)c$ 的成本后，分别获得的 bs 和 $(1-b)s$ 的补贴。

可追溯策略对需求的提升。区块链的可追溯性使消费者能够很好地了解生鲜产品的新鲜度和保质期，可追溯性能够提升消费者的信任度和购买意愿（Garaus and Treiblmaier，2021）。在通过零售商购买农产品之前，消费者可以通过扫描标签或条形码查询产品的可追溯性信息。因此，消费者在每个销售期对产品都有准确的评价，并根据自己的评价和产品的价格来购买产品。

（二）平台型易逝农产品供应链结构

本章考虑了一个由平台零售商和传统农产品供应商组成的平台型易逝农产品供应链。与文献研究高质量的有机产品和低质量的传统产品在市场上竞争时联合定价与订货问题类似（Chen et al，2021a），我们假设平台零售商销售一种生产成本为 c_0 的自营有机产品和从农产品供应商那里以批发价格 w 批发的传统产品。零售商指的是京东、盒马鲜生和永辉等新零售生鲜超市。模型中的农业供应商是指供应传统农产品的大型企业或合作社。例如，京东自营的一些优质的和品牌溢价的有机生鲜农产品，如阳澄湖大闸蟹、有机鸡肉、有机水果等。此外，京东还有一个"跑鸡计划"，京东与农户签订订单，农户负责养鸡，京东负责销售。① 该项目入选世界经济论坛"灯塔项目"。

为了简化研究保证研究的可行性，与以往的研究模型类似（例如 Fu et al，2019；Gürler and Ozkaya，2008；Kouki et al，2020），本章构建了一个易逝产品的动态销售模型，该模型中有两个销售周期，并有各自独立的市场。在第一销售期开始时，零售商根据整体的市场量订购了满足两个销售期销售的产品数量。零售商在第一销售期销售新鲜的有机产品和传统产品；在第二销售期销售新鲜程度下降的产品，虽然也在保质期内，但由于产品的易逝性，它们不能完全替代新鲜产品。为方便起见，如果产品在订购的同一时期销售，我们将其定义为新鲜产品，如果在订购后的下一个时期销售，则将其定义为临期产品。第一销售期末未售出的产品将结转到第二销售期销售，两个销售期均未售出的产品将作为损耗丢弃处理，因此造成零售商的损失。

由于产品的易逝性，为了降低批发价格和市场波动导致的缺货和价格风险，零售商和供应商在销售季之前会签订一个稳定的合同，因此供应商在销售季前确定两个销售期内订货的合同批发价格 w。考虑到产品的新鲜程度在不同销售期内具有异质性，消费者关于产品的感知评价有差异，因此零售商在两个销售期内对于自营的有机产品和传统产品进行动态或统一定价。零售商和供应商决定是否参与区块链的可追溯体系。供应链成员都是风险中性的，他们的目标是利润最大化。

（三）消费者对易逝产品的效用分析

本章假设消费者对易逝农产品的支付意愿是异质的，消费者对农产品带来的基本价值的评价为 v，且服从 $[0，1]$ 上的均匀分布。其中将 $[0，1]$ 定义为每个销售期内的总的市场需求分布区间。为了描述有机产品和传统产品的质量差异，本章假设消费者在第一销售期对新鲜有机产品的评价为 v，对新鲜传统产品的评价为 $av(0 < a ≤ 1)$。消费者通常愿意为更新鲜的农产品

---

① 资料来源：京东官网，https://jdcorporateblog.com/jds-popular-free-range-chicken-program-helps-farmers-delights-customers/。

买单（Tan et al，2020），但新鲜农产品易腐烂，保质期短，对温度、湿度和光线敏感（Hsiao et al，2017），所以我们假设农产品新鲜程度会随着时间的变化而下降，直至被丢弃（Chernonog，2020），因此本章假设在第二销售期内消费者对临期有机产品的感知值为 $\theta v(0 < \theta \leqslant 1)$，对临期传统产品的感知值为 $\theta a v$。这一假设与卞逸文等（Bian et al，2021）和加德特和郭亮（Gardete and Guo，2021）的假设一致，他们认为消费者的效用会随着产品价格和新鲜程度而变化。

当零售商在两个销售期同时对有机产品和传统产品采用动态定价策略时，第一销售期新鲜有机产品和新鲜传统产品的价格分别为 p_{O1} 和 p_{T1}，第二销售期临期有机产品和临期传统产品的价格分别为 p_{O2} 和 p_{T2}。现实生活中的部分消费者是策略性的，他们可能会因为第二期销售价格下降而推迟购买。因此，第一销售期消费者购买产品时有三种选择：新鲜有机产品、新鲜传统产品、价格较低的临期传统产品。他们的效用为：

$$U_1(v) = \begin{cases} v - p_{O1} \\ av - p_{T1} \\ \theta av - p_{T2} \end{cases} \qquad (8-1)$$

第二销售期内消费者有两种选择：临期有机产品和临期传统产品。他们的效用是：

$$U_2(v) = \begin{cases} \theta v - p_{O2} \\ \theta av - p_{T2} \end{cases} \qquad (8-2)$$

零售商可以采用统一定价来限制消费者的策略行为，因此消费者在第一和第二销售期内以统一的价格购买新鲜或临期的有机产品和传统产品，此时消费者在第一期和第二期的效用分别是：

$$U_1(v) = \begin{cases} v - p_O \\ av - p_T \end{cases} \qquad (8-3)$$

$$U_2(v) = \begin{cases} \theta v - p_O \\ \theta av - p_T \end{cases} \qquad (8-4)$$

四、损耗情形下平台型易逝农产品供应链可追溯和定价策略分析

（一）损耗情形下的最优结果分析

与耐用品不同，易逝农产品的主要特征是保质期短、需求频率高和高竞争性（Chernonog，2020）。随着时间的推移，易逝农产品会变质，新鲜程度下降或完全不适合消费（Nahmia，1982；Wang and Chen，2018），过期的产品可能会被丢弃。考虑到易逝农产品的高损耗性，有学者研究了易逝产品联合库存和定价决策（Azadi et al，2019）。与他们类似，考虑到物流、包装和运输、零售过程中的损耗，零售商往往选择订足够数量的产品满足潜在的市场，避免缺货，以尽可能获得更多的利润。但是部分消费者可能会离开市场，因此零售商需要扔掉剩余的过期产品，造成损耗。

平台型零售终端的销售额增长的方式是采取区块链的可追溯性策略，并根据产品价值随着时间的变化，采取相应的动态定价策略，以增加零售端的收入并减少损耗。此外，政府为农业供应链中的新技术部署提供了可能的补贴项目。本章构建了一个有高损耗的农产品供应链模型，研究了价格策略、区块链可追溯策略和政府补贴对易逝农产品供应链的影响及其相互作用。下一节我们将把分析扩展到无损耗的情况。

当易逝农产品供应链应用动态（D）/统一（U）定价和区块链的可追溯策略（B）或不应用可追溯策略（N）时，可以分为四种情况。它们是动态定价情形下应用区块链可追溯策略（标记为 DB）或不应用区块链可追溯策略（标记为 DN），以及统一定价场景下应用区块链可追溯策略（标记为 UB）或不应用区块链可追溯策略（标记为 UN）。我们首先给出每个情景下的最优结果。其次，对比这四种不同的情形，对零售商和供应商利润最优的情形进行分析，并总结出易逝农产品供应链区块链可追溯策略和定价策略的均衡

结果。

我们给出供应链的决策顺序。首先考虑供应链的市场决策顺序，其次引入政府，分析政府介入对于供应链可追溯和定价策略的影响。

1. 采取区块链可追溯和动态定价策略的情形（DB）

我们现在分析一个三阶段博弈模型并求解最优决策。在第一阶段，零售商和供应商都决定采用区块链的可追溯策略。在第二阶段，供应商决定传统产品的批发价格 w。在第三阶段，零售商决定采用动态定价策略，并设置新鲜和临期有机产品与传统产品在第一、第二销售期的价格 p_{O1}，p_{T1}，p_{O2}，p_{T2}。零售商和供应商每件产品采用区块链可追溯策略时产生的单位成本为 bc 和 $(1-b)c$，有机产品的生产成本为 c_O。在销售期结束时，积压的易逝农产品会被扔掉，给零售商造成损失。因此，在高损耗的情况下，在区块链的可追溯和动态定价策略下，零售商和供应商在第一和第二销售期结束后的利润为：

$$\pi_s = \sum_\omega \max((\omega - (1-b)c)d_{Tj} + (\omega - (1-b)c)d_{T12} + (\omega - (1-b)c)d_{Lossj})$$

$$(8-5)$$

$$\pi_r = \sum_{p_{Tj}, p_{Oj}} \max (p_{Oj} - c_O)d_{Oj} + (p_{Tj} - \omega - bc)d_{Tj} + (p_{T2} - \omega - bc)d_{T12} - (\omega + bc)d_{Lossj}$$

$$(8-6)$$

其中，d_{Oj}，d_{Tj} 和 $d_{Lossj}(j=1, 2)$ 分别为有机产品和传统产品在各个时期的需求量和损耗量，d_{T12} 为策略性消费者在第一销售期转移到第二销售期购买临期传统产品的需求量。

我们从第一期和第二期消费者的净效用来分析关于新鲜或临期有机和传统产品的需求。在没有采用区块链可追溯策略的情况下，消费者在第一和第二销售期对新鲜或临期传统产品的评价为 av 或 θav。区块链可追溯策略的采用可以帮助消费者更为精准地了解产品新鲜程度和安全程度，可以显著提高消费者对产品的信任（Hu et al，2021，2022；Liu et al，2021）。因此，参考吴海涛等（Wu et al，2021）和牛小静等（Niu et al，2021）之后，我们假设区块链可追溯策略提高了消费者对采取区块链可追溯技术的农产品的接受程度（Dutta et al，2020；Longo et al，2020）。因此，区块链可追溯技术使消费者对新鲜或临期传统产品的评价由 av 或 θav 分别增加到 $\frac{(a+1)v}{2}$ 和 $\frac{\theta(a+1)v}{2}$，因此第一销售期内，消费者效用变为：

$$U_1(v) = \begin{cases} v - p_{O1} \\ \dfrac{(a+1)v}{2} - p_{T1} \\ \dfrac{\theta(a+1)v}{2} - p_{T2} \end{cases} \tag{8-7}$$

第二销售期内消费者效用变为：

$$U_2(v) = \begin{cases} \theta v - p_{O2} \\ \dfrac{\theta(a+1)v}{2} - p_{T2} \end{cases} \tag{8-8}$$

因此，在第一销售期产品效用评价估值大于 $\frac{2(p_{T1} - p_{O1})}{a-1}$ 的消费者购买新鲜有机产品；估值在 $\left(-\frac{2(p_{T1} - p_{T2})}{\theta a - a + \theta - 1}\right)$ 和 $\frac{2(p_{T1} - p_{O1})}{a-1}$ 之间的消费者购买新鲜传统产品；估值在 $\frac{2p_{T2}}{\theta(a+1)}$ 和 $-\frac{2(p_{T1} - p_{T2})}{\theta a - a + \theta - 1}$ 之间的消费者会选择等到第二销售期购买临期传统产品；估值低于 $\frac{2p_{T2}}{\theta(a+1)}$ 的消费者在第一阶段会退出市场，导致损耗。在第二销售期产品效用估值大于 $\frac{2(p_{T2} - p_{O2})}{\theta(a-1)}$ 的消费者购买临期有机产品；估值在 $\frac{2p_{T2}}{\theta(a+1)}$ 和 $\frac{2(p_{T2} - p_{O2})}{\theta(a-1)}$ 之间的消费者购买临期传统产品；估值低于 $\frac{2p_{T2}}{\theta(a+1)}$ 的消费者在第二阶段会退出市场，导致损耗。

我们用逆向归纳法求解 Stackelberg 博弈的最优结果。我们首先将新鲜/临期有机和传统产品的需求纳入零售商的利润函数。考虑到零售商和供应商采取区块链可追溯策略，基于供应商给定的批发价格，零售商设定新鲜/临期有机产品和传统产品在第一/第二销售期的零售价格，通过利润最大化求解，我们得出相应的价格。将最优的零售价格代入供应商的利润函数，可以得到供应商的最优批发价格（详见附录 E）。类似的分析将应用于其他场景，因此我们在引理中给出最佳结果，不再重复计算过程。此外，为了使所有结果非负，我们假设区块链可追溯策略的单位成本必须满足 $c \in \left[0, \frac{(17a+1)\theta}{36H}\right]$，零售商生产有机产品的成本必须满足 $c_0 \in \left[\frac{3cH+\theta M}{3H}, \min\left\{\frac{14M-4\sqrt{(12-13a)M\theta}}{H}, \frac{cH+7\theta M-2\sqrt{(13a+11)\theta^2 M+4c\theta HM}}{H}\right\}\right]$。为了保证结果的简洁性，我们进行赋值化简表达式（$H=1+\theta$；$K=1-\theta$；$L=1+a$；$M=1-a$）。

引理 1

（1）在 DB 场景下，易逝农产品供应链的最优决策为：供应商设定传统产品的最优批发价格 $w = \frac{(c+c_0-2bc)H+\theta M}{2H}$；零售商设置的最优第一销售期和第二销售期的动态价格为 $p_{O1} = \frac{\theta L+(c_0-c)H+2}{4H}$、$p_{T1} = \frac{L}{4}$、$p_{O2} = \frac{(L+2\theta)\theta+(c_0-c)H}{4H}$ 和 $p_{T2} = \frac{\theta L}{4}$。

（2）在 DB 场景下，最优利益结果为：供应商和零售商的最优利润分别为 $\pi_s = \frac{(\theta M+(c_0-c)H)^2}{4\theta HM}$ 和 $\pi_r = \frac{2\theta^3 M+(2a+L)\theta^2 M+2(1-(7c_0+c)H)\theta M+((c_0-c)H)^2}{8\theta HM}$；

最优总消费者剩余为 $CS = \frac{2\theta^3 M+(5a+9)\theta^2 M+(2-6(c_0-c)H)\theta M+((c_0-c)H)^2}{16\theta HM}$；

最优社会福利为 $SW = \frac{6\theta^3 M+(15-3a)\theta^2 M+(6-(26c_0+6c)H)\theta M+7((c_0-c)H)^2}{16\theta HM}$。

2. 采取区块链可追溯和统一定价策略的情形（UB）

与 DB 场景类似，供应商和零售商选择采用区块链可追溯策略，然后供应商决策传统产品的批发价格，零售商设定第一销售期和第二销售期新鲜/临期有机和传统产品的统一价格 p_O 和 p_T。所以供应商和零售商的利润函数为：

$$\pi_s = \sum \max_{\omega}((\omega - (1 - b)c)d_{Tj} + (\omega - (1 - b)c)d_{jLose}) \quad (8-9)$$

$$\pi_r = \sum \max_{pT,pO}(p_O - c_O)d_{Oj} + (p_T - \omega - bc)d_{Tj} - (\omega + bc)d_{Lossj}$$

$$(8-10)$$

消费者考虑到产品价格和区块链可追溯策略，第一销售期消费者剩余为：

$$U_1(v) = \begin{cases} v - p_O \\ \dfrac{(a + 1)v}{2} - p_T \end{cases} \quad (8-11)$$

第二销售期消费者剩余为：

$$U_2(v) = \begin{cases} \theta v - p_O \\ \dfrac{\theta(a + 1)v}{2} - p_T \end{cases} \quad (8-12)$$

与 DB 场景类似，我们推导出 UB 场景下的最优结果（见附录 E），并给出引理 2。

引理 2

（1）在 UB 场景下，最优决策为：供应商设定传统产品的最优批发价格 $w = \dfrac{(c_O + c - 2bc)H + \theta M}{2H}$；零售商决策第一销售期和第二销售期的最优价格

$p_O = \dfrac{(a + 3)\theta + (c_O - c)H}{4H}$ 和 $p_T = \dfrac{\theta L}{2H}$。

（2）在 UB 场景下，最优的利润结果为：供应商和零售商的最优利润分别为

$$\pi_s = \frac{(\theta M + (c_O - c)H)^2}{4\theta H M} \text{ 和 } \pi_r = \frac{(3L + 2)\theta^2 M - 2(c + 7c_O)\theta H M + ((c_O - c)H)^2}{8\theta H M};$$

最优总消费者剩余为 $CS = \dfrac{8\theta^3 M - (3L + 2a)\theta^2 M + (8 - 6(c_O - c)H)\theta M + ((c_O - c)H)^2}{16\theta H M}$；

$$最优社会福利 \, SW = \frac{8\theta^3 M + (11-3a)\theta^2 M + (8-(26c_O + 6c)H)\theta M + 7((c_O - c)H)^2}{16\theta HM}。$$

3. 不采取区块链可追溯和动态定价策略的情形（DN）

在 DN 场景下，供应链不采用区块链可追溯策略。供应商决策传统产品的批发价格，零售商对新鲜/临期有机产品和传统产品在第一和第二销售期内选择动态定价，并制定价格为 p_{O1}，p_{T1}，p_{O2}，p_{T2}。由于供应商和零售商没有产生区块链投入成本，他们的利润为：

$$\pi_s = \sum \max_{\omega}(\omega d_{Tj} + \omega d_{T12} + \omega d_{Lossj}) \tag{8-13}$$

$$\pi_r = \sum \max_{p_{Tj}, p_{Oj}}(p_{Oj} - c_O)d_{Oj} + (p_{Tj} - \omega)d_{Tj} + (p_{T2} - \omega)d_{T12} - \omega d_{Lossj} \tag{8-14}$$

消费者根据产品的价格和评价估值，第一销售期内消费者的效用为：

$$U_1(v) = \begin{cases} v - p_{O1} \\ av - p_{T1} \\ \theta av - p_{T2} \end{cases} \tag{8-15}$$

第二销售期内消费者的效用为：

$$U_2(v) = \begin{cases} \theta v - p_{O2} \\ \theta av - p_{T2} \end{cases} \tag{8-16}$$

与 DB 场景类似，我们推导出 DN 场景下的最优结果（见附录 E），并给出引理 3。

引理 3

（1）在 DN 场景下，最优决策为：供应商设定传统产品的最优批发价格 $w = \dfrac{2\theta M + c_O H}{2H}$；零售商决策第一销售期和第二销售期的最优价格 $p_{O1} = \dfrac{2\theta a + 2 + c_O H}{4H}$、$p_{T1} = \dfrac{a}{2}$、$p_{O2} = \dfrac{2\theta(a + \theta) + c_O H}{4H}$ 和 $p_{T2} = \dfrac{\theta a}{2}$。

（2）在 DN 场景下，最优利益结果为：供应商和零售商的最优利润分别为

$$\pi_s = \frac{(c_oH + 2\theta M)^2}{8\theta HM} \text{ 和 } \pi_r = \frac{4\theta^3 M + 4(3a - 1)\theta^2 M + 4(1 - 7c_oH)\theta M + (c_oH)^2}{16\theta HM}; \text{ 最}$$

优总消费者剩余为 $CS = \dfrac{4\theta^3 M + 4(7 - 5a)\theta^2 M + 4(1 - 3c_oH)\theta M + (c_oH)^2}{32\theta HM};$ 最优

社会福利 $SW = \dfrac{12\theta^3 M + (36 - 12a)\theta^2 M + (12 - 52c_oH)\theta M + 7(c_oH)^2}{32\theta HM}$。

4. 不采用区块链可追溯的统一定价策略场景（UN）

在 UN 场景下，供应链不采用区块链可追溯策略。供应商决策传统产品的批发价格，零售商对新鲜/临期有机产品和传统产品在第一和第二销售期内选择统一定价，并设定价格 p_o 和 p_T。供应商和零售商的利润是：

$$\pi_s = \sum \max_\omega (\omega d_{Tj} + \omega d_{Lossj}) \tag{8-17}$$

$$\pi_r = \sum \max_{p_T, p_o} (p_o - c_o) d_{oj} + (p_T - \omega) d_{Tj} - \omega d_{Lossj} \tag{8-18}$$

消费者根据产品的价格和评价估值，第一销售期内消费者的效用为：

$$U_1(v) = \begin{cases} v - p_o \\ av - p_T \end{cases} \tag{8-19}$$

第二销售期内消费者的效用为：

$$U_2(v) = \begin{cases} \theta v - p_o \\ \theta av - p_T \end{cases} \tag{8-20}$$

与 DB 场景类似，我们推导出 UN 场景下的最优结果（见附录 E），并给出引理 4。

引理 4

（1）在 UN 场景下，最优均衡决策为：供应商设定传统产品的最优批发价格 $w = \dfrac{2\theta M + c_oH}{2H}$；零售商决策第一销售期和第二销售期的最优价格 $p_o = \dfrac{2\theta L + c_oH}{4H}$ 和 $p_T = \dfrac{\theta a}{H}$。

（2）在 UN 场景下，最优均衡结果为：供应商和零售商的最优利润分别

为 $\pi_s = \dfrac{(c_0 H + 2\theta M)^2}{8\theta HM}$ 和 $\pi_r = \dfrac{(8a + 4L)\theta^2 M - 28\theta c_0 HM + (c_0 H)^2}{16\theta HM}$；总最优消

费者剩余为 $CS = \dfrac{16\theta^3 M + (4 - 20a)\theta^2 M + (16 - 12c_0 H)\theta M + (c_0 H)^2}{32\theta HM}$；最优

社会福利 $SW = \dfrac{16\theta^3 M + (28 - 12a)\theta^2 M + (16 - 52c_0 H)\theta M + 7(c_0 H)^2}{32\theta HM}$。

（二）无政府补贴损耗情形下可追溯和定价策略的均衡结果分析

我们推导了在高损耗的易逝农产品供应链中，采用或不采用区块链可追溯体系策略和动态或统一定价策略（2×2）交互的四种不同场景下的最优结果。在本节中，我们将对比每种场景的结果，分析最优的定价策略，并总结供应商和零售商采用区块链可追溯策略的纳什均衡状态。然后，我们将分析政府补贴对最优定价和区块链可追溯策略的影响。通过比较采用或不采用区块链策略下的动态和统一定价方案，我们给出命题 1 总结最优定价策略和定价策略对损耗的影响。

命题 1

（1）$\pi_r(DB/DN) > \pi_r(UB/UN)$，$\pi_s(DB/DN) = \pi_s(UB/UN)$；

（2）$d_{L1}(DN) + d_{L2}(DN) = d_{L1}(UN) + d_{L2}(UN)$。

命题 1（1）表明，与统一定价相比，当基于市场潜在需求，零售商与供应商签订了两个销售期的相对于实际需求的超额订购合同后，动态定价策略增加了零售商的利润，但并不影响供应商的利润。这一命题还提出，区块链可追溯策略并不影响零售商的最优定价策略，因为定价策略和区块链可追溯策略对利润的影响是独立的。也就是说，无论是否存在区块链可追溯策略，动态定价对零售商和供应商利润的影响机制是同质的。因此，我们通过比较在无区块链可追溯策略时的动态定价和统一定价场景的最优决策结果，来解释定价策略对零售商和供应商影响的理论逻辑。

我们的研究结果表明，由于考虑潜在市场需求进行过度订购造成损耗时，

动态定价策略对供应商的利润没有影响。与统一定价相比，动态定价并不影响有机和传统产品在两个销售时期的总消费者需求（$d_{O/T1} + d_{O/T2}(DN) = d_{O/T1} + d_{O/T2}(UN)$）。但在第一销售期，对新鲜有机产品的需求减少，在第二销售期，对临期有机产品的需求增加（$d_{O1}(DN) < d_{O1}(UN)$，$d_{O2}(DN) > d_{O2}(UN)$）。而在动态和统一定价场景下，第一/第二销售周对传统生鲜和临期产品的需求保持不变（$d_{T1}(DN) = d_{T1}(UN)$，$d_{T12} + d_{T2}(DN) = d_{T2}(UN)$）。同样有趣的是，传统产品在两个销售期的总损耗量不受定价策略的影响（$d_{Loss1}(DN) + d_{Loss2}(DN) = d_{Loss1}(UN) + d_{Loss2}(UN)$）。然而，在动态定价场景下，第一销售期的损失有所增加（$d_{Loss1}(DN) > d_{Loss1}(UN)$），第二销售期的损失有所减少（$d_{Loss2}(DN) < d_{Loss2}(UN)$）。无论定价策略是什么，供应商与零售商就传统产品签订了稳定的超市场需求量的订货合同。因此，在动态定价或统一定价的情况下，供应商没有动机提高批发价格，而是设置同质的批发价格（$w(DN) = w(UN)$）并保持相同的利润。我们的结果支持这样的实践，即无论零售商的定价策略如何，农业订购合同都保证了稳定的批发价格。例如，沃尔玛等零售商向上游供应商承诺保证稳定的批发价格。这一命题为农业供应链中存在多个销售期寻求稳定的农业订单合同提供了理论解释。

命题 1（2）表明定价策略不影响损耗的数量。常识认为动态定价将减少易逝农产品的损耗，因为与统一定价场景相比，易逝临期产品的价格降低了，更多的消费者会购买临期产品。当考虑一个销售时期时，例如我们模型中的第二销售期的临期传统产品，由于临期传统产品的价格下降，吸引了更多的需求。这是因为在统一定价场景下，临期传统产品的价格更高。但在存在两种产品竞争的动态定价或统一定价场景下，两个销售期的总损耗量不变，原因是临期传统产品在第二阶段的损耗量减少，而在第一阶段的损耗量增加。在动态定价场景下，第一销售期的消费者可以在第二销售期以更低的价格购买临期的传统产品。然而，在统一定价的情况下，消费者不能以更低的价格购买新鲜的传统产品。因此，在动态定价场景下，新鲜的传统产品价格较高，使得一些原本会购买新鲜的传统产品的消费者转向临期的传统产品或离开市场。此外，临期传统产品的新鲜度和价格无法吸引足够多的第一销售期的消费者购买统一定价场景下新鲜的传统产品，因此更多的消费者在第一销售期离开市场。与统一定价场景下的损失量相比，动态定价增加了第一销售期的损失，因为部分消费者无法以更低的价格购买到新鲜产品，但是减少了第二销售期的损失，因为临期的传统产品价格下降，因此总的损耗量不变。

零售商可以运用动态定价来增加利润。原因是在高损耗的情况下，歧视定价挤压了更多的消费者剩余。结果表明，动态定价在两个销售期内没有改变有机产品、传统产品的总需求和传统产品的损耗，但在第一和第二销售期之间转移了有机/传统产品的需求和损耗量。在动态和统一定价场景下，新鲜和临期有机产品的需求变化遵循价格变化规律（$p_{o1}(DN) > p_o(UN) > p_{o2}(DN)$）。动态定价场景下，第一销售期的新鲜有机产品价格比统一定价时高，第二销售期的临期有机产品价格比统一定价时低。因此，与统一定价场景相比，很容易得出新鲜有机产品的需求减少，而临期有机产品的需求增加。虽然传统产品的价格变化与有机产品的价格变化相似（$p_{T1}(DN) > p_T(UN) > p_{T2}(DN)$），但生鲜有机产品价格的上涨缓和了动态定价场景下对生鲜传统产品（$p_{o1}(DN) > p_o(UN)$）的竞争，部分统一定价场景下购买生鲜有机产品的消费者在动态定价下转向购买生鲜传统产品。

在动态定价场景下，存在来自临期传统产品的竞争，因此在统一定价场景下购买新鲜传统产品的消费者会在动态定价下购买临期传统产品，而在统一定价下无法以更低的价格购买新鲜传统产品的消费者也会离开市场，他们也不喜欢临期的传统产品。与统一定价场景相比，在动态定价场景下，第一销售期内部分购买新鲜有机产品的消费者转移购买新鲜的传统产品，同时部分购买新鲜传统产品的消费者转移购买临期传统产品，但是前一部分增加的需求抵消了后一部分减少的需求，因此在第一销售期内，对新鲜传统产品的需求保持不变（$d_{T1}(DN) = d_{T1}(UN)$），但此时动态定价下的价格较高。但在动态定价场景下，由于临期有机产品价格下降，临期有机产品与临期传统产品之间存在激烈的价格竞争，部分消费者从临期传统产品转向临期有机产品，带动临期有机产品需求提升（$d_{o2}(DN) > d_{o2}(UN)$）。临期有机产品价格的下降吸引了更多的第二销售期的消费者，临期传统产品的价格下降同样吸引了来自第一销售期的消费者，这使得 $d_{T12} + d_{T2}(DN) = d_{T2}(UN)$。

零售商根据消费者对价格的接受程度和对易逝农产品的新鲜度感知来进行定价决策，尽可能挤压更多的消费者剩余。易逝产品的动态定价就是根据消费者对产品的新鲜度感知来调整价格获取更多的消费者剩余。在这种逻辑下，零售商宁愿选择扔掉过期的产品以保持较高的价格，而不是大幅降低价格蚕食第一销售期对于新鲜产品的需求。在确定两个销售期的价格时，他们将第一销售期的价格定得比统一定价情形下高，将第二销售期的价格定得比统一定价情形下低，这是一种歧视定价策略，此时的歧视定价效应帮助零售商获得了更多的消费者剩余。如果他们在第二销售期设定了一个更低的价格，就会以更低的价格蚕食第一销售期的新鲜产品的需求，因此零售商不会大幅降低第二销售期的价格，以避免激烈的蚕食效应。零售商在第一销售期设定了较高的有机产品价格，且第一销售期增加的价差大于第二期的价差 $p_{O1}(DN) - p_O(UN) > p_O(UN) - p_{O2}(DN)$。这也减少了对生鲜传统产品的竞争，同样需求的消费者购买价格更高的生鲜传统产品 $p_{T1}(DN) - p_T(UN) > p_T(UN) - p_{T2}(DN)$，使零售商获得更高的利润。

该部分总结了动态或统一定价的情况下，不同销售时期的生鲜/临期有机和传统产品之间的竞争对供应商和零售商的影响。我们将用命题 2 总结区块链可追溯策略对易逝农产品供应链的影响。

命题 2

（1）如果满足 $0 < c \leqslant c_s^*$，则 $\pi_s(DB) \geqslant \pi_s(DN)$；如果满足 $c_s^* < c \leqslant c_r^*$，则 $\pi_r(DB) \geqslant \pi_r(DN)$，$\pi_s(DB) < \pi_s(DN)$；如果满足 $c > c_r^*$，则 $\pi_r(DB) < \pi_r(DN)$，$\pi_s(DB) < \pi_s(DN)$。

（2）采用区块链可追溯策略的纳什均衡：如果 $0 < c \leqslant c_s^*$，则供应商和零售商采用区块链可追溯策略，零售商采取动态定价策略为均衡结果；如果 $c > c_s^*$，则供应商和零售商不采用区块链可追溯策略，零售商采取动态定价策略为均衡结果。

（3）协调：当 $c_s^* < c < \dfrac{6c_0H + 6\theta M - \sqrt{(c_0H)^2 + 72HM\theta c_0 + 24M^2\theta^2}}{6H}$ 时，

$$(4(c_0 + M)c + 2M^2 - c_0^2 - 2c^2)\theta^2 + ((8c_0 +$$

零售商可以通过提供不低于 $\dfrac{4M)c - 4c^2 - 2c_0^2)\theta + 4cc_0 - 2c^2 - c_0^2}{8\theta HM}$ 的补

偿来激励供应商参与区块链可追溯策略。

$$\left(c_s^* = \frac{(2c_0 - \sqrt{2}\,c_0 + 2M - 2\sqrt{2}\,M)\theta + (2 - \sqrt{2}\,)c_0}{2H}; \right.$$

$$\left. c_r^* = \frac{2c_0 H + 2\theta M - \sqrt{(c_0 H)^2 + 8HM\theta c_0 - 8\theta^2 M^2}}{2H} \right)$$

命题 2 论证了采用区块链可追溯策略对零售商和供应商的影响，并总结了采用区块链可追溯策略的均衡结果和协调区域。当区块链可追溯策略的单位成本足够低时，零售商和供应商将受益于采用区块链可追溯策略。从直观上看，只有当区块链增加的收入能够覆盖技术应用成本时，供应链才会获得收益并支持该技术的应用。很容易发现，当区块链的成本足够低时，消费者因区块链的可追溯性而对新鲜/临期传统产品的估值增加，推动了对新鲜/临期传统产品的需求。虽然它会蚕食有机产品的需求，但较小的应用成本使传统产品保持较高的价格。它缓和了有机产品的竞争，零售商在采用区块链的情况下保持了更高的价格。因此，区块链应用成本低时，零售商和供应商都受益于该技术。

命题 2 的意义在于呈现了零售商和供应商在区块链可追溯策略中的冲突，并表明区块链可追溯策略对零售商的利益比供应商的利益更显著。从常识上讲，供应商应该从其传统产品的技术应用中获得比零售商更大的收益，这是因为对零售商的自营有机产品产生了激烈的竞争，因为供应商的传统产品的区块链可追溯策略是由零售商和供应商共同投资参与的。然而，通过比较供应商和零售商关于区块链可追溯策略的单位成本的阈值（$c_r^* > c_s^*$），低于该值的零售商或者供应商获得技术带来的利益。我们的研究表明，在高损耗的情形下，零售商在区块链可追溯策略时获益更多。在这种情况下，零售商可以通过补偿供应商来协调供应链。

在高损耗的情况下，供应商可以从零售商那里得到稳定的订单，因为零售商考虑市场潜在需求量和供应链的损耗，并为了避免缺货而尽可能多地订货。虽然区块链可追溯策略提高了消费者对于传统产品的评价，提高了传统产品的需求，但区块链可追溯策略也增加了供应商获取传统产品的单位支出成本。供应商的单位收入随着可追溯策略的采用而减少，因此只有可追溯策略提升需求才能使供应商受益。在只有一种产品的单一市场中，供应商可以通过提高批发价格转移技术应用成本。但考虑到传统产品和有机产品之间的竞争，如果供应商大幅提高批发价格，则传统产品因双重边际效应，故市场价格不具有竞争力。为了保证其传统产品从零售商那里获得竞争优势和稳定的订单，供应商倾向于保持较低的批发价格以获得更多的需求。因此，只有当需求增加带来的收益抵销了可追溯策略的成本时，即单位应用成本不够高时，供应商才能从可追溯策略中获益。

然而，零售商的利润受到三个因素的影响：有机/传统产品的收入和与供应商的竞争。在稳定的订单下，供应商不会采取激进的定价策略，因此零售商和供应商在采用可追溯策略下单位边际成本保持一致。可追溯策略对传统产品的正向效应对零售商和供应商的影响是相同的。在不考虑其他因素的情况下，零售商和供应商从传统产品中获得的收入趋势是相同的。然而，有机产品的收入也会影响零售商的利润。可追溯策略并没有改变有机/传统产品的总需求和损耗。尽管如此，它还是将有机产品需求转变为传统产品的需求。然而，当可追溯策略的单位成本处于中等范围时，可追溯策略下的新鲜/临期有机产品的价格高于不采取可追溯策略时的价格。可追溯策略弱化了对有机产品的价格竞争，给了零售商更多的利润空间。即使可追溯策略的单位成本变高，需求从传统产品转向有机产品，零售商也可以从有机产品的更高价格和销量中获益。相反，供应商只能选择从可追溯策略带来的传统产品需求增长中获益这一条路径。

以上结论为零售商和供应商采用可追溯策略提供了理论参考。此外，命题2揭示了零售商和供应商在区块链可追溯策略采用方面存在冲突，这可能会损害整个供应链的最优利润。因此，在上述条件下，我们建议零售商采取一些管理措施来激励市场中的供应商，从而使市场状况转变为双赢的状态，最终促进区块链可追溯策略的采用。

（三）政府补贴损耗情形下可追溯和定价策略的均衡结果分析

实践中政府会积极地设计补贴项目支持农业的有效发展。学者和业内人士认为，在政府支持下实施区块链应用，可以激励供应链成员通过合作来提高供应链管理的效率。例如，政府部署技术的补贴计划可以减少供应链中采用新技术的障碍。因此，我们考虑政府补贴计划对区块链可追溯策略（标记为 G）的影响。由于政府补贴了可追溯策略产生的单位应用成本，我们给出如下供应商和零售商的利润函数：

$$\pi_s = \sum \max_{\omega} ((\omega - (1-b)(c-s))(d_{Tj} + d_{T12} + d_{Lossj})) \quad (8-21)$$

$$\pi_r = \sum \max_{p_{Tj}, p_{Oj}} (p_{Oj} - c_O) d_{Oj} + (p_{Tj} - \omega - b(c-s)) d_{Tj} + (p_{T2} - \omega -$$
$$b(c-s)) d_{T12} - (\omega + b(c-s)) d_{Lossj} \quad (8-22)$$

$$SW = \sum \max_s (\pi_s + \pi_r + CS_{Oj} + CS_{Tj} + CS_{T12} - (d_{Tj} + d_{T12} + d_{Lossj})s)$$
$$(8-23)$$

政府综合对补贴产生的政府支出、供应链的整体利润和消费者剩余的整体考虑，来实现社会福利的最大化。在政府进行补贴后，供应链的决策分为四个阶段：第一阶段是零售商和供应商决定是否采用区块链可追溯策略。在供应链采用可追溯策略后，政府在第二阶段确定对区块链技术的补贴方案。然后，供应商在第三阶段决定批发价格。在第四阶段，零售商选择定价策略并设定价格水平。下面我们给出命题 3 来总结政府补贴对供应链的影响。

命题 3

（1）$\pi_s(DB, UB \mid G) \geqslant \pi_s(DB, UB)$，$\pi_r(DB, UB \mid G) \geqslant \pi_r(DB, UB)$，$SW(DB, UB \mid G) > SW(DB, UB)$；

（2）当 $0 < c \leqslant c_O - \dfrac{\sqrt{8M\theta^2 + 14(c_O H)^2 + 24\theta c_O HM}}{8H}$ 时，$SW(UB \mid G) >$

$SW(DB \mid G), SW(DB/DN)$；当 $c > c_O - c_O - \dfrac{\sqrt{8M\theta^2 + 14(c_O H)^2 + 24\theta c_O HM}}{8H}$

时, $SW(UN) > SW(DB/UB/DN)$, $SW(DB/UB \mid G)$;

（3）当供应商和零售商都采用可追溯策略时, $\pi_s(DB \mid G) > \pi_s(UB \mid G)$, $\pi_r(DB \mid G) = \pi_r(UB \mid G)$ 。

命题 3（1）解释了当零售商和供应商参与区块链可追溯策略时, 在统一和动态定价场景下, 政府补贴增加了他们的利润并提高了社会福利。这是因为政府补贴有效地抵消了零售商和供应商采用区块链的投资成本。因此, 零售商和供应商会因为投入的下降而获得更高的利润。区块链提高了消费者对传统产品的评价, 而政府补贴并没有改变传统产品的价格, 由此更多的消费者购买高评价的传统产品, 消费者剩余增加。因此, 政府补贴的这些积极影响大于政府支出的消极影响, 提高了供应链的利润和消费者剩余。但是当可追溯策略的单位应用成本足够高时, 零售商和供应商不采取可追溯策略, 因此政府不进行补贴。

与命题 1 中零售商在是否采用区块链的情况下采用动态定价以获得更高利润类似, 政府补贴并不影响零售商的最优定价策略。命题 1 认为区块链效应和定价效应是独立的, 政府补贴只影响区块链效应, 并不影响零售商的定价效应。与不采用区块链场景类似, 零售商采用歧视定价来挤压更多的消费者剩余并获得最优利润, 但这不影响供应商的利润（命题 3（3））。然而, 命题 3（2）和命题 3（3）描述了在区块链存在的情况下, 政府与零售商之间的定价策略所引起的冲突。我们给出命题 4 总结均衡结果和协调的可能性。

命题 4 均衡结果:

（1）当 $0 < c \leqslant \dfrac{(2c_0 - \sqrt{2}c_0 + 2M - 2\sqrt{2}M)\theta + (2 - \sqrt{2})c_0}{2H}$ 时, 均衡结果为零售商和供应商共同合作采取可追溯策略, 政府进行技术补贴, 零售商选择动态定价, 使得 $\pi_s(DB \mid G) > \pi_s(UB \mid G)$, $\pi_r(DB \mid G) = \pi_r(UB \mid G)$, $SW(DB \mid G) < SW(UB \mid G)$ 。针对动态定价造成的冲突进行协调: 政府可为零售商提供不低于 $\dfrac{(\theta - 1)^2}{4(\theta + 1)}$ 的补偿, 零售商和供应商共同合作采取可追溯策略, 政府进行技术补贴, 零售商选择统一定价, 使得 $\pi_s(UB \mid G) \geqslant \pi_s(DB \mid G)$, $\pi_r(UB \mid G) > \pi_r(DB \mid G)$, $SW(UB \mid G) > SW(DB \mid G)$ 。

（2）当 $c > \dfrac{2c_0H + 2\theta M - \sqrt{(c_0H)^2 + 8HM\theta c_0 - 8\theta^2M^2}}{2H}$ 时，其均衡结果是零售商和

供应商不采用可追溯策略，政府不进行技术补贴，零售商选择动态定价；针对可追

溯策略和动态定价造成的冲突进行协调：$\dfrac{(2c_0 - \sqrt{2}c_0 + 2M - 2\sqrt{2}M)\theta + (2 - \sqrt{2})c_0}{2H} \leqslant$

$c < \dfrac{6c_0H + 6\theta M - \sqrt{(c_0H)^2 + 72HM\theta c_0 + 24M^2\theta^2}}{6H}$，零售商可以通过提供补偿来激励供应商

$$(4(c_0 + M)c + 2M^2 - c_0^2 - 2c^2)\theta^2 + ((8c_0 +$$

共同参与可追溯性策略（不低于 $\dfrac{4M)c - 4c^2 - 2c_0^2)\theta + 4cc_0 - 2c^2 - c_0^2}{8\theta HM}$），政府

$$2a\theta^3 + (4(c_0 + M)c + 2M^2 - c_0^2 - 2c^2)\theta^2 +$$

向零售商提供不低于 $\left(\dfrac{((8c_0 + 4M)c - 4c^2 - 2c_0^2)\theta + 4cc_0 - 2c^2 - c_0^2}{8\theta HM} \right)$ 的补

贴，零售商选择统一定价，使得 $\pi_s(UB \mid G) \geqslant \pi_s(DB \mid G), \pi_r(UB \mid G) > \pi_r(DB \mid G), SW(UB \mid G) > SW(DB \mid G)$。

命题4解释了市场内部机制与政府干预如何解决易逝农产品供应的可追溯和定价策略带来的冲突。在高损耗的场景下，当可追溯单位投入成本较小或处于中等范围时，市场均衡是可追溯和动态定价策略，而社会福利是在可追溯和统一定价策略下最优。因此，在市场采用可追溯策略下，政府可以通过向零售商提供一定的补偿来激励零售商采取统一定价，协调供应链解决因定价策略引起的冲突。但是当可追溯策略的单位投入成本变高时，面对供应商不愿意参与可追溯策略时，零售商可以向供应商提供一定的补偿来解决高技术投入成本带来的冲突。

由上述命题可知，在高损耗的情形下，定价策略和区块链可追溯策略对供应链利益的影响是独立的，也并不影响供应链的总损耗量，只影响有机/传统产品在不同销售时段之间的需求转移。这也是实践中生鲜零售行业产生高损耗的原因之一，因为易逝农产品供应链的定价取决于消费者对新鲜度的接受程度和价格。在考虑通过降价降低损耗的同时，可能会造成不同销售期产品之间的相互蚕食，比如对新鲜产品或有机产品的蚕食，从而降低利润。同

时也要注意不同的市场机制和政府干预对于解决定价与区块链可追溯策略导致的冲突的意义。然而，在高损耗的情况下，零售商为供应商提供了稳定的订货合同，因此供应商对新技术的投入动力偏低。一般均衡表明，市场环境的变化会对运营策略产生不同的影响，因此我们下面将有损耗的场景扩展到无损耗的场景，有助于加深在不同的市场环境中对市场机制和政府干预的理解。

五、无损耗场景下易逝农产品供应链区块链可追溯和定价策略的模型分析

（一）无政府补贴无损耗情形下可追溯和定价策略的均衡结果分析

随着冷链基础设施、人工智能和高新技术的应用，易逝农产品供应链也将更加高效。因此，我们将有损耗的模型扩展到无损耗的场景中，并对相应的结果进行比较，从而深入了解定价和区块链可追溯策略对零售商和供应商的影响机制。在无损耗的场景中，我们将 $d_{Loss}(DN) = 0$ 代入 DB、DN、UB 和 UN 四个场景中，求解每个场景的最优结果。由于无损耗场景下的求解过程与损耗场景下的求解相似，我们只给出最优结果。在本节中，我们将比较无损耗下不同场景的结果，讨论最优定价策略，并得出无损耗场景下供应商和零售商采用区块链可追溯策略的纳什均衡。然后，在无损耗场景下，我们将分析政府补贴对最优定价决策和区块链可追溯策略的影响。也通过对比有损耗和无损耗下的结论，揭示不同场景下的市场机制和政府介入机制。在无损耗情形下，通过比较采用或不采用区块链可追溯策略下的动态定价和统一定价策略，我们得出命题 5。

命题 5 在无损耗场景下，$\pi_r(DB/DN) > \pi_r(UB/UN)$，$\pi_s(DB/DN) < \pi_s(DB/DN)$。

命题 5 指出，无损耗情形下动态定价增加了零售商的利润，与损耗场景下的结论相同。但与损耗场景不同，动态定价降低了供应商的利润。这一命题还提出了在无损耗的情况下，区块链可追溯策略同样不影响零售商的最优

定价策略。

与命题 1 类似，与统一定价场景相比，动态定价场景下，生鲜有机产品价格上涨，第一销售期新鲜有机产品需求减少（$d_{o1}(DN) < d_{o1}(UN)$)，而临期有机产品价格下降，第二销售期需求增加（$d_{o2}(DN) > d_{o2}(UN)$)。虽然传统产品的价格与有机产品的价格趋势一致（$p_{T1}(DN) > p_T(UN) > p_{T2}(DN)$)，但生鲜有机产品价格（$p_{o1}(DN) > p_{o1}(UN)$）的上升弱化了对生鲜传统产品的竞争，因此在动态定价场景下，生鲜传统产品的需求增加（$d_{T1}(DN) > d_{T1}(UN)$)。然而，临期有机产品与临期传统产品之间的价格竞争变得非常激烈，这使得临期传统产品的需求减少 $d_{T12}(DN) + d_{T2}(DN) < d_{T2}(UN)$。

因此，有机产品的总需求量减少（$d_{o1} + d_{o2}(DN) < d_{o1} + d_{o2}(UN)$)，传统产品的需求量保持不变（$d_{T1} + d_{T2}(DN) = d_{T1} + d_{T2}(UN)$)。在损耗的情况下，稳定的合同保证了供应商的需求，弱化了零售商和供应商之间的竞争，而在无损耗的情况下，动态定价加剧了对供应商传统产品的竞争。在采用动态定价的无损耗的场景下，供应商必须降低传统产品的批发价格以保证更多的需求。相对于统一定价，动态定价导致的批发价格下降和相同的需求（$d_{T1} + d_{T2}(DN) = d_{T1} + d_{T2}(UN)$）降低了供应商在无损耗场景下的利润。然而，零售商从传统产品批发价格的下降中获益，这在动态定价场景下主导了零售商的利润。

对比命题 5 和命题 1，我们可以得出：在损耗场景下，稳定的订单降低了供应商的市场波动风险。无论零售商采用何种定价策略，当零售商与供应商签订了稳定的合同订单后，批发价格都趋于稳定。然而，在无损耗场景下，零售商可以通过调整其定价策略来改变其与供应商的竞争关系，从而加剧与供应商的竞争。这促使供应商降低批发价格，以提高其传统产品的竞争力，降低供应商的利润，但提高了零售商的利润。

可以看出，不同的市场损耗情形，使得定价策略对易逝农产品供应链的影响发生了变化。下面，通过命题 6 说明可追溯策略在无损耗场景下对易逝农产品供应链的影响。

命题 6

(1) 当 $0 < c \leqslant c_s^*$ 时，$\pi_s(DB) \geqslant \pi_s(DN)$，$\pi_r(DB) > \pi_r(DN)$;

（2）当 $c_s^* < c \leqslant c_r^*$ 时，$\pi_s(DB) < \pi_s(DN)$，$\pi_r(DB) \geqslant \pi_r(DN)$；

（3）当 $c > c_r^*$ 时，$\pi_s(DB) < \pi_s(DN)$，$\pi_r(DB) < \pi_r(DN)$。

$$\left(c_s^* = \frac{((4-2aK)L - \sqrt{2}\sqrt{aL(\theta+3-aK)(2-aK)})Hc_0}{(4-2aK)(\theta+3-aK)}, \right.$$

$$\left. c_r^* = \frac{(2(2-aK)HL - \sqrt{2}\sqrt{(\theta^2-12\theta+19)a-8K-(2-aK)((H+8)a^2K)HL})c_0}{2(2-aK)(\theta+3-aK)} \right)$$

与损耗场景类似，在无损耗场景下，区块链可追溯策略提高了消费者对传统产品的估值（正效应），同时也带来了技术投入成本（负效应）。当消费者估值驱动的价格和需求上升带来的收益大于技术投入成本时（当技术投入成本足够低时），零售商和供应商都从可追溯策略中获益。当可追溯策略的单位投入成本较小时，由于消费者对传统产品的评价提高，传统产品在第一、第二销售期的需求增加（$d_{T1}(DB) > d_{01}(UN), d_{T2}(DB) > d_{02}(UN)$），价格也随之提升。这种效应增加了零售商和供应商的利润。当可追溯策略的单位投入成本足够高时，传统产品的价格就不具有优势，不能吸引更多的需求，因此此时不会选择可追溯策略。

与损耗场景下零售商从可追溯策略中获得的利益大于供应商不同，命题6指出零售商和供应商从可追溯策略中获益的投入成本差异非常低。这意味着在无损耗场景下，可追溯策略的单位投入成本没有造成零售商和供应商之间的冲突。在没有可追溯策略的情况下，有机产品的价格保持不变。可追溯策略的单位投入成本不影响有机产品的价格和单位收益，因此有机产品的利润对零售商利润的影响较小。可以看出，零售商和供应商的利润都受可追溯策略的影响，因此这两者的利润最终是由应用可追溯技术的传统产品利润的变化而决定的。由于在可追溯策略存在的情况下，零售商和供应商的新鲜和临期传统产品的边际单位收入保持不变 $\left(\dfrac{d\pi_s}{dc}(B) = \dfrac{d\pi_r}{dc}(B) \right)$，因此零售商和供应商的可追溯策略的单位投入成本临界值非常接近，当低于该临界值时，零售商和供应商将受益于区块链。

通过比较命题6和命题2，我们得到的结果是，与有损耗的情况相比，在无损耗的情况下供应商有更大的动机参与可追溯策略。与无损耗场景不同，有损耗场景对供应商的需求更稳定。考虑到技术成本和稳定的订单，供应商的竞争动机较低（保护效应）。然而，在无损耗情况下，供应商将面临更激烈的竞争，更有动力采用可追溯策略来扩大需求。但在有损耗的情况下，供应商缺乏追求技术进步的动力，需要零售商和供应商之间的协调才能使得供应链更有效地对可追溯技术进行投入。

（二）政府补贴下无损耗情形可追溯和定价策略的均衡结果分析

本节考虑政府补贴计划对区块链可追溯策略的影响（标记为 G）。由于政府补贴影响了供应商和零售商的可追溯策略投入的成本结构，我们给出供应商和零售商在无损耗情形下获得政府补贴后的利润函数：

$$\pi_s = \sum \max_{\omega} ((\omega - (1-b)(c-s))(d_{Tj} + d_{T12} +)) \quad (8-24)$$

$$\pi_r = \sum \max_{p_{Tj}, p_{Oj}} (p_{Oj} - c_O)d_{Oj} + (p_{Tj} - \omega - b(c-s))d_{Tj} + (p_{T2} - \omega - b(c-s))d_{T12}$$
$$(8-25)$$

$$SW = \sum \max_s (\pi_s + \pi_r + CS_{Oj} + CS_{Tj} + CS_{T12} - (d_{Tj} + d_{T12})s) \quad (8-26)$$

政府以社会福利最大化为目标，综合考虑补贴成本造成的政府支出、市场利润和消费者剩余，决定补贴方案。在政府进行补贴后，供应链的决策分为四个阶段：第一阶段是零售商和供应商决定是否采用区块链可追溯策略。在供应链采用可追溯策略后，政府在第二阶段确定对区块链技术的补贴方案。然后，供应商在第三阶段决定批发价格。在第四阶段，零售商选择定价策略并设定价格水平。我们给出命题 7 总结政府补贴对于易逝农产品供应链的影响。

命题 7

（1）$\pi_s(DB, UB \mid G) > \pi_s(DB, UB)$，$\pi_r(DB, UB \mid G) > \pi_r(DB, UB)$，$SW(DB, UB \mid G) > SW(DB, UB)$；

（2）当 $0 < c \leqslant c_{SW}^*$ 时，$SW(UB \mid G) > SW(DB \mid G)$，$SW(DB/DN)$；当 $c >$

c_{SW}^* 时，$SW(DN) > SW(UB/UN/DB)$，$SW(DB/UB \mid G)$；

（3）当 $c < \dfrac{8(2-aK)HL - \sqrt{2}\sqrt{\dfrac{(\theta^2-12\theta+19)a-8K-}{(2-aK)((H+8)a^2K)HL}}c_0}{8(2-aK)(\theta+3-aK)}$ 时，

$\pi_r(DB \mid G) > \pi_r(UB \mid G)$，$\pi_s(DB \mid G) < \pi_s(UB \mid G)$；当 $c > \left(\dfrac{4L-\sqrt{a^2+a}}{8}\right)c_0$

时，$\pi_r(DB) > \pi_r(UB)$，$\pi_s(DB) < \pi_s(UB)$。

$$\left(c_{SW}^* = \frac{(4aH^2+8H-4a^2HK)c_0 - \sqrt{\begin{array}{l}(2-aK)L(((20-5c_0^2)\theta^3-4\theta^4+(9c_0^2-\\28)\theta^2+(33c_0^2+12)\theta+19c_0^2)a-4K(\theta^3+\\(3c_0^2-2)\theta^2+(6c_0^2+1)\theta+3c_0^2)a^2-8\theta K^2)\end{array}}}{8(2-aK)H}\right)$$

与损耗场景一样，当零售商和供应商都采用区块链可追溯策略时，政府补贴在无损耗场景下总是提高供应商和零售商的利润，以及社会福利，因为政府补贴减少了供应商和零售商在区块链可追溯策略上的投资。由于可追溯性，消费者对于传统产品的评价增加，从而提高了消费者剩余。消费者评价的提高也增加了零售商和供应商的利润。因此，当零售商和供应商都参与区块链可追溯策略时，政府支出提高了整体社会福利。

当区块链可追溯策略的单位成本足够低，零售商和供应商都采用区块链可追溯策略时，在统一定价情形下，整体的社会福利是最优的。然而，随着可追溯策略的单位成本增加，虽然政府补贴减少了可追溯策略成本的投入，提高了消费者对产品的评价，但零售商和供应商的成本变得足够高，使得社会福利低于不采用可追溯策略的情形。因此，当可追溯策略的单位成本较高时，动态定价并不采用可追溯策略场景下的社会福利是最优的。这一结论与命题3相反，命题3指出，当可追溯策略单位成本较大时，在损耗场景下，在统一定价并不采用可追溯策略场景下，社会福利是最优的。这是因为在无损耗场景下，由于稳定的订单使得传统产品对有机产品的竞争变弱，零售商可以采用动态定价来挤压更多的消费者剩余（歧视效应主导社会福利），使得社会福利下降。然而，在无损耗的情况下，由于供应商扩大对传统产品的需求，使得市场的价格竞争非常激烈。激烈的竞争使得动态定价场景下的价格大幅降低，消费者可以享受竞争带来的低价好处，导致动态定价场景下的社会福利增加（竞争效应主导社会福利）。通过对比无损耗场景和损耗场景下采取可追溯策略和政府补贴的情形，可以得到无损耗和损耗场景下动态定价与统一定价策略时有机产品之间的价格差距保持不变 $p_o(D) - p_o(U)(Loss) = p_o(D) - p_o(U)(non - Loss)$，而传统产品的价格差距为 $p_T(D) - p_T(U)(Loss) > p_T(D) - p_T(U)(non - Loss)$。这意味着在无损耗的情况下，传统产品的价格竞争更加激烈，使得竞争效应主导了社会福利。

　　根据命题 7 和命题 3，本章指出，在易逝农产品供应链多产品和多期竞争情形下，动态定价的理论机制也需要重新审视。这种动态定价策略有两种效应：歧视效应（挤压消费者剩余）和竞争效应（有利于社会福利）。价格歧视历来被视为厂商实现利润最大化的策略手段。我们发现，在竞争更激烈的易逝农产品供应链中，实施动态定价不仅具有"剥夺效应（消费者剩余）"，而且具有"加剧竞争"的效应。当竞争加剧的效应占上风时，总价格可能下降，社会福利可能增加；当竞争减弱时，歧视的影响就会存在，整体价格可能会上升，社会福利可能会下降。

　　命题 7 也指出了无损耗场景下供应链中的冲突，我们给出命题 8 来解释可追溯策略和定价策略的均衡结果，以及协调可能性。

命题 8

　　（1）当 $0 < c \leqslant \left(\dfrac{4L - \sqrt{a^2 + a}}{8} \right) c_o$ 时，均衡结果是零售商和供应商参与可追溯策略，政府进行技术补贴，零售商选择动态定价，使得 $\pi_s(DB \mid G) > \pi_s(UB \mid G), \pi_r(DB \mid G) < \pi_r(UB \mid G), SW(DB \mid G) < SW(UB \mid G)$。

　　（2）当 $\left(0 < c < \dfrac{\sqrt{6}\sqrt{\dfrac{(\theta + 3 - aK)((11(c_oH)^2 + \theta K^2)aHL + 11(c_oH)^2 + \theta^3 + 2\theta^2 - 3\theta)}{12a\theta^2 L + 48\theta - 12a + 36}}}{} \right)$ 时，均衡结果是零售商和供应商参与可追溯策略，政府进行技术补贴，供应商可以通过

提供不低于 $\left(\dfrac{(\theta^3 L^2 + ((3c_o^2 - 2)a - c^2 + 3c_o^2 + 2)\theta^2 L + (6(c_o L)^2 - (2 - L)M - 32c^2)\theta + 3a^2 c_o^2 + (8c^2 + 6c_o^2)a - 24c^2 - 3c_o^2 K}{4\theta HL(\theta L - a + 3)} \right)$ 的补

偿来激励零售商选择统一定价，使 $\pi_s(DB \mid G) < \pi_s(UB \mid G), \pi_r(DB \mid G) < \pi_r(UB \mid G), SW(DB \mid G) < SW(UB \mid G)$。

（3）当 $c > \left(\dfrac{4L - \sqrt{a^2 + a}}{8}\right)c_0$ 时，均衡结果是零售商和供应商均参与可追溯策略，政府进行补贴，零售商选择动态定价，供应链没有协调的可能性。

命题 8 指出，当应用成本不够高时，虽然在统一定价场景下，社会福利和供应商利润是最优的，但零售商为了实现利润最大化，更倾向于动态定价。当零售商主导市场并决定定价策略时，在动态定价场景下，均衡是在政府补贴的情况下采用区块链。然而，通过比较统一定价和动态定价，在统一定价场景下，供应商利润的增加大于零售商利润的减少。这是因为在统一定价场景下，政府补贴给供应商带来了更多的利益。因此，供应商有动机与零售商分享利益，使其在统一定价场景下的利润高于动态定价场景，从而协调了供应商与零售商之间的定价冲突。当应用成本足够高时，应用成本的负面影响明显大于收益的正面影响。因此，零售商和供应商都不采用区块链，市场上也不存在政府补贴，所以没有区块链的动态定价是均衡的。

对比命题 4 和命题 8 可以看出，在非损失场景下，供应链采用政府补贴的区块链时，零售商和供应商（市场机制）可以合作解决定价策略带来的冲突，从而导致社会福利增加（采用区块链不会产生冲突）。在损失场景下，零售商和供应商采用区块链（市场机制）合作解决冲突，政府也应参与解决价格冲突。

可以看出，市场的合作机制随着损失的存在或不存在而变化。在损失的情况下，区块链投资对零售商更有利，供应商获得稳定的订单，技术投资动机较弱，因此零售商需要对供应商进行激励。然而，零售商的目标是最大化自己的利润，采取动态定价，降低了供应商的利润和社会福利。因此，政府可以通过向零售商提供补偿来协调冲突。然而，在没有损失的情况下，当面临激烈的竞争环境时，供应商将面临更加严峻的竞争形势。在这种情况下，政府补贴大大提高了供应商的效益，因此对供应商有很强的技术需求。

在供应链内竞争较弱的环境下，政府的引导会导致社会福利的改善，如在命题4中，政府需要向零售商提供额外的补偿，以最大化社会福利。然而，在供应链内部的竞争环境中，政府不需要额外的补偿，供应商和零售商可以通过市场合作来提高社会福利。

六、总结与管理意义

（一）总结

先进技术的应用和发展，为改善平台型农产品市场的经营环境提供了切实可行的解决方案，也带来了一些新鲜事物。例如，可追溯性技术可以帮助平台零售企业采取灵活的定价决策，并影响易逝农产品的损耗情况。现有的政府补贴计划可以减少新技术采用的资金障碍，但市场的经营主体会策略性地考虑自身利润最大化。在考虑多期销售的情况下，本章研究了定价策略、区块链可追溯策略和政府补贴对平台型农产品供应链的影响。本章讨论了在一个由零售商直接销售有机产品和供应商批发传统产品组成的易逝农产品供应链中区块链的采用和定价策略（动态 vs 统一）。我们考虑了四种分散的模型，包括是否使用区块链的动态定价，以及是否使用区块链的统一定价。通过比较分析，我们发现：（1）在有损耗和无损耗的场景下，零售商和供应商都不一定从区块链采用中受益。当区块链可追溯策略的单位运营成本较低时，零售商和供应商有动力采用区块链可追溯策略。即使在采用区块链可追溯策略的单位运营成本处于中等范围时，平台零售商仍然可以通过采用区块链可追溯策略来增加利润。但在有损耗场景下，供应商却不能从可追溯策略下获益，因此零售商可以通过补偿机制来激励供应商参与可追溯策略。然而在无损耗的情况下，平台零售商和供应商在采用区块链可追溯策略时利润保持非常接近的增长趋势，此时可追溯策略并没有引起供应链的冲突。（2）在损耗和无损耗情况下，区块链和定价策略对供应商和零售商的影响是独立的。区块链和定价策略，以及政府补贴可以对一个销售期的损耗数量有影响，但对多个销售期的总损耗没有影响。（3）政府补贴增加了零售商和供应商的利润，也增加了零售商和供应商选择区块链可追溯策略下的社会福利，但并不总是带来最优的社会福利。（4）在损耗场景下，零售商从区块链中获得的收益更多，因为来自零售商的稳定订货减少了竞争，导致供应商采取区块链可追溯策略的动机降低；而在无损耗场景下，供应商从可追溯技术中获得的收益更多，因为激烈的竞争迫使供应商采取更积极的策略来获得更多的需求。因此，零售商在损耗的低竞争环境下更主动地采取技术策略，而供应商在无损耗情况下更主动地采取技术策略。

综上所述，本章的主要贡献体现在以下四个方面。第一，本章使用博弈论模型来描述区块链技术和定价策略在多个销售期对平台型农产品供应链的交互影响。第二，基于博弈论，提出了区块链可追溯策略对消费者信任提升的影响和多层次成本结构，研究了供应商和零售商之间的冲突。第三，在区块链技术与平台型农产品供应链定价策略整合的背景下，考虑到价格的持续时效性和动态变动性，以及政府补贴，从动态角度探讨平台型农产品供应链中定价或区块链技术导致的冲突的运营策略和协调机制。第四，通过对损耗和无损耗场景的比较，揭示了不同场景下定价、区块链策略和政府补贴计划的异质效应。

（二）管理启示

区块链技术拥有强大的信息可追溯能力，这可以减轻易逝农产品供应链中的信任问题，但它也可能因此带来高昂的成本。为了确保区块链的采用更有效地使平台型农业供应链成员受益，我们建议供应链成员需要考虑区块链的技术应用、市场机制和政府干预机制对供应链各主体的影响。在区块链可追溯应用成本不够高的情况下，零售商和供应商都应该合作参与区块链技术来改善供应链。然而，在成本较高的情况下，靠单·主体的技术投入是不可行的。考虑到农产品供应链管理易逝损耗的效率，以及区块链可追溯策略和定价策略导致的供应链冲突，需要政府、平台零售商和供应商的共同参与，以建立一个更有效的市场。

平台型农业供应链需要先识别不同定价策略和区块链策略导致的市场竞争和冲突，然后采取合理的方法解决冲突。在损耗场景下，与订货稳定缺乏技术动机的供应商相比，零售商对于可追溯策略处于积极的支持状态。因此，零售商需要考虑何时激励供应商，然后制定合理的定价策略，以实现利润最大化。政府也应积极解决定价策略带来的冲突问题，激励零售商选择统一定价，使社会福利最大化。在无损耗的情况下，传统供应商，一方面，面对不断抢占生鲜市场的有机产品，必须积极参与区块链技术并获得政府补贴，提高自己的利润。另一方面，供应商要充分了解零售商定价策略的影响，并根据零售商策略的变化及时调整与零售商合作，在激烈的竞争中获得更好的利润。

一般均衡理论证实，在完全竞争市场经济框架下，一般均衡不仅存在，而且实现了帕累托最优配置。在这一理论框架下，供应链成员各自追求利润最大化，通过市场机制这只"看不见的手"的引导，促使社会资源达到最优配置。政府应该识别市场竞争来决定是否介入以帮助供应链解决冲突。当农业供应链应用区块链时，政府需要提供技术补贴，以提高整体社会福利。在低竞争场景下，政府应该积极参与解决冲突，但在高竞争场景下，供应链可以解决冲突，政府只要进行区块链技术补贴。同时，业界需要清晰地识别动态定价所带来的效果。在损耗的情况下，稳定的订货合同导致了低竞争环境，从而削弱了市场资源配置的效率。如果没有有效的政府干预机制，动态定价的歧视效应为主导，则社会所期望的最优的经济结果将无法实现。在无损耗的情况下，市场竞争变得更为激烈，竞争效应占主导地位，市场机制能有效地发挥作用。

参 考 文 献

［1］陈远高，刘南．存在差异性产品的双渠道供应链协调研究［J］．管理工程学报，2011，25（2）：239–244.

［2］代建生，秦开大．零售商促销下供应商的回购契约设计［J］．系统管理学报，2017，26（1）：163.

［3］但斌，李文博，石雨婷．匹配水平影响下第三方平台多价值链的协同运作模型及仿真分析［J］．计算机集成制造系统，2022，28（3）：892.

［4］但斌，马崧萱，刘墨林，等．考虑3PL保鲜努力的生鲜农产品供应链信息共享研究［J］．中国管理科学，2024，32（5）：122–132.

［5］但斌，徐广业，张旭梅．电子商务环境下双渠道供应链协调的补偿策略研究［J］．管理工程学报，2012，26（1）：125–130.

［6］段文奇，柯玲芬．基于用户规模的双边平台适应性动态定价策略研究［J］．中国管理科学，2016，24（8）：79–87.

［7］范丹丹，徐琪，王文杰．考虑线上线下需求迁移下的供应链O2O最优服务决策研究［J］．中国管理科学，2018，25（11）：22–32.

［8］范体军，郑琪，蔡路．考虑权力结构及供应商竞争的生鲜供应链决策［J］．管理科学学报，2022，25（1）：23–38.

［9］冯卓，宋金波，胡祥培．农产品冷库ppp项目运营模式及补贴设计［J］．管理科学学报，2023，26（8）：133–151.

［10］国家信息中心．我国冷链物流发展的现状、困境与政策建议［R］．中华人民共和国国家发展和改革委员会，2021.

［11］赫维茨，瑞特．经济机制设计［M］．上海：格致出版社，2014.

[12] 纪汉霖. 双边市场定价方式的模型研究 [J]. 产业经济研究, 2006 (4)：11 – 20.

[13] 江积海, 王烽权. O2O 商业模式的创新导向：效率还是价值？——基于 O2O 创业失败样本的实证研究 [J]. 中国管理科学, 2019, 27 (4)：56 – 69.

[14] 姜力文, 戢守峰, 孙琦, 等. 考虑品牌 APP 丰富度的 O2O 供应链渠道选择与定价策略 [J]. 管理工程学报, 2018, 32 (3)：178 – 187.

[15] 金亮, 张旭梅, 但斌, 等. 交叉销售下"线下体验 + 线上零售"的 O2O 供应链佣金契约设计 [J]. 中国管理科学, 2018, 25 (11)：33 – 46.

[16] 拉丰. 规制与发展 [M]. 北京：中国人民大学出版社, 2009.

[17] 拉丰, 梯若尔. 政府采购与规制中的激励理论 [M]. 上海：上海人民出版社, 2004.

[18] 郎骁, 邵晓峰. 消费者导向类型与电商全渠道决策研究 [J]. 中国管理科学, 2020, 28 (9)：164 – 175.

[19] 李强, 揭筱纹. 基于商业生态系统的企业战略新模型研究 [J]. 管理学报, 2012, 9 (2)：233.

[20] 李治文, 仲伟俊, 熊强. B2B 平台间接网络外部性维度及竞争策略分析 [J]. 系统工程学报, 2014, 29 (4)：550 – 559.

[21] 刘金荣, 徐琪. 全渠道零售下"Showrooms"对需求分布, 定价和收益的影响研究 [J]. 中国管理科学, 2019, 27 (12)：88 – 99.

[22] 刘墨林, 但斌, 马崧萱. 考虑保鲜努力与增值服务的生鲜电商供应链最优决策与协调 [J]. 中国管理科学, 2020, 28 (8)：76 – 88.

[23] 刘智欢. "双十一"购物狂欢背后的思考——一种鲍德里亚式解读 [J]. 牡丹江大学学报, 2018, 27 (2)：52 – 55.

[24] 马德青, 胡劲松. 展厅现象下考虑利他行为的 O2O 供应链动态运营策略 [J]. 管理学报, 2020, 17 (5)：734.

[25] 马德青, 胡劲松. 消费者展厅行为和参考质量效应对 O2O 供应链动态运营策略的影响 [J]. 中国管理科学, 2022, 30 (4)：167 – 183.

[26] 孟昌, 曲寒瑛. 算法合谋及其规制研究进展 [J]. 经济学动态,

2021 (6): 16.

[27] 潘琳,徐夏静,周荣庭.博弈视角下社区生鲜食品供应链双渠道动态定价研究 [J].中国管理科学,2024,32 (7):300 – 310.

[28] 庞远超.基于共生理论的 B2B 电子商务分析 [J].知识经济,2010 (20):88 – 89.

[29] 彭本红,武柏宇.平台企业的合同治理,关系治理与开放式服务创新绩效——基于商业生态系统视角 [J].软科学,2016,30 (5):78 – 81.

[30] 浦徐进,龚磊.消费者"搭便车"行为影响下的双渠道供应链定价和促销策略研究 [J].中国管理科学,2016,24 (10):86 – 94.

[31] 邱甲贤,林漳希,童牧.第三方电子交易平台运营初期的定价策略——基于在线个人借贷市场的实证研究 [J].中国管理科学,2014,22 (9):57 – 65.

[32] 社会智库网经社电子商务研究中心.2023 年度中国电子商务市场数据报告 [R].网经社电子商务研究中心,2024.

[33] 申成然,熊中楷,晏伟.网络比价行为下双渠道定价及协调策略研究 [J].中国管理科学,2014,22 (1):84 – 93.

[34] 田宇,但斌,刘墨林,等.保鲜投入影响需求的社区生鲜 O2O 模式选择与协调研究 [J].中国管理科学,2022,30 (8):173 – 184.

[35] 王灿友,苏秦,赵丁.基于 3D 打印平台的产品定价,设计师努力决策及供应链协调策略 [J].管理学报,2018,15 (7):1059 – 1068.

[36] 王春新,李庆兵,李炳森,等.以生态位理论为基础的企业发展现状分析 [J].管理观察,2018 (35):25 – 27.

[37] 王道平,李小燕,张博卿.信息非对称下考虑零售商促销努力竞争的供应链协调研究 [J].工业工程与管理,2017,22 (1):27 – 35.

[38] 王磊,但斌.考虑质量与数量损耗控制的生鲜农产品保鲜策略研究 [J].中国管理科学,2023,31 (8):100 – 110.

[39] 王文隆,任倩楠,朱玉春,等.成本扰动下服务供应链的质量承诺决策及协调研究 [J].中国管理科学,2024,32 (4):176 – 186.

[40] 王希玥.基于供应链视角的零售企业营运资金管理研究 [D].上

海：上海财经大学，2023.

[41] 王玉燕，于兆青. 考虑网络平台服务，消费者需求差异的混合供应链决策 [J]. 系统工程理论与实践，2018，38（6）：1465－1478.

[42] 王战青，杨德锋，冉伦. 反展厅现象与消费者质量期望的关系研究 [J]. 管理科学学报，2021，24（1）：71－88.

[43] 吴汉洪，孟剑. 双边市场理论与应用述评 [J]. 中国人民大学学报，2014，28（2）：149－156.

[44] 吴庆，但斌. 物流服务水平影响市场需求变化的 TPL 协调合同 [J]. 管理科学学报，2008，11（5）：64－75.

[45] 徐晋. 平台经济学（修订版）[M]. 上海：上海交通大学出版社，2013.

[46] 许明辉，于刚，张汉勤. 具备提供服务的供应链博弈分析 [J]. 管理科学学报，2006，9（2）：18－27.

[47] 尹振涛，陈媛先，徐建军. 平台经济的典型特征，垄断分析与反垄断监管 [J]. 南开管理评论，2022，25（3）.

[48] 余牛，李建斌，刘志学. 电子商务产品定价与返利策略优化及协调研究 [J]. 管理科学学报，2016，19（11）：18－32.

[49] 张凯，李向阳. 部分重叠业务的双边平台企业竞争模型 [J]. 系统工程理论与实践，2010（6）：961－970.

[50] 张应语，张梦佳，王强，等. 基于感知收益－感知风险框架的 O2O 模式下生鲜农产品购买意愿研究 [J]. 中国软科学，2015，6：128－138.

[51] 赵先德. 基于平台的商业模式创新与服务设计 [M]. 北京：科学出版社，2016.

[52] 赵忠，程瑜. 考虑保鲜努力的生鲜农产品供应链期权契约协调 [J]. 中国管理科学，2024，32（11）：258－269.

[53] 郑秋鹏，范芳凯，杨洪吉. 社区 O2O 模式下生鲜农产品零售店商品捆绑组合销售决策研究 [J]. 农业经济与管理，2022（6）：88－100.

[54] Akturk M S, Ketzenberg M. Impact of competitor store closures on a major retailer [J]. *Production and Operations Management*，2022，31（2）：715－730.

［55］ Anderson E W, Sullivan M W. The antecedents and consequences of customer satisfaction for firms ［J］. *Marketing Science*, 1993, 12 (2): 125 –143.

［56］ Antia K D, Bergen M, Dutta S. Competing with gray markets ［J］. *MIT Sloan Management Review*, 2004.

［57］ Armstrong M. Competition in two-sided markets ［J］. *The RAND Journal of Economics*, 2006, 37 (3): 668 –691.

［58］ Armstrong M. Search and ripoff externalities ［J］. *Review of Industrial Organization*, 2015, 47: 273 –302.

［59］ Armstrong M, Porter R H. (Eds). *Handbook of industrial organization* ［M］. Elsevier, 2007.

［60］ Armstrong M, Wright J. Two-sided markets, competitive bottlenecks and exclusive contracts ［J］. *Economic Theory*, 2007, 32: 353 –380.

［61］ Arrow K J, Debreu G. Existence of an equilibrium for a competitive economy ［J］. *Econometrica: Journal of the Econometric Society*, 1954, 22 (3): 265 –290.

［62］ Aschemann-Witzel J. Consumer perception and preference for suboptimal food under the emerging practice of expiration date based pricing in supermarkets ［J］. *Food Quality and Preference*, 2018, 63: 119 –128.

［63］ AUGER P M. Global bifurcations induced by local changes in hierarchically organized systems: Competition and mutualism ［J］. *International Journal Of General System*, 1991, 18 (3): 265 –282.

［64］ Azadi Z, Eksioglu S D, Eksioglu B, Palak G. Stochastic optimization models for joint pricing and inventory replenishment of perishable products ［J］. *Computers & Industrial Engineering*, 2019, 127: 625 –642.

［65］ Babich V, Hilary G. OM Forum—Distributed ledgers and operations: What operations management researchers should know about blockchain technology ［J］. *Manufacturing & Service Operations Management*, 2020, 22 (2): 223 –240.

［66］ Bailey E M. Behavioral economics and US antitrust policy ［J］. *Review of Industrial Organization*, 2015, 47: 355 –366.

［67］ Balakrishnan A，Sundaresan S，Zhang B. Browse-and-switch：Retail-online competition under value uncertainty ［J］. *Production and Operations Management*，2014，23（7）：1129 – 1145.

［68］ Balasubramanian S，Raghunathan R，Mahajan V. Consumers in a multichannel environment：Product utility，process utility，and channel choice ［J］. *Journal of Interactive Marketing*，2005，19（2）：12 – 30.

［69］ Bar-Isaac H，Caruana G，Cuñat V. Information gathering and marketing ［J］. *Journal of Economics & Management Strategy*，2010，19（2）：375 – 401.

［70］ Baron O，Hu M，Najafi-Asadolahi S，et al. Newsvendor selling to loss-averse consumers with stochastic reference points ［J］. *Manufacturing & Service Operations Management*，2015，17（4）：456 – 469.

［71］ Baye M R，Morgan J，Scholten P. Information，search，and price dispersion ［J］. *Handbook on Economics and Information Systems*，2006，1：323 – 375.

［72］ Bernstein F，Song J S，Zheng X. "Bricks-and-mortar" vs. "clicks-and-mortar"：An equilibrium analysis ［J］. *European Journal of Operational Research*，2008，187（3）：671 – 690.

［73］ Bian Y，Yan S，Yi Z，et al. Quality certification in agricultural supply chains：Implications from government information provision ［J］. *Production and Operations Management*，2022，31（4）：1456 – 1472.

［74］ Bigliardi B，Galanakis C. Innovation management and sustainability in the food industry：Concepts and models ［M］//*The interaction of food industry and environment*. Academic Press，2020：315 – 340.

［75］ Blackburn J，Scudder G. Supply chain strategies for perishable products：The case of fresh produce ［J］. *Production and Operations Management*，2009，18（2）：129 – 137.

［76］ Boudreau K. Open platform strategies and innovation：Granting access vs. devolving control ［J］. *Management Science*，2010，56（10）：1849 – 1872.

［77］ Bourreau M，Kourandi F，Valletti T. Net neutrality with competing internet platforms [J]. *The Journal of Industrial Economics*, 2015, 63 (1): 30 – 73.

[78] Branco F, Sun M, Villas-Boas J M. Optimal search for product information [J]. *Management Science*, 2012, 58 (11): 2037 – 2056.

[79] Branco F, Sun M, Villas-Boas J M. Too much information? Information provision and search costs [J]. *Marketing Science*, 2016, 35 (4): 605 – 618.

[80] Bronnenberg B J. Retailing and consumer demand for convenience [M] // *Handbook of research on retailing*. Edward Elgar Publishing, 2018: 17 – 43.

[81] Bronnenberg B J, Dubé J P, Gentzkow M, et al. Do pharmacists buy Bayer? Informed shoppers and the brand premium [J]. *The Quarterly Journal of Economics*, 2015, 130 (4): 1669 – 1726.

[82] Brown T A, Friedman D C, Taran Z. Showrooming and the small retailer [M] // *Qualitative consumer research*. Emerald Publishing Limited, 2017: 79 – 94.

[83] Bubb R, Kaufman A. Consumer biases and mutual ownership [J]. *Journal of Public Economics*, 2013, 105: 39 – 57.

[84] Buell R W. Operational transparency: Make your processes visible to customers and your customers visible to employees [J]. *Harvard Business Review*, 2019, 97 (4): 102 – 113.

[85] Burnetas A N, Smith C E. Adaptive ordering and pricing for perishable products [J]. *Operations Research*, 2000, 48 (3): 436 – 443.

[86] Cabolis C, Manasakis C, Petrakis E. Mergers, acquisitions and firms' R&D incentives [Z]. *Unpublished paper, Athens Laboratory of Business Administration*, 2005.

[87] Cai G G. Channel selection and coordination in dual-channel supply chains [J]. *Journal of Retailing*, 2010, 86 (1): 22 – 36.

[88] Cai G G, Zhang Z G, Zhang M. Game theoretical perspectives on dual-channel supply chain competition with price discounts and pricing schemes [J]. *International Journal of Production Economics*, 2009, 117 (1): 80 – 96.

[89] Cai X, Chen J, Xiao Y, et al. Optimization and coordination of fresh product supply chains with freshness-keeping effort [J]. *Production and Opera-*

tions Management, 2010, 19 (3): 261 –278.

［90］ Cai X, Chen J, Xiao Y, et al. Fresh-product supply chain management with logistics outsourcing ［J］. *Omega*, 2013, 41 (4): 752 –765.

［91］ Caillaud B, Jullien B. Chicken & egg: Competition among intermediation service providers ［J］. *RAND Journal of Economics*, 2003: 309 –328.

［92］ Camerer C F. Advances in behavioral economics ［J］. *Russel Sage Foundation*, 2004.

［93］ Cao E, Luo H, Ma Y, et al. Dynamic pricing in the presence of strategic consumers with "experience-in-store-and-buy-online" ［J］. *International Journal of Production Research*, 2023, 61 (20): 6873 –6890.

［94］ Cao L, Li L. The impact of cross-channel integration on retailers' sales growth ［J］. *Journal of Retailing*, 2015, 91 (2): 198 –216.

［95］ Cao Y, Yi C, Wan G, et al. An analysis on the role of blockchain-based platforms in agricultural supply chains ［J］. *Transportation Research Part E: Logistics and Transportation Review*, 2022, 163: 102731.

［96］ Carlton D W, Chevalier J A. Free riding and sales strategies for the Internet ［J］. *The Journal of Industrial Economics*, 2001, 49 (4): 441 –461.

［97］ Cattani K, Gilland W, Heese H S, et al. Boiling frogs: Pricing strategies for a manufacturer adding a direct channel that competes with the traditional channel ［J］. *Production and Operations Management*, 2006, 15 (1): 40 –56.

［98］ Cavallo A. Are online and offline prices similar? Evidence from large multi-channel retailers ［J］. *American Economic Review*, 2017, 107 (1): 283 –303.

［99］ Chakravarty A, Kumar A, Grewal R. Customer orientation structure for internet-based business-to-business platform firms ［J］. *Journal of Marketing*, 2014, 78 (5): 1 –23.

［100］ Chandon P, Wansink B, Laurent G. A benefit congruency framework of sales promotion effectiveness ［J］. *Journal of Marketing*, 2000, 64 (4): 65 –81.

［101］ Chen J, Liang L, Yao D Q, et al. Price and quality decisions in dual-channel supply chains ［J］. *European Journal of Operational Research*, 2017,

259 (3): 935 – 948.

[102] Chen J, Tian Z, Hang W. Optimal ordering and pricing policies in managing perishable products with quality deterioration [J]. *International Journal of Production Research*, 2021, 59 (15): 4472 – 4494.

[103] Chen J, Zhang H, Sun Y. Implementing coordination contracts in a manufacturer Stackelberg dual-channel supply chain [J]. *Omega*, 2012, 40 (5): 571 – 583.

[104] Chen Y, Xie J. Online consumer review: Word-of-mouth as a new element of marketing communication mix [J]. *Management Science*, 2008, 54 (3): 477 – 491.

[105] Chernonog T. Inventory and marketing policy in a supply chain of a perishable product [J]. *International Journal of Production Economics*, 2020, 219: 259 – 274.

[106] Chevalier J A, Mayzlin D. The effect of word of mouth on sales: Online book reviews [J]. *Journal of Marketing Research*, 2006, 43 (3): 345 – 354.

[107] Chiang W Y K. Product availability in competitive and cooperative dual-channel distribution with stock-out based substitution [J]. *European Journal of Operational Research*, 2010, 200 (1): 111 – 126.

[108] Chiang W Y K, Chhajed D, Hess J D. Direct marketing, indirect profits: A strategic analysis of dual-channel supply-chain design [J]. *Management Science*, 2003, 49 (1): 1 – 20.

[109] Chintagunta P K, Chu J, Cebollada J. Quantifying transaction costs in online/off-line grocery channel choice [J]. *Marketing Science*, 2012, 31 (1): 96 – 114.

[110] Chintagunta P K, Gopinath S, Venkataraman S. The effects of online user reviews on movie box office performance: Accounting for sequential rollout and aggregation across local markets [J]. *Marketing Science*, 2010, 29 (5): 944 – 957.

[111] Chintapalli P. Simultaneous pricing and inventory management of dete-

riorating perishable products ［J］. *Annals of Operations Research*, 2015, 229: 287 – 301.

［112］ Chioveanu I, Zhou J. Price competition with consumer confusion ［J］. *Management Science*, 2013, 59 (11): 2450 – 2469.

［113］ Chod J, Trichakis N, Tsoukalas G, et al. On the financing benefits of supply chain transparency and blockchain adoption ［J］. *Management Science*, 2020, 66 (10): 4378 – 4396.

［114］ Choi S C. Price competition in a duopoly common retailer channel ［J］. *Journal of Retailing*, 1996, 72 (2): 117 – 134.

［115］ Choi T M. Blockchain-technology-supported platforms for diamond authentication and certification in luxury supply chains ［J］. *Transportation Research Part E: Logistics and Transportation Review*, 2019, 128: 17 – 29.

［116］ Choi T M, Chen Y, Chung S H. Online-offline fashion franchising supply chains without channel conflicts: Choices on postponement and contracts ［J］. *International Journal of Production Economics*, 2019, 215: 174 – 184.

［117］ Choudhary N. Contract farming through blockchain technology using smart contracts ［J］. *Word Document*, 2020.

［118］ Chu J, Manchanda P. Quantifying cross and direct network effects in online consumer-to-consumer platforms ［J］. *Marketing Science*, 2016, 35 (6): 870 – 893.

［119］ David A, Adida E. Competition and coordination in a two-channel supply chain ［J］. *Production and Operations Management*, 2015, 24 (8): 1358 – 1370.

［120］ De Keizer M, Akkerman R, Grunow M, et al. Logistics network design for perishable products with heterogeneous quality decay ［J］. *European Journal of Operational Research*, 2017, 262 (2): 535 – 549.

［121］ Della Vigna S, Malmendier U. Paying not to go to the gym ［J］. *American Economic Review*, 2006, 96 (3): 694 – 719.

［122］ Dellarocas C. The digitization of word of mouth: Promise and challenges of online feedback mechanisms [J]. *Management Science*, 2003, 49 (10): 1407 – 1424.

[123] DellaVigna S. Psychology and economics: Evidence from the field [J]. *Journal of Economic Literature*, 2009, 47 (2): 315 – 372.

[124] DellaVigna S, Malmendier U. Contract design and self-control: Theory and evidence [J]. *The Quarterly Journal of Economics*, 2004, 119 (2): 353 – 402.

[125] Desai P S. Quality segmentation in spatial markets: When does cannibalization affect product line design? [J]. *Marketing Science*, 2001, 20 (3): 265 – 283.

[126] Difrancesco R M, Huchzermeier A. Multichannel retail competition with product returns: Effects of restocking fee legislation [J]. *Electronic Commerce Research and Applications*, 2020, 43: 100993.

[127] Dixit A K, Stiglitz J E. Monopolistic competition and optimum product diversity [J]. *The American Economic Review*, 1977, 67 (3): 297 – 308.

[128] Dong L, Jiang P, Xu F. Impact of traceability technology adoption in food supply chain networks [J]. *Management Science*, 2023, 69 (3): 1518 – 1535.

[129] Dost F, Phieler U, Haenlein M, et al. Seeding as part of the marketing mix: word-of-mouth program interactions for fast-moving consumer goods [J]. *Journal of Marketing*, 2019, 83 (2): 62 – 81.

[130] Du S, Wang L, Hu L. Omnichannel management with consumer disappointment aversion [J]. *International Journal of Production Economics*, 2019, 215: 84 – 101.

[131] Duan W, Gu B, Whinston A B. The dynamics of online word-of-mouth and product sales—An empirical investigation of the movie industry [J]. *Journal of Retailing*, 2008, 84 (2): 233 – 242.

[132] Dukes A, Liu Y. In-store media and distribution channel coordination [J]. *Marketing Science*, 2010, 29 (1): 94 – 107.

[133] Dutta P, Choi T M, Somani S, et al. Blockchain technology in supply chain operations: Applications, challenges and research opportunities [J]. *Transportation Research Part E: Logistics and Transportation Review*, 2020, 142: 102067.

[134] Dzyabura D, Jagabathula S. Offline assortment optimization in the presence of an online channel [J]. *Management Science*, 2018, 64 (6): 2767 – 2786.

[135] Ellison G, Ellison S F. Search, obfuscation, and price elasticities on the internet [J]. *Econometrica*, 2009, 77 (2): 427 – 452.

[136] Evans D S. Some empirical aspects of multi-sided platform industries [J]. *Review of Network Economics*, 2003, 2 (3).

[137] Fan T, Xu C, Tao F. Dynamic pricing and replenishment policy for fresh produce [J]. *Computers & Industrial Engineering*, 2020, 139: 106127.

[138] Fassnacht M, Beatty S E, Szajna M. Combating the negative effects of showrooming: Successful salesperson tactics for converting showroomers into buyers [J]. *Journal of Business Research*, 2019, 102: 131 – 139.

[139] Finck M. Blockchains: Regulating the unknown [J]. *German Law Journal*, 2018, 19 (4): 665 – 692.

[140] Flavián C, Gurrea R, Orús C. Feeling confident and smart with webrooming: understanding the consumer's path to satisfaction [J]. *Journal of Interactive Marketing*, 2019, 47 (1): 1 – 15.

[141] Flavián C, Gurrea R, Orús C. Combining channels to make smart purchases: The role of webrooming and showrooming [J]. *Journal of Retailing and Consumer Services*, 2020, 52: 101923.

[142] Floyd K, Freling R, Alhoqail S, et al. How online product reviews affect retail sales: A meta-analysis [J]. *Journal of Retailing*, 2014, 90 (2): 217 – 232.

[143] Fornell C. A national customer satisfaction barometer: The Swedish experience [J]. *Journal of Marketing*, 1992, 56 (1): 6 – 21.

[144] Fu K, Gong X, Liang G. Managing perishable inventory systems with product returns and remanufacturing [J]. *Production and Operations Management*, 2019, 28 (6): 1366 – 1386.

[145] Fudenberg D, Tirole J. Capital as a commitment: Strategic investment to deter mobility [J]. *Journal of Economic Theory*, 1983, 31 (2): 227 – 250.

[146] Fudenberg D. Game theory [M]. MIT Press, 1991.

[147] Gabaix X, Laibson D, Li D, et al. The impact of competition on prices with numerous firms [J]. *Journal of Economic Theory*, 2016, 165: 1 – 24.

[148] Gabszewicz J J, Thisse J F. Product differentiation with income disparities: An illustrative model [J]. *The Journal of Industrial Economics*, 1982: 115 – 129.

[149] Galante J. Sometimes Groupon coupons work too well [J]. *Bloomberg Businessweek*, 2010: 33 – 34.

[150] Gao F, Su X. Omnichannel retail operations with buy-online-and-pick-up-in-store [J]. *Management Science*, 2017, 63 (8): 2478 – 2492.

[151] Garaus M, Treiblmaier H. The influence of blockchain-based food traceability on retailer choice: The mediating role of trust [J]. *Food Control*, 2021, 129: 108082.

[152] Gardete P M, Guo L. Prepurchase information acquisition and credible advertising [J]. *Management Science*, 2021, 67 (3): 1696 – 1717.

[153] Gaudeul A, Jullien B. E-commerce, two-sided markets and info-mediation, 2005.

[154] Gensler S, Neslin S A, Verhoef P C. The showrooming phenomenon: It's more than just about price [J]. *Journal of Interactive Marketing*, 2017, 38 (1): 29 – 43.

[155] Gensler S, Verhoef P C, Böhm M. Understanding consumers' multichannel choices across the different stages of the buying process [J]. *Marketing Letters*, 2012, 23: 987 – 1003.

［156］Geylani T，Dukes A J，Srinivasan K. Strategic manufacturer response to a dominant retailer ［J］. *Marketing Science*，2007，26（2）：164 – 178.

［157］Godes D. Product policy in markets with word-of-mouth communication ［J］. *Management Science*，2017，63（1）：267 – 278.

［158］Govindan K，Malomfalean A. A framework for evaluation of supply chain coordination by contracts under O2O environment ［J］. *International Journal of Production Economics*，2019，215：11 – 23.

［159］Grubb M D. Selling to overconfident consumers ［J］. *American Economic Review*，2009，99（5）：1770 – 1807.

［160］Grubb M D. Consumer inattention and bill-shock regulation ［J］. *The Review of Economic Studies*，2015a，82（1）：219 – 257.

［161］Grubb M D. Overconfident consumers in the marketplace ［J］. *Journal of Economic Perspectives*，2015c，29（4）：9 – 36.

［162］Grubb M D，Osborne M. Cellular service demand：Biased beliefs，learning，and bill shock ［J］. *American Economic Review*，2015，105（1）：234 – 271.

［163］Guo L. Quality disclosure formats in a distribution channel ［J］. *Management Science*，2009，55（9）：1513 – 1526.

［164］Guo L，Zhao Y. Voluntary quality disclosure and market interaction ［J］. *Marketing Science*，2009，28（3）：488 – 501.

［165］Gupta A，Su B C，Walter Z. An empirical study of consumer switching from traditional to electronic channels：A purchase-decision process perspective ［J］. *International Journal of Electronic Commerce*，2004，8（3）：131 – 161.

［166］Gürler Ü，Özkaya B Y. Analysis of the（s，S）policy for perishables with a random shelf life ［J］. *IIe Transactions*，2008，40（8）：759 – 781.

［167］Hagiu A. Merchant or two-sided platform? ［J］. *Review of Network Economics*，2007，6（2）.

［168］Hagiu A，Wright J. Marketplace or reseller? ［J］. *Management Science*，2015，61（1）：184 – 203.

[169] Handel B R. Adverse selection and inertia in health insurance markets: When nudging hurts [J]. *American Economic Review*, 2013, 103 (7): 2643 – 2682.

[170] Hao L, Kumar S. Benefit of consumer showrooming for a physical retailer: A distribution channel perspective [J]. *Management Science*, 2024, 70 (8): 5208 – 5225.

[171] Hastig G M, Sodhi M S. Blockchain for supply chain traceability: Business requirements and critical success factors [J]. *Production and Operations Management*, 2020, 29 (4): 935 – 954.

[172] Hauser J R, Simester D I, Wernerfelt B. Customer satisfaction incentives [J]. *Marketing Science*, 1994, 13 (4): 327 – 350.

[173] He B, Gan X, Yuan K. Entry of online presale of fresh produce: A competitive analysis [J]. *European Journal of Operational Research*, 2019, 272 (1): 339 – 351.

[174] He X, Li M Z, Li L, et al. Competitive pricing and advertising strategies for online retailers with "showrooming" and "webrooming" [J]. *European Journal of Operational Research*, 2024, 316 (2): 617 – 638.

[175] Heidhues P, Köszegi B. Competition and price variation when consumers are loss averse [J]. *American Economic Review*, 2008, 98 (4): 1245 – 1268.

[176] Heidhues P, Köszegi B, Murooka T. Exploitative innovation [J]. *American Economic Journal: Microeconomics*, 2016, 8 (1): 1 – 23.

[177] Hotelling H. Extend access to the economic journal [J]. *The Economic Journal*, 1929, 39 (153): 41 – 57.

[178] Hsiao Y H, Chen M C, Chin C L. Distribution planning for perishable foods in cold chains with quality concerns: Formulation and solution procedure [J]. *Trends in Food Science & Technology*, 2017, 61: 80 – 93.

[179] Hu P, Shum S, Yu M. Joint inventory and markdown management for perishable goods with strategic consumer behavior [J]. *Operations Research*, 2016, 64 (1): 118 – 134.

［180］ Hu S, Huang S, Qin X. Exploring blockchain-supported authentication based on online and offline business in organic agricultural supply chain ［J］. *Computers & Industrial Engineering*, 2022, 173: 108738.

［181］ Hu S, Huang S, Huang J, et al. Blockchain and edge computing technology enabling organic agricultural supply chain: A framework solution to trust crisis ［J］. *Computers & Industrial Engineering*, 2021, 153: 107079.

［182］ Huang Z, Li S X, Mahajan V. An analysis of manufacturer-retailer supply chain coordination in cooperative advertising ［J］. *Decision Sciences*, 2002, 33 (3): 469 – 494.

［183］ Insight L. Proof of Steak: Using blockchain to transform food-tracing of beef ［J］. *Retrieved*, 2020, 2: 2022.

［184］ Iyer G. Coordinating channels under price and nonprice competition ［J］. *Marketing Science*, 1998, 17 (4): 338 – 355.

［185］ Jiang B, Zou T. Consumer search and filtering on online retail platforms ［J］. *Journal of Marketing Research*, 2020, 57 (5): 900 – 916.

［186］ Jiang B, Jerath K, Srinivasan K. Firm strategies in the "mid tail" of platform-based retailing ［J］. *Marketing Science*, 2011, 30 (5): 757 – 775.

［187］ Jiao C, Hu B. Showrooming, webrooming, and operational strategies for competitiveness ［J］. *Production and Operations Management*, 2022, 31 (8): 3217 – 3232.

［188］ Jin Y, Hu Q, Kim S W, et al. Supplier development and integration in competitive supply chains ［J］. *Production and Operations Management*, 2019, 28 (5): 1256 – 1271.

［189］ Jin Y, Wu X, Hu Q. Interaction between channel strategy and store brand decisions ［J］. *European Journal of Operational Research*, 2017, 256 (3): 911 – 923.

［190］ Jing B. Lowering customer evaluation costs, product differentiation, and price competition ［J］. *Marketing Science*, 2016, 35 (1): 113 – 127.

［191］ Jing B. Showrooming and webrooming: Information externalities between online and offline sellers [J]. *Marketing Science*, 2018, 37 (3): 469 – 483.

[192] Jing X, Xie J. Group buying: A new mechanism for selling through social interactions [J]. *Management Science*, 2011, 57 (8): 1354 – 1372.

[193] Johnson J P, Myatt D P. On the simple economics of advertising, marketing, and product design [J]. *American Economic Review*, 2006, 96 (3): 756 – 784.

[194] Joshi Y V, Reibstein D J, Zhang Z J. Turf wars: Product line strategies in competitive markets [J]. *Marketing Science*, 2016, 35 (1): 128 – 141.

[195] Jovanovic B. Truthful disclosure of information [J]. *The Bell Journal of Economics*, 1982: 36 – 44.

[196] Jung H. A Conceptual Model of a B2B Food Distribution Platform Based on Blockchain Consensus Mechanism [J]. *International Journal of Contents*, 2021, 17 (3).

[197] Kahneman D, Tversky A. Prospect theory: An analysis of decision under risk [J]. *Econometrica*, 1979, 47 (2): 263 – 292.

[198] Kalra A, Rajiv S, Srinivasan K. Response to competitive entry: A rationale for delayed defensive reaction [J]. *Marketing Science*, 1998, 17 (4): 380 – 405.

[199] Karray S, Zaccour G. Could co-op advertising be a manufacturer's counterstrategy to store brands? [J]. *Journal of Business Research*, 2006, 59 (9): 1008 – 1015.

[200] Kireyev P, Kumar V, Ofek E. Match your own price? Self-matching as a retailer's multichannel pricing strategy [J]. *Marketing Science*, 2017, 36 (6): 908 – 930.

[201] Knutson B, Rick S, Wimmer G E, et al. Neural predictors of purchases [J]. *Neuron*, 2007, 53 (1): 147 – 156.

[202] Kolay S, Shaffer G. Contract design with a dominant retailer and a competitive fringe [J]. *Management Science*, 2013, 59 (9): 2111 – 2116.

［203］Konur D. Keep your enemy close? Competitive online brands' expansion with individual and shared showrooms ［J］. *Omega*, 2021, 99: 102206.

［204］Konuş U, Verhoef P C, Neslin S A. Multichannel shopper segments and their covariates ［J］. *Journal of Retailing*, 2008, 84 (4): 398 – 413.

［205］Kopalle P K, Lehmann D R. The effects of advertised and observed quality on expectations about new product quality ［J］. *Journal of Marketing Research*, 1995, 32 (3): 280 – 290.

［206］Kopalle P K, Lehmann D R. Setting quality expectations when entering a market: What should the promise be? ［J］. *Marketing Science*, 2006, 25 (1): 8 – 24.

［207］Kopalle P K, Rao A G, Assuncao J L. Asymmetric reference price effects and dynamic pricing policies ［J］. *Marketing Science*, 1996, 15 (1): 60 – 85.

［208］Köszegi B, Rabin M. Reference-dependent risk attitudes ［J］. *American Economic Review*, 2007, 97 (4): 1047 – 1073.

［209］Kouki C, Legros B, Babai M Z, et al. Analysis of base-stock perishable inventory systems with general lifetime and lead-time ［J］. *European Journal of Operational Research*, 2020, 287 (3): 901 – 915.

［210］Kuksov D, Liao C. When showrooming increases retailer profit ［J］. *Journal of Marketing Research*, 2018, 55 (4): 459 – 473.

［211］Kuksov D, Lin Y. Information provision in a vertically differentiated competitive marketplace ［J］. *Marketing Science*, 2010, 29 (1): 122 – 138.

［212］Kuksov D, Xie Y. Pricing, frills, and customer ratings ［J］. *Marketing Science*, 2010, 29 (5): 925 – 943.

［213］Kwark Y, Chen J, Raghunathan S. Online product reviews: Implications for retailers and competing manufacturers ［J］. *Information Systems Research*, 2014, 25 (1): 93 – 110.

［214］Lal R, Sarvary M. When and how is the Internet likely to decrease price competition? ［J］. *Marketing Science*, 1999, 18 (4): 485 – 503.

［215］Laffont J J. The new economics of regulation ten years after ［J］. *Econometrica: Journal of the Econometric Society*, 1994: 507 – 537.

［216］Li M, Zhang X, Dan B. Competition and cooperation in a supply chain with an offline showroom under asymmetric information ［J］. *International Journal of Production Research*, 2020, 58 (19): 5964 – 5979.

［217］Li R, Teng J T. Pricing and lot-sizing decisions for perishable goods when demand depends on selling price, reference price, product freshness, and displayed stocks ［J］. *European Journal of Operational Research*, 2018, 270 (3): 1099 – 1108.

［218］Li X, Li Y, Cao W. Cooperative advertising models in O2O supply chains ［J］. *International Journal of Production Economics*, 2019, 215: 144 – 152.

［219］Li Y, Li B, Zheng W, et al. Reveal or hide? Impact of demonstration on pricing decisions considering showrooming behavior ［J］. *Omega*, 2021, 102: 102329.

［220］Li Y, Xiong Y, Zhou Y. Dynamic pricing strategies: Uniform or discrimination for multi-channel retailing under platform-based supply chain competition ［J］. *Journal of Business Research*, 2023, 166: 114087.

［221］Li Y, Xiong Y, Mariuzzo F, et al. The underexplored impacts of online consumer reviews: Pricing and new product design strategies in the O2O supply chain ［J］. *International Journal of Production Economics*, 2021, 237: 108148.

［222］Li Z, Xu X, Bai Q, et al. The interplay between blockchain adoption and channel selection in combating counterfeits ［J］. *Transportation Research Part E: Logistics and Transportation Review*, 2021, 155: 102451.

［223］Lichtenstein D R, Netemeyer R G, Burton S. Distinguishing coupon proneness from value consciousness: An acquisition-transaction utility theory perspective ［J］. *Journal of Marketing*, 1990, 54 (3): 54 – 67.

［224］Liu L, Zhao L, Ren X. Optimal preservation technology investment and pricing policy for fresh food ［J］. *Computers & Industrial Engineering*, 2019,

135: 746 – 756.

［225］ Liu Q, Shum S. Pricing and capacity rationing with customer disappointment aversion ［J］. *Production and Operations Management*, 2013, 22 (5): 1269 – 1286.

［226］ Liu X, Barenji A V, Li Z, et al. Blockchain-based smart tracking and tracing platform for drug supply chain ［J］. *Computers & Industrial Engineering*, 2021, 161: 107669.

［227］ Liu Y, Cui T H. The length of product line in distribution channels ［J］. *Marketing Science*, 2010, 29 (3): 474 – 482.

［228］ Loertscher S, Marx L M. Digital monopolies: Privacyprotection or price regulation? ［J］. *International Journal of Industrial Organization*, 2020, 71: 102623.

［229］ Longo F, Nicoletti L, Padovano A. Estimating the impact of blockchain adoption in the food processing industry and supply chain ［J］. *International Journal of Food Engineering*, 2020, 16 (5 – 6): 20190109.

［230］ Longo F, Nicoletti L, Padovano A, et al. Blockchain-enabled supply chain: An experimental study ［J］. *Computers & Industrial Engineering*, 2019, 136: 57 – 69.

［231］ Ma Y, Zhang C, Li Y. Strategies for the retail platform to counteract match uncertainty: Virtual showroom and return or exchange policy ［J］. *Computers & Industrial Engineering*, 2023, 176: 108832.

［232］ Mayzlin D, Dover Y, Chevalier J. Promotional reviews: An empirical investigation of online review manipulation ［J］. *American Economic Review*, 2014, 104 (8): 2421 – 2455.

［233］ McGuire T W, Staelin R. An industry equilibrium analysis of downstream vertical integration ［J］. *Marketing Science*, 1983, 2 (2): 161 – 191.

［234］ Mehra A, Kumar S, Raju J S. Competitive strategies for brick-and-mortar stores to counter "showrooming" ［J］. *Management Science*, 2018, 64 (7): 3076 – 3090.

［235］ Mirrlees J A, Vickrey W. Advanced information ［EB/OL］. Nobelprize. org, 1996.

［236］ Miklós-Thal J, Tucker C. Collusion by algorithm: Does better demand prediction facilitate coordination between sellers? ［J］. *Management Science*, 2019, 65 (4): 1552 – 1561.

［237］ Moe W W, Trusov M. The value of social dynamics in online product ratings forums ［J］. *Journal of Marketing Research*, 2011, 48 (3): 444 – 456.

［238］ Moorthy K S. Market segmentation, self-selection, and product line design ［J］. Marketing Science, 1984, 3 (4): 288 – 307.

［239］ Mukherjee A, Hoyer W D. The effect of novel attributes on product evaluation ［J］. *Journal of Consumer Research*, 2001, 28 (3): 462 – 472.

［240］ Nahmias S. Perishable inventory theory: A review ［J］. *Operations Research*, 1982, 30 (4): 680 – 708.

［241］ Nematollahi M, Tajbakhsh A, Sedghy B M. The reflection of competition and coordination on organic agribusiness supply chains ［J］. *Transportation Research Part E: Logistics and Transportation Review*, 2021, 154: 102462.

［242］ Nie J, Zhong L, Yan H, et al. Retailers' distribution channel strategies with cross-channel effect in a competitive market ［J］. *International Journal of Production Economics*, 2019, 213: 32 – 45.

［243］ Niu X, Qin S. Integrating crowd-/service-sourcing into digital twin for advanced manufacturing service innovation ［J］. *Advanced Engineering Informatics*, 2021, 50: 101422.

［244］ Ofek E, Katona Z, Sarvary M. "Bricks and clicks": The impact of product returns on the strategies of multichannel retailers ［J］. *Marketing Science*, 2011, 30 (1): 42 – 60.

［245］ Patterson P G. Expectations and product performance as determinants of satisfaction for a high-involvement purchase ［J］. *Psychology & Marketing*, 1993, 10 (5): 449 – 465.

［246］ Pedram M, Balachander S. Increasing quality sequence: When is it an optimal product introduction strategy? [J]. *Management Science*, 2015, 61 (10): 2487 – 2494.

[247] Perdikaki O, Swaminathan J. Improving valuation under consumer search: Implications for pricing and profits [J]. *Production and Operations Management*, 2013, 22 (4): 857 – 874.

[248] Pun H, Swaminathan J M, Hou P. Blockchain adoption for combating deceptive counterfeits [J]. *Production and Operations Management*, 2021, 30 (4): 864 – 882.

[249] Qu Z, Wang Y, Wang S, et al. Implications of onlinesocial activities for e-tailers' business performance [J]. *European Journal of Marketing*, 2013, 47 (8): 1190 – 1212.

[250] Rabin M. A perspective on psychology and economics [J]. *European Economic Review*, 2002, 46 (4 – 5): 657 – 685.

[251] Raj S P, Rhee B D, Sivakumar K. Manufacturer adoption of a unilateral pricing policy in a multi-channel setting to combat customer showrooming [J]. *Journal of Business Research*, 2020, 110: 104 – 118.

[252] Robinson W T. Marketing mix reactions to entry [J]. *Marketing Science*, 1988, 7 (4): 368 – 385.

[253] Rochet J C, Tirole J. Platform competition in two-sided markets [J]. *Journal of the European Economic Association*, 2003, 1 (4): 990 – 1029.

[254] Rochet J C, Tirole J. Two-sided markets: a progress report [J]. *The RAND Journal of Economics*, 2006, 37 (3): 645 – 667.

[255] Rosato A. Selling substitute goods to loss-averse consumers: Limited availability, bargains, and rip-offs [J]. *The RAND Journal of Economics*, 2016, 47 (3): 709 – 733.

[256] Roth A E. *Axiomatic models of bargaining* (Vol. 170) [M]. Berlin: Springer-Verlag, 1979.

[257] Rust R T, Inman J J, Jia J, Zahorik A. What you don't know about customer-perceived quality: The role of customer expectation distributions [J].

Marketing Science, 1999, 18（1）: 77 - 92.

［258］ Sahoo N, Dellarocas C, Srinivasan S. The impact of online product reviews on product returns ［J］. *Information Systems Research*, 2018, 29（3）: 723 - 738.

［259］ Salop S C. Monopolistic competition with outside goods ［J］. *The Bell Journal of Economics*, 1979: 141 - 156.

［260］ Sanders R E. Dynamic pricing and organic waste bans: A study of grocery retailers' incentives to reduce food waste ［J］. *Marketing Science*, 2024, 43（2）: 289 - 316.

［261］ Seifert R W, Thonemann U W, Sieke M A. Integrating direct and indirect sales channels under decentralized decision-making ［J］. *International Journal of Production Economics*, 2006, 103（1）: 209 - 229.

［262］ Shaked A, Sutton J. Imperfect information, perceived quality, and the formation of professional groups ［J］. *Journal of Economic Theory*, 1982, 27（1）: 170 - 181.

［263］ Shen B, Xu X, Yuan Q. Selling secondhand products through an online platform with blockchain ［J］. *Transportation Research Part E: Logistics and Transportation Review*, 2020, 142: 102066.

［264］ Shen Z J M, Daskin M S. Trade-offs between customer service and cost in integrated supply chain design ［J］. *Manufacturing & Service Operations Management*, 2005, 7（3）: 188 - 207.

［265］ Shi D, Wang M, Li X. Strategic introduction of marketplace platform and its impacts on supply chain ［J］. *International Journal of Production Economics*, 2021, 242: 108300.

［266］ Shin J. How does free riding on customer service affect competition? ［J］. *Marketing Science*, 2007, 26（4）: 488 - 503.

［267］ Shriver S K, Bollinger B. Demand expansion and cannibalization effects from retail store entry: A structural analysis of multichannel demand ［J］. *Management Science*, 2022, 68（12）: 8829 - 8856.

［268］Shulman J D, Coughlan A T, Savaskan R C. Managing consumer returns in a competitive environment ［J］. *Management Science*, 2011, 57 （2）: 347 – 362.

［269］Shulman J D. Product diversion to a direct competitor ［J］. *Marketing Science*, 2014, 33 （3）: 422 – 436.

［270］Shulman J D, Coughlan A T, Savaskan R C. Managing consumer returns in a competitive environment ［J］. *Management Science*, 2011, 57 （2）: 347 – 362.

［271］Stahl D O. Oligopolistic pricing with sequential consumer search ［J］. *The American Economic Review*, 1989: 700 – 712.

［272］Stancu V, Lähteenmäki L. Consumer-related antecedents of food provisioning behaviors that promote food waste ［J］. *Food Policy*, 2022, 108: 102236.

［273］Su X. Intertemporal pricing with strategic customer behavior ［J］. *Management Science*, 2007, 53 （5）: 726 – 741.

［274］Su X. Intertemporal pricing and consumer stockpiling ［J］. *Operations Research*, 2010, 58 （4-part-2）: 1133 – 1147.

［275］Sun L, Jiao X, Guo X, et al. Pricing policies in dual distribution channels: The reference effect of official prices ［J］. *European Journal of Operational Research*, 2022, 296 （1）: 146 – 157.

［276］Sun M. Disclosing multiple product attributes ［J］. *Journal of Economics & Management Strategy*, 2011, 20 （1）: 195 – 224.

［277］Sun M. How does the variance of product ratings matter? ［J］. *Management Science*, 2012, 58 （4）: 696 – 707.

［278］Sun M, Chen J, Tian Y, et al. The impact of online reviews in the presence of customer returns ［J］. *International Journal of Production Economics*, 2021, 232: 107929.

［279］Szabo T J, Welcher J B, Anderson R D, et al. Human occupant kinematic response to low speed rear-end impacts ［J］. *SAE Transactions*, 1994:

630 – 642.

[280] Tan M, Tu M, Wang B, et al. A two-echelon agricultural product supply chain with freshness and greenness concerns: A cost-sharing contract perspective [J]. *Complexity*, 2020 (1): 8560102.

[281] Tang C S, Wang Y, Zhao M. The impact of input and output farm subsidies on farmer welfare, income disparity, and consumer surplus [J]. *Management Science*, 2024, 70 (5): 3144 – 3161.

[282] Thomas A, Krishnamoorthy M, Singh G, et al. Coordination in a multiple producers-distributor supply chain and the value of information [J]. *International Journal of Production Economics*, 2015, 167: 63 – 73.

[283] Tiwari S, Jaggi C K, Gupta M, et al. Optimal pricing and lot-sizing policy for supply chain system with deteriorating items under limited storage capacity [J]. *International Journal of Production Economics*, 2018, 200: 278 – 290.

[284] Tsay A A, Agrawal N. Channel conflict and coordination in the e-commerce age [J]. *Production and Operations Management*, 2004, 13 (1): 93 – 110.

[285] Villas-Boas J M. Product line design for a distribution channel [J]. *Marketing Science*, 1998, 17 (2): 156 – 169.

[286] Viswanathan S. Competing across technology-differentiated channels: The impact of network externalities and switching costs [J]. *Management Science*, 2005, 51 (3): 483 – 496.

[287] Wang C, Chen X. Joint order and pricing decisions for fresh produce with put option contracts [J]. *Journal of the Operational Research Society*, 2018, 69 (3): 474 – 484.

[288] Wang M, Zhao L, Herty M. Modelling carbon trading and refrigerated logistics services within a fresh food supply chain under carbon cap-and-trade regulation [J]. *International Journal of Production Research*, 2018, 56 (12): 4207 – 4225.

[289] Wang M, Zhao L, Herty M. Joint replenishment and carbon trading in

fresh food supply chains [J]. *European Journal of Operational Research*, 2019, 277 (2): 561 –573.

[290] Wang N, Zhang T, Zhu X, et al. Online-offline competitive pricing with reference price effect [J]. *Journal of the Operational Research Society*, 2021, 72 (3): 642 –653.

[291] Wernerfelt B. On the function of sales assistance [J]. *Marketing Science*, 1994, 13 (1): 68 –82.

[292] Wu D, Ray G, Geng X, et al. Implications of reduced search cost and free riding in e-commerce [J]. *Marketing Science*, 2004, 23 (2): 255 –262.

[293] Wu H, Zhong B, Li H, et al. On-site construction quality inspection using blockchain and smart contracts [J]. *Journal of Management in Engineering*, 2021, 37 (6): 04021065.

[294] Wu Q, Dan B. Third party logistics coordinating contracts with logistics market demand service dependent [J]. *Journal of Management Science in China*, 2008, 11 (5): 64 –75.

[295] Wu Q, Mu Y, Feng Y. Coordinating contracts for fresh product outsourcing logistics channels with power structures [J]. *International Journal of Production Economics*, 2015, 160: 94 –105.

[296] Wu X Y, Fan Z P, Cao B B. An analysis of strategies for adopting blockchain technology in the fresh product supply chain [J]. *International Journal of Production Research*, 2023, 61 (11): 3717 –3734.

[297] Wu X, Zhang F, Zhou Y. Brand spillover as a marketing strategy [J]. *Management Science*, 2022, 68 (7): 5348 –5363.

[298] Xia Y, Gilbert S M. Strategic interactions between channel structure and demand enhancing services [J]. *European Journal of Operational Research*, 2007, 181 (1): 252 –265.

[299] Xiao T, Xu T. Coordinating price and service level decisions for a supply chain with deteriorating item under vendor managed inventory [J]. *International Journal of Production Economics*, 2013, 145 (2): 743 –752.

［300］Xu M H, Yu G, Zhang H Q. Game analysis in a supply chain with service provision ［J］. *Journal of Management Sciences in China*, 2006, 9 (2): 18 – 27.

［301］Xue L, Liu X, Lu S, et al. China's food loss and waste embodies increasing environmental impacts ［J］. *Nature Food*, 2021, 2 (7): 519 – 528.

［302］Yan B, Ke C. Two strategies for dynamic perishable product pricing to consider in strategic consumer behaviour ［J］. *International Journal of Production Research*, 2018, 56 (5): 1757 – 1772.

［303］Yan B, Chen X, Cai C, et al. Supply chain coordination of fresh agricultural products based on consumer behavior ［J］. *Computers & Operations Research*, 2020, 123: 105038.

［304］Yan C, Banerjee A, Yang L. An integrated production-distribution model for a deteriorating inventory item ［J］. *International Journal of Production Economics*, 2011, 133 (1): 228 – 232.

［305］Yang L, Tang R. Comparisons of sales modes for a fresh product supply chain with freshness-keeping effort ［J］. *Transportation Research Part E: Logistics and Transportation Review*, 2019, 125: 425 – 448.

［306］Yang L, Guo J, Zhou Y W, et al. Equilibrium analysis for competing O2O supply chains with spillovers: Exogenous vs. endogenous consignment rates ［J］. *Computers & Industrial Engineering*, 2021, 162: 107690.

［307］Yang S, Shi V, Jackson J E. Manufacturers' channel structures when selling asymmetric competing products ［J］. *International Journal of Production Economics*, 2015, 170: 641 – 651.

［308］Ye T, Sun H. Price-setting newsvendor with strategic consumers ［J］. *Omega*, 2016, 63: 103 – 110.

［309］You Y, Vadakkepatt G G, Joshi A M. A meta-analysis of electronic word-of-mouth elasticity ［J］. *Journal of Marketing*, 2015, 79 (2): 19 – 39.

［310］Yu Y, Xiao T. Pricing and cold-chain service level decisions in a fresh agri-products supply chain with logistics outsourcing ［J］. *Computers & Industrial*

Engineering, 2017, 111: 56 – 66.

[311] Zauberman G. The intertemporal dynamics of consumer lock-in [J]. *Journal of Consumer Research*, 2003, 30 (3): 405 – 419.

[312] Zhang P, He Y, Shi C V. Retailer's channel structure choice: Online channel, offline channel, or dual channels? [J]. *International Journal of Production Economics*, 2017, 191: 37 – 50.

[313] Zhang R, Zhang Z, Liu K, et al. *LISS* 2013 [M]. Springer, 2015.

[314] Zhang S, Lee J H. Analysis of the main consensus protocols of blockchain [J]. *ICT express*, 2020, 6 (2): 93 – 97.

[315] Zhang T, Li G, Tayi G K. A strategic analysis of virtual showrooms deployment in online retail platforms [J]. *Omega*, 2023, 117: 102824.

[316] Zhang Y, Huang L. China's e-commerce development path and mode innovation of agricultural product based on business model canvas method [C]. WHICEB 2015 Proceedings, 2015: 9.

[317] Zheng Q, Ieromonachou P, Fan T, et al. Supply chain contracting coordination for fresh products with fresh-keeping effort [J]. *Industrial Management & Data Systems*, 2017, 117 (3): 538 – 559.

[318] Zheng Q, Zhou L, Fan T, et al. Joint procurement and pricing of fresh produce for multiple retailers with a quantity discount contract [J]. *Transportation Research Part E: Logistics and Transportation Review*, 2019, 130: 16 – 36.

[319] Zhong Y, Shen W, Ceryan O. Information provision under showrooming and webrooming [J]. *Omega*, 2023, 114: 102724.

[320] Zimmerman A. Can retailers halt "showrooming" [J]. *The Wall Street Journal*, 2012, 259 (1): B1 – B8.

附录 A　第四章研究结论证明

（一）命题 1 的证明

如第四章第四节所示，根据 $1 - \dfrac{6a_2k}{\hat{\epsilon}}$ 的大小可分为两种市场竞争结构。

（1）如果 $1 - \dfrac{6a_2k}{\hat{\epsilon}} \leqslant 0$，则所有消费者都从实体店收集信息（命题 1 的 B 情形）。在此时，线下零售商 B 的最优信息服务水平 $\left(k = \dfrac{4}{9}\right)$ 下，消费者对于主要信息的偏好参数满足不等式 $0 < \hat{\epsilon} \leqslant \dfrac{8a_2}{3}$ 时，得到市场的均衡价格 $p_B = \dfrac{8}{27}$，$p_E = \dfrac{4}{27}$。在此时，线上或者线下零售商都没有任何理由采取偏离均衡价格的策略，因为此时的价格都使得他们的利润最大化，任何一方降价都使得自己的利润下降。

（2）相反，如果 $1 - \dfrac{6a_2k}{\hat{\epsilon}} > 0$，部分消费者会通过线上零售商搜索关于产品的信息（$BE$ 情形），基于上述相同的逻辑，消费者对于主要信息的偏好参数满足不等式 $\dfrac{8a_2}{3} < \hat{\epsilon} \leqslant 4a_2$，其中不等式的上限条件 $4a_2$ 是必须满足线下零售商的价格高于线上零售商的价格这一条件 $p_B > p_E$ 的结果。对于该情形，如果线下零售商 B 不降低产品的价格，那么对于线上零售商 E 降价不是最优的选择，这是因为 $p_E = \dfrac{\hat{\epsilon}(\hat{\epsilon} - 2a_2)}{3a_2(3\hat{\epsilon} - 4a_2)}$ 是线上零售商 E 的利润最大化的价格，降低价格增加的需求并不能抵消价格下降导致的损失。

（3）然而，对线下零售商 B 来说降低价格是有利可图的。事实上，对于

$p_B > p_E$，所有在线搜索产品信息的消费者都会选择在线上零售商 E 处购买，因为这是最便宜的购买渠道。因此，线下实体零售商可以降低价格以吸引线上搜索信息的消费者，线下实体零售商选择降价直到从这一降价策略获得的总利润与不改变价格相比时的利润相等时，才会停止。通过降低价格，线下实体零售商获得了市场的全部需求并获得了利润 $p_B^{BE} - \dfrac{k^2}{2}$。将此利润与不降价时的利润 $\dfrac{\hat{\epsilon}^2}{18a_2(3\hat{\epsilon}-4a_2)}$ 进行比较，如果 $\hat{\epsilon} > \left(1 + \dfrac{1}{\sqrt{5}}\right)2a_2$，则降价的策略是有利可图的。因此，当 $\dfrac{8a_2}{3} < \hat{\epsilon} \leqslant \left(1 + \dfrac{1}{\sqrt{5}}\right)2a_2$ 时，实体零售商不能通过降低价格获得更大的利润，此时线上零售商 E 的最优选择也不是降价，唯一的纳什均衡价格是 $p_B = \dfrac{\hat{\epsilon}^2}{6a_2(3\hat{\epsilon}-4a_2)}$ 和 $p_E = \dfrac{\hat{\epsilon}(\hat{\epsilon}-2a_2)}{3a_2(3\hat{\epsilon}-4a_2)}$。基于这些给定的价格，选择线下零售商获取信息的消费者转换到线上零售商处购买产品，当且仅当转换成本不太高时，即 $0 < s \leqslant \dfrac{p_B^{BE} - p_E^{BE}}{k} = \dfrac{4a_2 - \hat{\epsilon}}{4a_2}$；否则，他们继续从线下零售商处购买产品，即 $\dfrac{4a_2 - \hat{\epsilon}}{4a_2} < s \leqslant 1$。

（4）当 $\hat{\epsilon} > \left(1 + \dfrac{1}{\sqrt{5}}\right)2a_2$ 时，如果线下零售商降低价格，而线上零售商 E 不采取任何降价行为，线下零售商 B 得到较高的利润，而线上零售商 E 得到零利润。对于线上零售商 E 来说，最好的对策也是降低价格，以重新获得从线上获取信息的消费者并获得利润。然而，激烈的价格竞争导致线上和线下零售商最终的均衡价格是 $p_B = \dfrac{\hat{\epsilon}}{3(3\hat{\epsilon}-4a_2)}$ 和 $p_E = 0$。在此情景下，当线上零售商 E 设定价格为 0 时，线下零售商 B 在 $p_E = 0$ 的基础上选择产品的价格，其收益函数 $\pi_B = \dfrac{6a_2k}{\hat{\epsilon}}\left(1 - \dfrac{p_B - 0}{k}\right)p_B - \dfrac{k^2}{2}$ 为 p_B 的凹函数。当 $p_B = \dfrac{\hat{\epsilon}}{3(3\hat{\epsilon}-4a_2)}$ 时，该利润达到最大值。由于线下零售商 B 设定的价格需要覆盖提供信息服务所付出的成本，所以如果 $\hat{\epsilon} \leqslant 3a_2$，那么线下零售商 B 的成本可以被抵销，从而获得正利润，而线上零售商 E 设定的价格等于边际成本 0，因此其利润为零。

否则，如果 $3a_2 \leq \hat{\epsilon} \leq 4a_2$，则线下零售商 B 的利润为负，因为成本包含了信息服务的费用。在这种情况下，如果提供的信息服务不能抵消成本，线下零售商 B 就没有动力投资线下的信息服务。

（二）命题 2 的证明

我们详细证明了消费者不确定性的区间 $a \in a_2$ 的最优结果。命题 2 的证明需要比较基准模型（存在展厅现象）与不存在展厅现象（限制消费者的展厅行为）情形的最优结果。从这个比较中我们得到：

如果 $a \in \left(\dfrac{1}{3}, \dfrac{2}{3} \right]$：

B 情形：考虑到在 B 情形下，$\hat{\epsilon}$ 必须满足 $0 < \hat{\epsilon} \leq \dfrac{8a}{3}$，在不存在展厅现象的情形下，$C$ 必须满足 $0 < C \leq \dfrac{\hat{\epsilon}}{2a^2}$，我们比较了存在展厅现象与不存在展厅现象两种情形下线下和线上零售商的利润：

B：$\dot{\pi}_{B2} - \pi_{B2} = \dfrac{C\hat{\epsilon}^2}{18(3\hat{\epsilon} - 4Ca^2)} - \dfrac{8}{81} = \dfrac{64Ca^2 + 9C\hat{\epsilon}^2 - 48\hat{\epsilon}}{162(3\epsilon - 4c^2)}$，我们推导出无差异阈值点 $C_B^B = \dfrac{48\hat{\epsilon}}{64a^2 + 9\hat{\epsilon}^2}$，在此范围以下，线下零售商 B 能从展厅现象中受益。通过比较 $\dfrac{\hat{\epsilon}}{2a^2}$ 和 $C_B^B = \dfrac{48\hat{\epsilon}}{64a^2 + 9\hat{\epsilon}^2}$，我们得到，如果 $0 < \epsilon < \dfrac{4\sqrt{2}a}{3}$，$C_{B2} > \dfrac{\hat{\epsilon}}{2a^2}$，则 $\dot{\pi}_{B2} > \pi_{B2}$；因此如果 $0 < \epsilon < \dfrac{4\sqrt{2}a}{3}$，$C_{B2} \leq \dfrac{\hat{\epsilon}}{2a^2}$，则 $\dot{\pi}_{B2} < \pi_{B2}$；如果 $\dfrac{4\sqrt{2}a}{3} < \epsilon < \dfrac{8a}{3}$，$\dfrac{48\hat{\epsilon}}{64a^2 + 9\hat{\epsilon}^2} < C < \dfrac{\hat{\epsilon}}{2a^2}$，则 $\dot{\pi}_{B2} > \pi_{B2}$。

如果 $\dfrac{4\sqrt{2}a}{3} < \epsilon < \dfrac{8a}{3}$，$0 < C < \dfrac{48\hat{\epsilon}}{64a^2 + 9\hat{\epsilon}^2}$，则 $\dot{\pi}_{B2} < \pi_{B2}$，线下零售商 B 更喜欢存在展厅现象的情形。

E：$\dot{\pi}_{E2} - \pi_{E2} = \dfrac{2C\hat{\epsilon}(\hat{\epsilon} - 2Ca^2)^2}{3(3\hat{\epsilon} - 4Ca^2)^2} - \dfrac{4}{81} = \dfrac{\begin{matrix}108C^3a^4\hat{\epsilon} - 32C^2a^4 - 108C^2a^2\hat{\epsilon}^2 + \\ 48Ca^2\hat{\epsilon} + 27C\hat{\epsilon}^3 - 18\hat{\epsilon}^2\end{matrix}}{81(3\hat{\epsilon} - 4Ca^2)^2}$。

a）设此方程为 0 并求解，得到当 $\frac{a}{3} < \epsilon < \frac{8\sqrt{6}a}{9}$ 时，判别式 $\Delta > 0$，这个方程只有一个实根 $\left(C_E^1 = \frac{f}{162\hat{\epsilon}a^2} + \frac{256a^4 - 2160a^2\hat{\epsilon}^2 + 729\hat{\epsilon}^4}{162\hat{\epsilon}a^2f} + \frac{8a^2 + 27\hat{\epsilon}^2}{81\hat{\epsilon}a^2} \right)$，它大于

$\frac{\hat{\epsilon}}{2a^2}$，因此当 $\frac{a}{3} < \hat{\epsilon} < \frac{8\sqrt{6}a}{9}$ 和 $0 < C < \frac{\hat{\epsilon}}{2a^2}$ 时，$\dot{\pi}_{E2} - \pi_{E2} < 0$。

当 $0 < \hat{\epsilon} < \frac{a}{3}$ 或 $\frac{8\sqrt{6}a}{9} < \hat{\epsilon} < \frac{8a}{3}$ 时，判别式 $\Delta < 0$，这个方程有三个实根 $C_{E1} = \left(\frac{f}{162\hat{\epsilon}a^2} + \frac{256a^4 - 2160a^2\hat{\epsilon}^2 + 729\hat{\epsilon}^4}{162\hat{\epsilon}a^2f} + \frac{8a^2 + 27\hat{\epsilon}^2}{81\hat{\epsilon}a^2} \right)$，$C_{E2} = \left(\frac{-(256a^4 - 2160a^2\hat{\epsilon}^2 + 729\hat{\epsilon}^4)}{324\hat{\epsilon}a^2f} + \right.$

$\left. \frac{\sqrt{3}I}{2} \left(\frac{f}{162\hat{\epsilon}a^2} - \frac{256a^4 - 2160a^2\hat{\epsilon}^2 + 729\hat{\epsilon}^4}{162\hat{\epsilon}a^2f} \right) + \frac{8a^2 + 27\hat{\epsilon}^2}{81\hat{\epsilon}a^2} \right)$，$C_{E3} =$

$\left(\frac{-(256a^4 - 2160a^2\hat{\epsilon}^2 + 729\hat{\epsilon}^4)}{324\hat{\epsilon}a^2f} - \frac{\sqrt{3}I}{2} \left(\frac{f}{162\hat{\epsilon}a^2} - \frac{256a^4 - 2160a^2\hat{\epsilon}^2 + 729\hat{\epsilon}^4}{162\hat{\epsilon}a^2f} \right) + \right.$

$\left. \frac{8a^2 + 27\hat{\epsilon}^2}{81\hat{\epsilon}a^2} \right)$，其中 $f = \left(1458\sqrt{(3(-a^2 + 9\hat{\epsilon}^2)(128a^2 - 27\hat{\epsilon}^2))}a\hat{\epsilon}^3 + 4096a^6 - 51840\hat{\epsilon}^2a^4 + 126846\hat{\epsilon}^4a^2 - 19683\hat{\epsilon}^6 \right)^{\frac{1}{3}}$。

通过比较 $\frac{\hat{\epsilon}}{2a^2}$ 与 C_{E1}，C_{E2} 和 C_{E3} 这四个值，当 $0 < \hat{\epsilon} < \frac{a}{3}$ 或 $\frac{8\sqrt{6}a}{9} < \hat{\epsilon} < \frac{8a}{3}$，

我们得到：b）当 $0 < \hat{\epsilon} < \frac{a}{3}$，$C_{E1}$，$C_{E2}$，$C_{E3} > \frac{\hat{\epsilon}}{2a^2}$ 时，$\dot{\pi}_{E2} - \pi_{E2} < 0$；c）当

$\frac{8\sqrt{6}a}{9} < \hat{\epsilon} < \frac{8a}{3}$，$C_{E1} > \frac{\hat{\epsilon}}{2a} > C_{E2} > C_{E3}$，$0 < C < C_{E3}$ 或 $C_{E2} < C < \frac{\hat{\epsilon}}{2a^2}$ 时，$\dot{\pi}_{E2} - \pi_{E2} <$

0；当 $C_{E2} < C < C_{E3}$ 时，$\dot{\pi}_{E2} - \pi_{E2} > 0$。

在命题 2 中我们把 C_{E2} 和 C_{E3} 用 C_{E1}^B 和 C_{E2}^B 表示。通过结合 a）和 b）的结果，我们可以得到 $0 < \hat{\epsilon} < \frac{8\sqrt{6}a}{9}$，$\dot{\pi}_{E2} - \pi_{E2} < 0$；从 c）中可得 $\frac{8\sqrt{6}a}{9} < \hat{\epsilon} < \frac{8a}{3}$，

$C_{E1}^B < C < C_{E2B}$，$\dot{\pi}_{E2} - \pi_{E2} > 0$。

S_a 情形：考虑到在 S_a 情形下，$\hat{\epsilon}$ 必须满足 $\frac{8a}{3} < \hat{\epsilon} \leq \left(1 + \frac{1}{\sqrt{5}} \right) 2a$，在不存在

展厅行为时，当 $C > \frac{\hat{\epsilon}}{2a^2}$，我们比较了两种情形下线上和线下零售商的利润：

$$B: \pi_{B2} - \pi_{B2}^{S_a} = \frac{C\hat{\varepsilon}^2}{18(3\hat{\varepsilon} - 4Ca^2)} - \frac{\hat{\varepsilon}^2}{18a(3\hat{\varepsilon} - 4a)} = \frac{\hat{\varepsilon}^3(Ca - 1)}{6a(3\hat{\varepsilon} - 4a)(3\hat{\varepsilon} - 4Ca^2)},$$

因此当 $\hat{\varepsilon} < \dfrac{1}{a}$，$\dot{\pi}_{B2} - \pi_{B2}^{S_a} < 0$ 时，B 更倾向于存在展厅现象的情形。$C > \dfrac{1}{a}$，

$\dot{\pi}_{B2} - \pi_{B2}^{S_a} > 0$。

$$E: \quad \dot{\pi}_{E2} - \pi_{E2} = \frac{2C\hat{\varepsilon}(\hat{\varepsilon} - 2Ca^2)^2}{3(3\hat{\varepsilon} - 4Ca^2)^2} - \frac{2\hat{\varepsilon}(\hat{\varepsilon} - 2a)^2}{3a(3\hat{\varepsilon} - 4a)^2} =$$

$$\frac{2\hat{\varepsilon}(Ca - 1)(4C^2a^4(4a - 3\hat{\varepsilon})^2 - 4Ca^2\hat{\varepsilon}(24a^2 - 29a\hat{\varepsilon} + 9\hat{\varepsilon}^2) + 9\hat{\varepsilon}^2(2a - \hat{\varepsilon})^2)}{3a(3\hat{\varepsilon} - 4a)^2(3\hat{\varepsilon} - 4Ca^2)^2},$$ 通过设方程为 0，

我们有三个解，分别是 $C_1^{BE} = \dfrac{1}{a}$，$C_2^{BE} = \dfrac{24a^2 - 29\hat{\varepsilon} + 9\hat{\varepsilon}^2 + \sqrt{\hat{\varepsilon}(16a - 9\hat{\varepsilon})(3a - 2\hat{\varepsilon})}\,\hat{\varepsilon}}{2a^2(3\hat{\varepsilon} - 4a)^2}$，

$C_3^{BE} = \dfrac{24a^2 - 29\hat{\varepsilon} + 9\hat{\varepsilon}^2 - \sqrt{\hat{\varepsilon}(16a - 9\hat{\varepsilon})(3a - 2\hat{\varepsilon})}\,\hat{\varepsilon}}{2a^2(3\hat{\varepsilon} - 4a)^2}$。通过比较它们与 $\dfrac{\hat{\varepsilon}}{a^2}$，我们

得到 $C_2^{BE} > \dfrac{\hat{\varepsilon}}{2a^2} > \dfrac{1}{a} > C_3^{BE}$，因此，当 $\dfrac{1}{a} < C < \dfrac{\hat{\varepsilon}}{2a^2}$ 或 $0 < C < C_{BE}^3$ 时，$\dot{\pi}_{E2} < \pi_{E2}$；

当 $C_3^{BE} < C < \dfrac{1}{a}$ 时，$\dot{\pi}_{E2} > \pi_{E2}$。在命题 2 中我们将 C_{E1}^{BE} 用 C_3^{BE} 表示。

（三）引理 2、命题 3 和命题 4 的证明

引理 2 的证明。由于 $\dot{p}_B = \dfrac{C\hat{\varepsilon}^2}{6(3\hat{\varepsilon} - 4Ca^2)}$ 和 $\dot{p}_E = \dfrac{C\hat{\varepsilon}(\hat{\varepsilon} - 2Ca^2)}{3(3\hat{\varepsilon} - 4Ca^2)}$，很容

易得到 $\dfrac{d\dot{p}_B}{dC} = \dfrac{3\hat{\varepsilon}}{2(4Ca^2 - 3\hat{\varepsilon})^2} > 0$ 和 $\dfrac{d\dot{p}_E}{dC} = \dfrac{\hat{\varepsilon}(8C^2a^4 - 12Ca^2\varepsilon + 3\varepsilon^2)}{3(4Ca^2 - 3\hat{\varepsilon})^2}$，因此我

们可以得到当 $0 < C < \dfrac{(3 - \sqrt{3})\hat{\varepsilon}}{4a^2}$ 时，$\dfrac{d\dot{\pi}_E}{dC} > 0$；当 $\dfrac{(3 - \sqrt{3})\hat{\varepsilon}}{4a^2} < C < \dfrac{\hat{\varepsilon}}{2a^2}$ 时，

$\dfrac{d\dot{\pi}_E}{dC} > 0$。

由于命题 3 和命题 4 的证明与引理 2 的逻辑类似，因此省略它们的证明过程。

附录 B   第五章研究结论证明

在垄断或竞争市场环境下，E 和 S 情形下农产品生产商和零售商的最优决策求解思路相同，因此只对较为复杂的 S 情形进行求解说明。

垄断市场环境下，S 情形下，根据 Stackelberg 模型，生产商作为主导者，先宣布为开展信息服务的零售商提供的支持力度 b 和批发价格 w。零售商作为跟随者，基于给定 b 和 w，决定信息服务水平 s，最后零售商决定销售价格 p。

将需求 $q = 2(v + u - ua + sau - p)/t$ 代入 $\pi_{Sr}(s,p) = pq - wq - \dfrac{1}{2}h(1 - b)s^2$。

由 $\pi_{Sr}(s,p)$ 关于 p 的一阶条件得出：

$$p = \frac{1}{2}v + \frac{1}{2}u - \frac{1}{2}ua + \frac{1}{2}sau + \frac{1}{2}w$$

将 p 代入 q，并代入 $\pi_{Sr}(s,\ p)$ 得：

$$\pi_{Sr} = \frac{1}{2}\frac{(v + u - ua + sau - w)^2}{t} - \frac{1}{2}(1 - b)hs^2$$

由 $\pi_{Sr}(s,p)$ 关于 s 一阶条件，得到：

$$s = \frac{ua(w - v - u + ua)}{u^2 a^2 - ht + htb}$$

将 p 和 s 代入 q，并代入 $\pi_{Sm}(w,b) = wq - \dfrac{1}{2}hbs^2$ 得：

$$\pi_{Sm}(w,b) = -\frac{1}{2}\frac{\begin{aligned}&h(w - v - u + ua)(u^3 a^3 b - u^3 ba^2 + 3wbu^2 a^2 - \\ &vbu^2 a^2 - 2wu^2 a^2 + 2wht - 4whtb + 2wb^2 ht)\end{aligned}}{(u^2 a^2 - th + htb)^2}$$

将 $\pi_{Sm}(w,b)$ 关于 w 和 b 的一阶条件联立方程组：

$$\frac{\partial \pi_{Sm}(w,b)}{\partial w} = 0$$

$$\frac{\partial \pi_{Sm}(w,b)}{\partial b} = 0$$

将以上两式化简如下：

$$w = -\frac{(-v - u + ua)(-u^2 a^2 + th - 2htb + 2bu^2 a^2 + thb^2)}{-2u^2 a^2 + 2ht - 4htb + 3bu^2 a^2 + 2htb^2}$$

$$\frac{\partial \pi_{Sm}(w,b)}{\partial b} = \frac{1}{2} \frac{a^2 u^2 h(-1 + 3b)(-1 + b)(-v - u + ua)^2}{-2u^2 a^2 + 2ht - 4htb + 3bu^2 a^2 + 2htb^2}$$

求得 $b = 1/3$ 或 $b = 1$。根据本章实际意义，生产商不会承担服务的全部成本，所以 $b = 1/3$。

因此垄断市场环境时 S 情形下最优零售价、服务水平和批发价格，以及生产商和零售商的最优利润为：

$$p_S = -\frac{3(-v - u + ua)(u^2 a^2 - 2ht)}{9u^2 a^2 - 8ht}$$

$$s_S = \frac{(6(-v - u + ua))ua}{9u^2 a^2 - 8ht}$$

$$w_S = -\frac{(-v - u + ua)(3u^2 a^2 - 4ht)}{9u^2 a^2 - 8ht}$$

$$\pi_{Sr} = -\frac{4(-v - u + ua)^2 h(-2ht + 3u^2 a^2)}{(9u^2 a^2 - 8ht)^2}$$

$$\pi_{Sm} = -\frac{2(-v - u + ua)^2 h}{9u^2 a^2 - 8ht}$$

竞争市场环境时，S 情形下，根据 Stackelberg 模型，生产商作为主导者首先宣布批发价格 w 和支持力度 b，其次零售商选择所提供的信息服务水平 s，最后零售商和竞争对手选择各自的销售价格 p_1 和 p_2。

将零售商需求 $q_{r_1} = (-au + sau - p_1 + p_2 + t)/2t$ 和竞争对手需求 $q_{r2} = 1 - (-au + sau - p_1 + p_2 + t)/2t$ 分别代入 $\pi_{Sr_1}(s, p_1) = (p_1 - w)q_1 - \frac{1}{2}(1 - b)hs^2$ 和 $\pi_{Sr_2}(p_2) = p_2 q_2$。

分别对 $\pi_{Sr_1}(s, p_1)$ 和 $\pi_{Sr_2}(p_2)$ 关于 p_1、p_2 求一阶导数得：

$$\frac{\partial \pi_{Er_1}(s, p_1)}{\partial p_1} = \frac{1}{2} \frac{-u + sau - 2p_1 + p_2 + t + w}{t}$$

$$\frac{d\pi_{Er_2}(p_2)}{dp_2} = -\frac{1}{2} \frac{-t + 2p_2 - au + sau - p_1}{t}$$

对两式联立方程组，解得：

$$p_1 = t - \frac{1}{3}au + \frac{1}{3}sau + \frac{2}{3}w$$

$$p_2 = t + \frac{1}{3}au - \frac{1}{3}sau + \frac{1}{3}w$$

将 p_1 和 p_2 代入 q_1，并代入零售商的利润函数中得：

$$\pi_{Sr_1}(s) = \frac{1}{18} \frac{(-ua + sau - w + 3t)^2}{t} - \frac{1}{2}(1 - b)hs^2$$

令 $\pi_{Sr_1}(s)$ 关于 s 的一阶导数为零，得：

$$s = \frac{1}{2} \frac{au(w + ua - 3t)}{a^2u^2 - 9ht + 9bht}$$

将 p_1、p_2 和 s 代入 $\pi_{Sm}(w, b) = wq_1 - \frac{1}{2}bhs^2$，对 $\pi_{Sm}(w, b)$ 分别求关于 w 和 b 的一阶导数，联立方程组：

$$\frac{\partial \pi_{Sm}(w, b)}{\partial w} = 0$$

$$\frac{\partial \pi_{Sm}(w, b)}{\partial b} = 0$$

由以上两式化简可得：

$$w = -\frac{1}{2} \frac{(au - 3t)(-3a^2u^2 + 27ht - 54htb + 5ba^2u^2 + 27htb^2)}{-3a^2u^2 + 27ht - 54htb + 4ba^2u^2 + 27htb^2}$$

$$\frac{\partial \pi_{Sm}(w, b)}{\partial b} = \frac{9}{4} \frac{u^2a^2h(2b - 1)(-1 + b)(au - 3t)^2}{(-3a^2u^2 + 27ht - 54htb + 4ba^2u^2 + 27htb^2)^2}$$

可得 $b = 1/2$。

因此竞争市场环境时 S 情形下最优零售价、服务水平和批发价格，以及生产商和零售商的最优利润为：

$$p_{Sr_1} = \frac{(au - 3t)(a^2u^2 - 18ht)}{4a^2u^2 - 27ht}$$

$$w_S = -\frac{1}{2}\frac{(au - 3t)(2a^2u^2 - 27ht)}{4a^2u^2 - 27ht}$$

$$s_S = \frac{3(au - 3t)au}{4a^2u^2 - 27ht}$$

$$\pi_{Sr_1} = -\frac{9}{8}\frac{(au - 3t)^2 h(-9ht + 2a^2u^2)}{(4a^2u^2 - 27ht)^2}$$

附录 C　第六章研究结论证明

（一）最优均衡结果

在本章中，我们推导了三阶段子博弈的基准模型的均衡结果：质量、批发价格和价格。假设 q_a 和 q_b 是固定的，并在引理 1 中证明了链结构的不对称性对平衡性质没有影响，因为它们是对称的，它们的值为 $\theta_a q_a = \theta_b q_b$，缩写为 u。

消费者在 $x \leqslant \dfrac{1}{3}$ 处的剩余为：

$$V_b = u + v_b - p_b - tx$$

$$V_a = u + v_a - p_a - t\left(\frac{1}{3} - x\right)$$

消费者在 $\dfrac{1}{3} < x \leqslant \dfrac{2}{3}$ 处的剩余为：

$$V_a = u + v_a - p_a - t\left(x - \frac{1}{3}\right)$$

$$V_{b'} = \theta_{b'} q_{b'} + v_{b'} - p_{b'} - t\left(\frac{2}{3} - x\right)$$

消费者在 $\dfrac{2}{3} < x \leqslant 1$ 处的剩余为：

$$V_{b'} = \theta_{b'} q_{b'} + v_{b'} - p_{b'} - t\left(x - \frac{2}{3}\right)$$

$$V_b = u + v_b - p_b - t(1 - x)$$

通过设置 $u + v_b - p_b - tx = u + v_a - p_a - t\left(\dfrac{1}{3} - x\right)$ 和 $\theta_{b'} q_{b'} + v_{b'} - p_{b'} -$

$t\left(x - \dfrac{2}{3}\right) = u + \nu_b - p_b - t(1 - x)$，我们得到了产品 b 的需求：

$$D_b = \frac{3u + 6\nu_b - 3\nu_{b'} - 3\nu_a - 6p_b + 3p_a + 2t - 3u' + 3p_{b'}}{6t}$$

通过设置 $u + \nu_b - p_b - tx = u - p_a - t\left(\dfrac{1}{3} - x\right)$ 和 $u + \nu_a - p_a - t\left(x - \dfrac{1}{3}\right) =$

$\theta_{b'} q_{b'} + \nu_{b'} - p_{b'} - t\left(\dfrac{2}{3} - x\right)$，我们得到了产品 a 的需求：

$$D_a = \frac{3u - 6p_a + 2t - 3\theta_{b'} q_{b'} + 3p_{b'} + 6\nu_a - 3\nu_{b'} - 3\nu_b - 3p_b}{6t}$$

最后，通过使 $\theta_{b'} q_{b'} + \nu_{b'} - p_{b'} - t\left(\dfrac{2}{3} - x\right) = u + \nu_a - p_a - t\left(x - \dfrac{1}{3}\right)$ 和

$\theta_{b'} q_{b'} + \nu_{b'} - p_{b'} - t\left(x - \dfrac{2}{3}\right) = u + u_b - p_b - t(1 - x)$，我们得到了新产品的需求：

$$D_{b'} = \frac{-6u + 3p_a + 2t + 6\theta_{b'} q_{b'} - 3\nu_b + 6\nu_{b'} - 3\nu_a + 3p_b - 6p_{b'}}{6t}$$

把 D_b，D_a，$D_{b'}$ 代入 $\pi_{AM} = p_a D_a - \dfrac{q_a^2}{2}$，$\pi_{BR} = (p_b - w_b) D_b + (p_{b'} - w_{b'}) D_{b'}$，

然后求解一阶偏导数，得到子对策的完全均衡价格：

$$p_a = \frac{u}{6} - \frac{\nu_b}{6} + \frac{\nu_a}{3} - \frac{\nu_{b'}}{6} + \frac{4t}{9} - \frac{\theta_{b'} q_{b'}}{6} + \frac{w_b}{6} + \frac{w_{b'}}{6}$$

$$p_b = \frac{u}{12} + \frac{5\nu_b}{12} - \frac{\nu_a}{3} - \frac{\nu_{b'}}{12} + \frac{5t}{9} - \frac{\theta_{b'} q_{b'}}{12} + \frac{7w_b}{12} + \frac{w_{b'}}{12}$$

$$p_{b'} = -\frac{5u}{12} - \frac{\nu_b}{12} - \frac{\nu_a}{3} + \frac{5\nu_{b'}}{12} + \frac{5t}{9} + \frac{5\theta_{b'} q_{b'}}{12} + \frac{w_b}{12} + \frac{7w_{b'}}{12}$$

然后，代入 p_a，p_b，$p_{b'}$ 到 D_b，D_a，$D_{b'}$，把这些结果全部代入 $\pi_{BM} =$

$\left(w_b - \dfrac{q_b^2}{2}\right) D_b + \left(w_{b'} - \dfrac{q_b^2}{2}\right) D_{b'}$，对其关于 w_h 和 w_b 求解一阶偏导数（FOCs），得到：

$$w_{b'} = \frac{3q_{b'}^2}{4} + \frac{5t}{6} - \frac{\nu_a}{2} + \frac{\nu_{b'}}{2} - \frac{u}{4}$$

$$w_b = \frac{5t}{6} - \frac{\nu_a}{2} + \frac{\nu_b}{2} + \frac{u}{2}$$

现在，我们来解释制造商 B 如何决定新产品的质量水平。穆尔迪（Moorthy，1984）和德赛（Desai，2001）认为，对于消费者而言，有效的质量是使消费者的评价与企业的质量边际成本之间的差异最大化的质量。在本章中，消费者的评价与企业的边际质量成本之差为 $\left(\theta_{b'}q_{b'} - \frac{q_{b'}^2}{2}\right)$，因此最优质量水平为 $q_{b'} = \theta_{b'}$。

也可以通过将 w_b，$w_{b'}$ 和 D_b，D_a，$D_{b'}$ 代入 $\pi_{BM} = \left(w_b - \frac{q_b^2}{2}\right)D_b + \left(w_{b'} - \frac{q_{b'}^2}{2}\right)D_{b'}$，然后求关于 $q_{b'}$ 的 FOC，我们得到 $q_{b'} = \theta_{b'}$ 是相同的结果。

平衡结果基于 $q_{b'} = \theta_{b'}$，我们用 u' 表示相互作用 $\theta_{b'}q_{b'} = \theta_{b'}^2$：

$$p_a = \frac{\nu_a}{6} - \frac{\nu_{b'}}{12} - \frac{\nu_b}{12} + \frac{13t}{18} - \frac{u'}{24} + \frac{13u}{24}$$

$$p_b = \frac{25u}{48} + \frac{17\nu_b}{24} - \frac{\nu_{b'}}{24} - \frac{2\nu_a}{3} - \frac{u'}{48} + \frac{10t}{9}$$

$$p_{b'} = \frac{41u'}{48} - \frac{17u}{48} - \frac{\nu_b}{24} - \frac{2\nu_a}{3} + \frac{17\nu_{b'}}{24} + \frac{10t}{9}$$

$$w_{b'} = \frac{3u'}{4} + \frac{5t}{6} - \frac{\nu_a}{2} + \frac{\nu_{b'}}{2} - \frac{u}{4}$$

$$w_b = \frac{5t}{6} - \frac{\nu_a}{2} + \frac{\nu_b}{2} + \frac{u}{2}$$

这些解决方案是针对平台卖家 B 选择 RE - I 策略，渠道 A 推广其产品 a 的基准场景。为了简化模型，我们假设基准场景中的 $\{\nu_b, \nu_{b'}, \nu_a\} = \nu$，下面的分析基于此假设。由于我们的目的是研究 RE - I 的影响，我们还需要得到平台卖家选择限制 RE - I 的情况下的解决方案。在这种情况下，$\{\nu_{b'}, \nu_a\} > \nu_b^L$，另外我们假设 $\{\nu_{b'}, \nu_a\} = \nu > \nu_b^L = 0$。与基准模型相似，我们可以通过设置 $\nu_b^L = 0$ 得到平台卖家 B 限制产品 b 信息推广时的均衡结果。为了避免平台卖家 B 选择 $\nu_b = \nu$ 或 $\nu_b^L = 0$ 时的非负均衡需求，我们强制执行以下不等式：u' 必须满足 $\max\left\{u - \dfrac{40t}{33}, 0\right\} < u' \leq u - \dfrac{22\nu}{7} + \dfrac{40t}{21}$。有意假定 $t > \dfrac{121}{120}\nu$，以保证方程的区间表现良好。

（二）证明

引理 1 的证明。我们研究两个制造商考虑生产和销售他们的初始产品 a 和 b 时的初始情况。在此决定之前，他们选择产品的质量，并面临成本 $\dfrac{q^2}{2}$ 来生产质量 q。利润函数为：

$$\pi_{AM} = \left(p_a - \frac{q_a^2}{2}\right)D_a$$

$$\pi_{BR} = (p_b - w_b)D_b$$

$$\pi_{BM} = \left(w_b - \frac{q_b^2}{2}\right)D_b$$

由需求下的剩余函数得到产品 a 和 b 的需求：

$$D_a = \frac{t - \theta_b q_b + p_b + \theta_a q_a - p_a}{2t}$$

$$D_b = \frac{\theta_b q_b - p_b + t - \theta_a q_a + p_a}{2t}$$

我们将两个制造商（AM，BM）和平台卖家（BS）的决策建模为一个三阶段博弈。在阶段 1 中，制造商 A 和制造商 B 分别决定产品 a 和 b 的质量。产品 b 的批发价格（w_b）由制造商 B 在阶段 2 中设定。在阶段 3，平台卖家 B 和制造商 A 决定两种产品（p_b，p_a）的价格。平衡质量的解为 $q_b = \theta_b$，$q_a = \theta_a$，这意味着在对称情形 $\theta_b = \theta_a$ 下引理 1 得到了证明。对于产品 a 和 b 的最优质量，我们用 θ_a，$\theta_b = \theta$，代替 q_a，q_b，并用 $u \equiv \theta^2$ 标记该质量的估值。

定理 1（1）的证明。在基准模型中设置 $\nu_b = \nu$，在 LRE - I 的情况下设置 $\nu_b^L = 0$，我们可以比较两者的利润 π_{BM} 和 π_{BM}^L。利润差为 $\pi_{BM}(\nu_b = \nu) - \pi_{BM}(\nu_b^L = 0) = \dfrac{\nu(-21u' + 40t + 33\nu + 21u)}{288t}$。我们推断出无差异阈值 $u'_{BM} = u - \dfrac{11\nu}{7} +$

$\dfrac{40t}{21}$，低于该阈值，制造商将从 RE-I 中受益。于是有：

如果 $u' > u - \dfrac{11\nu}{7} + \dfrac{40t}{21}$，$\pi_{BM}(\nu_b = \nu) - \pi_{BM}(\nu_b^L = 0) < 0$；

如果 $u' \leqslant u - \dfrac{11v}{7} + \dfrac{40t}{21}$，$\pi_{BM}(v_b = v) - \pi_{BM}(v_b^L = 0) \geqslant 0$，$u'$ 和 t 必须满

足 $\max\left\{u - \dfrac{40t}{33}, 0\right\} \leqslant u' < u - \dfrac{22v}{7} + \dfrac{40t}{21}$ 和 $t > \dfrac{121}{120}v$；

如果 $u - \dfrac{11\nu}{7} + \dfrac{40t}{21} > u - \dfrac{22\nu}{7} + \dfrac{40t}{21}$，当 u' 满足 $\max\left\{u - \dfrac{40t}{33}, 0\right\} < u' \leqslant u -$

$\dfrac{22\nu}{7} + \dfrac{40t}{21}$ 和 $t > \dfrac{121}{120}\nu$，$\pi_{BM}(\nu_b = \nu) - \pi_{BM}(\nu_b^L = 0) > 0$.

定理 1（2）的证明。类似于定理 1（1），我们比较了 π_{BR} 和 π_{BR}^L 两种情

况，得到 $\pi_{BR}(v_b = v) - \pi_{BR}(v_b^L = 0) = \dfrac{\nu(80t - 93\nu + 69u - 69u')}{1728t}$。我们推断

出无差异阈值 $u'_{BR} = u - \dfrac{31v}{23} + \dfrac{80t}{69}$，超过该阈值，平台卖家将无法从 RE-I 中

获益。

如果 $u' > u - \dfrac{31v}{23} + \dfrac{80t}{69}$，$\pi_{BR}(v_b = v) - \pi_{BR}(v_b^L = 0) < 0$；

如果 $u' \leqslant u - \dfrac{31v}{23} + \dfrac{80t}{69}$，$\pi_{BR}(v_b = v) - \pi_{BR}(v_b^L = 0) \geqslant 0$；

通过比较 $u - \dfrac{31\nu}{23} + \dfrac{80t}{69}$ 与 $\max\left\{u - \dfrac{40t}{33}, 0\right\}$ 和 $u - \dfrac{22\nu}{7} + \dfrac{40t}{21}$，我们可以得到

定理 1（2）。

引理 2 将需求 D_b，D_a，$D_{b'}$ 代入 $\pi_{AM} = \left(p_a - \dfrac{q_a^2}{2}\right)D_a$，$\pi_{BR} = (p_b - w_b)D_b +$

$(p_{b'} - w_{b'})D_{b'}$ 中，求解了 p_a，p_b，$p_{b'}$ 的一阶条件，代入得到了给定 w_b 和 $w_{b'}$ 的

子对策最优需求。我们在这些解中保留 v_b，以便于 $\pi_{BR}(w_b, w_{b'})$ 和 $\pi_{BR}^L(w_b,$

$w_{b'})$ 的比较：

$$p_b = \dfrac{u}{4} + \dfrac{5v_b}{12} - \dfrac{5v}{12} + \dfrac{5t}{9} - \dfrac{u'}{12} + \dfrac{7w_b}{12} + \dfrac{w_{b'}}{12}$$

$$p_{b'} = -\frac{u}{4} - \frac{v_b}{12} + \frac{v}{12} + \frac{5t}{9} + \frac{5u'}{12} + \frac{w_b}{12} + \frac{7w_{b'}}{12}$$

$$D_b = \frac{27u + 33v_b - 33v - 21u' - 33w_b + 20t + 21w_{b'}}{72t}$$

$$D_{b'} = \frac{-27u - 21v_b + 21v + 33u' - 33w_{b'} + 20t + 21w_b}{72t}$$

比较 $\pi_{BR}(w_b, w_{b'})$ 和 $\pi_{BR}^L(w_b, w_{b'})$，当 $v_b^L = 0$ 时，我们证明了平台卖家不以制造商收取批发价格 $\hat{w}_b$ 和 $\hat{w}_{b'}$ 为条件限制 RE‑I，因此：

$$\pi_{BR}(\hat{w}_{b'}, \hat{w}_b) - \pi_{BR}^L(w_{b'}, w_b) = \frac{v(138w_{b'} + 93v_b - 186v - 186w_b + 162u + 80t - 138u')}{432t} \geqslant 0$$

命题 1 的证明。将约束条件 $\dfrac{v(138w_{b'} + 93v_b - 186v - 186w_b + 162u + 80t - 138u')}{432t} \geqslant 0$ 代入

$$\pi_{BM} = \left(w_b - \frac{q_b^2}{2}\right)D_b + \left(w_{b'} - \frac{q_{b'}^2}{2}\right)D_{b'}$$ 。制造商问题的拉格朗日定理是：

$$\max\Pi(\hat{w}_{b'}, \hat{w}_b, \lambda) = \left(\hat{w}_b - \frac{q_b^2}{2}\right)D_b + \left(\hat{w}_{b'} - \frac{q_{b'}^2}{2}\right)D_{b'} + \lambda(138w_{b'} + 93v_b - 186v - 186w_b + 162u + 80t - 138u')$$

最优性的 Kiihn‑Tucker 条件为：

$$\frac{\partial\Pi(\hat{w}_{b'}, \hat{w}_b, \lambda)}{\partial\hat{w}_{b'}} = \frac{33u' + 20t - 27u + 21\hat{w}_b - 33\hat{w}_{b'} - 21v_b + 21v}{72t} - \frac{11\left(\hat{w}_{b'} - \frac{q_{b'}^2}{2}\right)}{24t} + \frac{7\hat{w}_b - \frac{q_b^2}{2}}{24t} + 138\lambda$$

$$\frac{\partial\Pi(\hat{w}_{b'}, \hat{w}_b, \lambda)}{\partial\hat{w}_b} = -\frac{21u' - 20t - 27u + 33\hat{w}_b - 21\hat{w}_{b'} - 33v_b + 33v}{72t} + \frac{7\left(\hat{w}_{b'} - \frac{q_{b'}^2}{2}\right)}{24t} - \frac{11\hat{w}_b - \frac{q_b^2}{2}}{24t} - 186\lambda$$

$$\frac{\partial \Pi(\hat{w}_{b'}, \hat{w}_b, \lambda)}{\partial \lambda} = 138w_{b'} + 93v_b - 186v - 186w_b + 162u + 80t - 138u'$$

由于 $\hat{w}_{b'} > 0$ 和 $\hat{w}_b > 0$，我们有：

$$\hat{w}_b = \frac{545t}{534} + \frac{471u}{712} - \frac{115u'}{356} + \frac{v_b}{2} - \frac{333v}{356} + \frac{115q_{b'}^2}{712}$$

$$\hat{w}_{b'} = \frac{425t}{534} - \frac{201u}{712} + \frac{201u'}{356} + \frac{155q_{b'}^2}{712} - \frac{31\nu}{356}$$

另外，我们有平衡解 $q_{b'} = \theta_{b'}$。为了确保制造商愿意降低批发价格，以诱使平台卖家不限制 RE-I，在这种情况下，他的利润必须是 RE-I 不小于 LRE-I：$\pi_{BM}(\hat{w}_{b'}, \hat{w}_b \mid \nu_b = \nu) \geq \pi_{BM}(w_{b'}, w_b \mid \nu_B^L = 0)$。将 $\pi_{BM}(\hat{w}_{b'}, \hat{w}_b \mid \nu_b = \nu)$ 与 $\pi_{BM}(w_{b'}, w_b \mid \nu_b^L = 0)$ 进行比较，得到：

$$\pi_{BM}(\hat{w}_{b'}, \hat{w}_b \mid \nu_b = \nu) - \pi_{BM}(w_{b'}, w_b \mid \nu_b^L = 0)$$

$$= \frac{\begin{array}{c} 4761u'^2 - 6u'(1840t + 1587u - 4842\nu) + 4(69u + 80t)^2 - \\ 36\nu(203\nu + 807u + 1400t) \end{array}}{-307584t}$$

其中 u' 的解为：$\hat{u}'_1 = u - \frac{2672\nu}{529} + \frac{80t}{69} + \frac{4\sqrt{89\nu(2131\nu + 690t)}}{529}$ 和 $\hat{u}'_2 = u - \frac{2672\nu}{529} + \frac{80t}{69} - \frac{4\sqrt{89\nu(2131\nu + 690t)}}{529}$。

因此如果 $\hat{u}'_1 \geq u > \hat{u}'_2$，则 $\pi_{BM}(\hat{w}_{b'}, \hat{w}_b \mid v_b = v) \geq \pi_{BM}(w_{b'}, w_b \mid v_b^L = 0)$。

如果不等式 $t > \frac{289}{120}\nu$ 和 $u - \frac{22\nu}{7} + \frac{40t}{21} \geq u' > u - \frac{31\nu}{23} + \frac{80t}{69}$ 成立，则平台卖家在其利润受到 PE-P 损害时，即 $\pi_{BR}(\hat{w}_{b'}, \hat{w}_b \mid v_b = v) - \pi_{BR}(w_{b'}, w_b \mid v_b^l = 0) < 0$ 时，可以限制 RE-I。

通过比较 $\hat{u}'_1$ 和 $\hat{u}'_2$，$u - \frac{22\nu}{7} + \frac{40t}{21}$ 和 $u - \frac{31\nu}{23} + \frac{80t}{69}$，我们有，如果 $t > \frac{289\nu}{120}$ 和 $u - \frac{31\nu}{23} + \frac{80t}{69} < u' \leq \min\left\{u - \frac{22\nu}{7} + \frac{40t}{21}, \hat{u}'_1\right\}$，制造商可以降低批发价格 w_b，$w_{b'}$，以诱导平台卖家不限制 RE-I：$\pi_{BM}(\hat{w}_{b'}, \hat{w}_b \mid \nu_b = \nu) \geq \pi_{BM}(w_{b'}, w_b \mid \nu_b^L = $

0）和承诺的回报 $\pi_{BR}(\hat{w}_{b'},\hat{w}_b \mid \nu_b = \nu) \geqslant \pi_{BR}(w_{b'},w_b \mid \nu_b^L = 0)$。命题 1 被证明。

命题 2 的证明。我们添加约束条件 $\dfrac{\nu_{b'}(69u - 138\theta_{b'}q_{b'} + 69q_{b'}^2 + 80t - 186\nu + 93\nu_b)}{1728t} > 0$ 到

$\pi_{BM} = \left(w_b - \dfrac{q_b^2}{2}\right)D_b + \left(w_{b'} - \dfrac{q_{b'}^2}{2}\right)D_{b'}$。制造商问题的拉格朗日函数为 $\max\Pi(\hat{q}_{b'},$

$\lambda) = \left(w_b - \dfrac{q_b^2}{2}\right)D_b + \left(w_{b'} - \dfrac{q_{b'}^2}{2}\right)D_{b'} + \lambda(69u - 138\theta_{b'}q_{b'} + 69q_{b'}^2 + 80t - 186\nu +$

$93\nu_b)$。

从均衡的结果来看，我们有 $w_{b'}$，w_b，D_b 和 $D_{b'}$。类似于命题 1 的证明，我们可以得到：

$$q_{b'} = \theta_{b'} - \frac{\sqrt{4761\theta_{b'}^2 - 4761q_b^2 - 5520t + 6471\nu}}{69}$$

通过比较 $\pi_{BM}(\nu_b = \nu, \hat{q_{b'}})$（降低新产品质量，RE-I 的情形）与 $\pi_{BM}(\nu_b^L = 0, q_{b'})$（不降低新产品质量，RE-I 的情形），得到：

$$\Delta\pi_{BM}^{**} = \pi_{BM}(\nu_b = \nu, \hat{q_{b'}}) - \pi_{BM}(\nu_b^L = 0, q_{b'}) =$$

$$\frac{-11u'^2}{384t} + \frac{3174u'(33u - 40t - 42v)}{576t} - \frac{11u^2}{384t} + \frac{q(20t + 21v)}{288t} +$$

$$\frac{1700t}{14283} - \frac{1685v}{38088} - \frac{4235\,v^2}{67712t}$$

这里有两个解 $(u_1'^{**}, u_2'^{**})$ 满足 $\Delta\pi_{BM}^{**} = 0$：

$$u_1'^{**} = u - \frac{40t}{33} - \frac{14\nu}{11} + \frac{\sqrt{36000t^2 + 9860t\nu - 36071\nu^2}}{253}$$

$$u_2'^{**} = u - \frac{40t}{33} - \frac{14\nu}{11} - \frac{\sqrt{360000t^2 + 98640t\nu - 36071\nu^2}}{253}$$

将它们与 u_2' 和 u_3' 进行比较，我们可以得到：

当 $t > \dfrac{121\nu}{120}$ 和 $u_2' < u' < \min\left\{u_3',\ u - \dfrac{40t}{33} - \dfrac{14\nu}{11} + \dfrac{\sqrt{360000t^2 + 9860t\nu - 36071\nu^2}}{253}\right\}$

时：

$$\pi_{BM}(\hat{q}_{b'} \mid \nu_b = \nu) - \pi_{BM}(q_{b'} \mid \nu_b = 0) > 0$$

$$\pi_{BR}(\hat{q}_{b'} \mid \nu_b = \nu) - \pi_{BR}(q_{b'} \mid \nu_b = 0) \geqq 0$$

因此命题 2 得证。

命题 3 的证明。从 $\pi_{BM}(\widehat{q}_{b'} \mid \nu_b = \nu)$（质量下降场景和 RE - I）中减去 $\pi_{BM}(\hat{w}_{b'}, \hat{w}_b \mid \nu_b = \nu)$（批发价格折扣场景和 RE - I），得到：

$$\Delta\pi^*_{BM} =$$

$$\frac{75u}{5696t} - \frac{u'(225u - 900t + 713\nu)}{8544t} + \frac{75u}{5696t} - \frac{q(900t - 713\nu)}{8544t} -$$

$$\frac{5(151680080t\nu - 3036016\nu + 1784577\nu^2)}{54237312t}$$

与命题 2 类似，有两个解（这里记为 $u_1^{'*}$，$u_2^{'*}$）满足 $\Delta\pi^*_{BM} = 0$。

$$u_1^{'*} = u - 4t + \frac{713\nu}{225} + \sqrt{\frac{126736t^2}{4761} - \frac{16642288t\nu}{357075} + \frac{1207070777\nu^2}{53561250}}$$

$$u_2^{'*} = u - 4t + \frac{713\nu}{225} - \sqrt{\frac{126736t^2}{4761} - \frac{16642288t\nu}{357075} + \frac{1207070777\nu^2}{53561250}}$$

通过将它们与 u_2'，u_3' 和 u_4' 比较，我们可以得到命题 3。

命题 4 的证明。根据 A 节的逻辑，得到升级产品位置波动时的平衡解：

$$p_a = \frac{u}{12} - \frac{v_b}{12} + \frac{v_b}{12} + \frac{\delta t}{18} + \frac{2t}{3} + \frac{u'}{24} - \frac{u'}{12} \qquad p_b = \frac{u}{24} + \frac{17\nu_b}{24} - \frac{17\nu}{24} - \frac{u'}{24} +$$

$$\frac{u'}{48} - \frac{11\delta t}{36} + \frac{17t}{12}$$

$$p_{b'} = \frac{17u'}{24} + \frac{7u'}{48} - \frac{\nu_b}{24} + \frac{\nu}{24} - \frac{17u}{24} - \frac{5\delta t}{36} + \frac{5t}{4} \qquad w_{b'} = \frac{3u'}{4} + \frac{17t}{18} - \frac{\delta t}{9} - \frac{u}{4}$$

$$w_b = \frac{19t}{18} - \frac{2\delta t}{9} + \frac{v_b}{2} - \frac{v}{2} + \frac{u}{2}$$

$$D_b = \frac{42u + 66v_b - 42u' - 66v + 60t - 20\delta t + 21u'}{288t}$$

$$D_{b'} = \frac{-33u - 42v_b + 42v + 36t + 4\delta t - 33u'}{288t}$$

很容易推导出 $u'_i(\delta > 1), i = 1,2,3$，类似于我们在前面的分析中所做的，因此命题 4 得以证明。

命题 5 的证明。当 $u_a = q_a\theta_a > u_b = q_b\theta_b$ 时，我们得到：

$$\pi_{BR}(\nu_b > 0) - \pi_{BR}(\nu_b^L = 0) = \frac{\nu_b(-24u_a + 93u_b + 80t - 69u' - 93\nu)}{1728t}$$

$$\pi_{BM}(\hat{q} = q_{b'}) - \pi_{BM}(\hat{q} = \alpha q_{b'}) = \frac{u'(1-\alpha)(1+\alpha)(33\alpha^2 u' + 33u' - 24u_a - 42u_b + 80t - 132\nu)}{1152t}$$

从第一个方程可知，如果 u_a 足够高 $\left(q_a\theta_a = u_a > \dfrac{93u_b - 93\nu - 69u' + 80t}{24}\right)$，则 $\pi_{BR}(\nu_b > 0) - \pi_{BR}(\nu_b = 0) < 0$。

对于第二个方程，我们假设消费者对新产品的质量评价高于本章中的现有产品：$u' > \alpha^2 u' > u_a + \nu, u_b + \nu$，这意味着消费者对新产品有更高的估值（$\alpha$ 足够高），也就是说，他们更喜欢新产品，如果产品质量的估值已经高于 b 和变得足够高，$u_a + \nu$ 接近 $\alpha^2 u'$，从第二个方程，我们用 $u_a + \nu$ 取代 u' 和 $\alpha^2 u'$，然后

$$\pi_{BM}(\hat{q} = q_{b'}) - \pi_{BM}(\hat{q} = \alpha q_{b'}) > \frac{u'(1-\alpha)(1+\alpha)(33\alpha^2 u' + 33u' - 24u_a - 42u_b + 80t - 132\nu)}{1152t} =$$

$\dfrac{u'(1-\alpha)(1+\alpha)(42u_a - 42u_b + 80t - 66\nu)}{1152t}$，当 $u_a > u_b, t > \dfrac{121\nu}{120}$ 时，$\pi_{BM}(\hat{q} = q_{b'}) - \pi_{BM}(\hat{q} = \alpha q_{b'}) > 0$。因此命题 5 被证明。

附录 D 第七章研究结论证明

由于 S 和 W 零售商都有三种定价策略，所以共有 9 种不同的定价组合。考虑到每种情形的结果推导过程类似，我们主要给出 $\overline{D}_S\overline{D}_W$ 情形下的推导过程。我们首先解释如何刻画消费者选择效用模型，其次给出推导相关最优解的过程。

我们先给出 $\overline{D}_S\overline{D}_W$ 情形下消费者的选择行为模型。W 零售商选择线上高价策略，设定线上和实体价格 $p_{WO} > p_{WB}$。强势零售商 S 选择线上高价策略，设定线上和实体价格 $p_{SO} > p_{SB}$。由于每个顾客都面临四种选择，我们先分析 $\overline{D}_S\overline{D}_W$ 情形下消费者的四种选择效用，然后给出顾客的最终需求分布。

（1）OH 类型顾客 $(1-a)$：

$$u_{SB}^{OH}(\overline{D}_S) = v + s - p_{SB} + \partial(p_{SO} - p_{SB}) - C_H$$
$$u_{WB}^{OH}(\overline{D}_W) = v - p_{WB} + \partial(p_{WO} - p_{WB}) - C_H$$
$$u_{SO}^{OH}(\overline{D}_S) = v + s - p_{SO}$$
$$u_{WO}^{OH}(\overline{D}_W) = v - p_{WO}$$

本章假设该类顾客的线下购物成本 C_H 足够高，比如离实体店很远的顾客，因此可以得出 $u_{SO}^{OH} > u_{SB}^{OH}$，$u_{WO}^{OH} > u_{WB}^{OH}$。所以该类顾客比较 $u_{SO}^{OH} = v + s - p_{SO}$ 和 $u_{WO}^{OH} = v - p_{WO}$，因此 $(1-a)(1-p_{SO}+p_{WO})$ 的顾客选择 S 零售商的线上渠道购买，而 $(1-a)(p_{SO}-p_{WO})$ 选择 W 零售商的线上渠道购买。

（2）OL 类型顾客 (a)：

$$u_{SB}^{OL}(\overline{D}_S) = v + s - p_{SB} + \partial(p_{SO} - p_{SB}) - C_L$$
$$u_{WB}^{OL}(\overline{D}_W) = v - p_{WB} + \partial(p_{WO} - p_{WB}) - C_L$$
$$u_{SO}^{OL}(\overline{D}_S) = v + s - p_{SO}$$
$$u_{WO}^{OL}(\overline{D}_W) = v - p_{WO}$$

根据假设 $C_L = 0$，S 和 W 零售商的线上高价策略下，$u_{SB}^{OL} > u_{SO}^{OL}$，$u_{WB}^{OL} > u_{WO}^{OL}$。该类顾客对比 $u_{SB}^{OL} = v + s - p_{SB} + \partial(p_{SO} - p_{SB})$ 和 $u_{WB}^{OL} = v - p_{WB} + \partial(p_{WO} - p_{WB})$ 作出选择。建立等式 $v + s - p_{SB} + \partial(p_{SO} - p_{SB}) = v - p_{WB} + \partial(p_{WO} - p_{WB})$，当 $\partial = 0$，$s = p_{SB} - p_{WB}$；当 $\partial = 1$，$s = 2p_{SB} - 2p_{WB} + p_{WO} - p_{SO}$。所以 $a\left(1 - \dfrac{-3p_{WB} + 3p_{SB} + p_{WO} - p_{SO}}{2}\right)$ 顾客选择 S 零售商的线下渠道购买，$a\left(\dfrac{-3p_{WB} + 3p_{SB} + p_{WO} - p_{SO}}{2}\right)$ 选择 W 零售商的线下渠道购买。

（3）BL 类型顾客（a）：由于该类顾客为实体偏好顾客，线上购物成本高，只会从线下渠道购买产品。该类顾客获得 S 和 W 实体低价带来的额外效用，对比在 S 零售商实体店效用 $u_{SB}^{BL} = v + s - p_{SB} + \partial(p_{SO} - p_{SB})$ 和 W 零售商实体店效用 $u_{WB}^{BL} = v - p_{WB} + \partial(p_{WO} - p_{WB})$ 作出选择。求解与 OL 类型顾客类似，可得 $a\left(1 - \dfrac{-3p_{WB} + 3p_{SB} + p_{WO} - p_{SO}}{2}\right)$ 顾客选择 S 零售商的线下渠道购买，$a\left(\dfrac{-3p_{WB} + 3p_{SB} + p_{WO} - p_{SO}}{2}\right)$ 选择 W 零售商的线下渠道购买。

我们给出 $\overline{D}_S \overline{D}_W$ 情形下的最优推导过程，根据 Stackelberg 模型，制造商作为主导者，首先 S 和 W 制造商宣布批发价格 w_S 和 w_W。S 和 W 零售商作为跟随者，基于给定 w_S 和 w_W，选择价格策略和水平。

综上可得 S 零售商和 W 零售商线上店和实体店的需求，分别将需求 $D_{SO} = (1 - a)(1 - p_{SO} + p_{WO})$ 和 $D_{SB} = 2a\left(1 - \dfrac{-3p_{WB} + 3p_{SB} + p_{WO} - p_{SO}}{2}\right)$ 代入 S 零售商的利润函数 $\pi_{SR}(\overline{D}_S) = (p_{SB} - w_S)Q_{SB} + (p_{SO} - w_S)Q_{SO}$，以及将 $D_{SO} = (1 - a)(1 - p_{SO} + p_{WO})$ 和 $D_{SB} = 2a\left(1 - \dfrac{-3p_{WB} + 3p_{SB} + p_{WO} - p_{SO}}{2}\right)$ 代入 W 零售商的利润函数 $\pi_{WR}(\overline{D}_S) = (p_{WB} - w_W)Q_{WB} + (p_{WO} - w_W)Q_{WO}$，分别对 $\pi_{SR}(p_{SB}, p_{SO})$ 和 $\pi_{WR}(p_{WB}, p_{WO})$ 关于 p_{SB}, p_{SO} 和 p_{WB}, p_{WO} 进行一阶求导，解得：

$$p_{SB} = \frac{24aw_B + 63aw_S - 24w_W + 41a - 57w_S - 39}{3(29a - 27)}$$

$$p_{SO} = \frac{21w_W a^2 + 66w_S a^2 - 48aw_W + 25a^2 - 120aw_S + 27w_W - 81a + 54w_S + 54}{3(1 - a)(29a - 27)}$$

$$p_{WB} = \frac{63aw_B + 24aw_S - 57w_W + 17a - 24w_S - 15}{3(29a - 27)}$$

$$p_{WO} = \frac{66w_W a^2 + 21w_S a^2 - 120aw_W + 4a^2 - 48aw_S + 54w_W - 33a + 27w_S + 27}{3(1 - a)(29a - 27)}$$

将以上结果代入需求，并代入制造商利润函数 $\pi_{SM} = w_S(Q_{SB} + Q_{SO})$ 和 $\pi_{WM} = w_W(Q_{WB} + Q_{WO})$，分别对 $\pi_{SM}(w_S)$ 和 $\pi_{WM}(w_W)$ 关于 w_S 和 w_W 一阶条件求得：

$$w_S = \frac{15 - 16a}{9(1 - a)}$$

$$w_W = \frac{12 - 13a}{9(1 - a)}$$

将 w_S 和 w_N 代入价格得到：

$$p_{WO} = \frac{2(205a^2 - 423a + 216)}{9(1 - a)(27 - 29a)} \text{ 和 } p_{WB} = \frac{452a^2 - 843a + 393}{9(1 - a)(27 - 29a)},$$

$$p_{SB} = \frac{563a^2 - 1059a + 498}{9(1 - a)(27 - 29a)} \text{ 和 } p_{WO} = \frac{2(259a^2 - 531a + 270)}{9(1 - a)(27 - 29a)}。$$

因此可求得零售商和制造商的利润为：

$$\pi_{SR} = \frac{(1 + a)(25 - 27a)}{3(27 - 29a)}$$

$$\pi_{WR} = \frac{(1 + a)(16 - 17a)}{3(27 - 29a)}$$

$$\pi_{SM} = \frac{(1 + a)(15 - 16a)^2}{9(1 - a)(27 - 29a)}$$

$$\pi_{WM} = \frac{(1 + a)(12 - 13a)(9 - 10a)}{9(1 - a)(27 - 29a)}$$

同理可以得出其他 8 种情形下的最优解。因此我们对比 S 供应链零售商和制造商在三种情形下的利润：

$$\pi_{SR}(\overline{D}_S\,\overline{D}_W) - \pi_{SR}(E_S\,\overline{D}_W) = \frac{(1 + a)(25 - 27a)}{3(27 - 29a)} -$$

$$\frac{4(1 + a)(15 - 16a)^2}{9(18 - 19a)^2} > 0;$$

$$\pi_{SR}(\overline{D}_S\overline{D}_W) - \pi_{SR}(\underline{D}_S\overline{D}_W) = \frac{(1+a)(25-27a)}{3(27-29a)} -$$

$$(1+a)(675a^9 + 18468a^8 + 175599a^7 + 609565a^6 + 690a^5$$

$$\frac{-2382379a^4 + 1712848a^3 - 126702a^2 + 3068a - 24)}{a(7+a)^2(9a^3 + 56a^2 - 63a + 2)^2} > 0;$$

$$\pi_{SM}(\overline{D}_S\overline{D}_W) - \pi_{SM}(E_S\overline{D}_W) = \frac{(1+a)(15-16a)^2}{9(1-a)(27-29a)} -$$

$$\frac{2(1+a)(15-16a)^2}{27(1-a)(18-19a)} > 0;$$

$$\pi_{SM}(\overline{D}_S\overline{D}_W) - \pi_{SM}(E_S\overline{D}_W) = \frac{(1+a)(15-16a)^2}{9(1-a)(27-29a)} -$$

$$\frac{(1+a)(15a^3 + 95a^2 - 104a + 2)^2}{27a(1-a)(7+a)(63a - 9a^3 - 56a^2 - 2)} > 0;$$

所以可以得到命题 1，同理可以得到命题 2 和命题 3。

我们对比了 S 和 W 供应链零售商和制造商，以及整个供应链在 $\overline{D}_S\overline{D}_W$、$E_SE_W$ 和 $\underline{D}_S\underline{D}_W$ 情形下的利润，可以得到命题 5 和命题 6。

附录 E　第八章研究结论证明

（一）引理 1 证明

关于两个销售期消费者对新鲜有机产品和新鲜传统产品的需求，我们可以得到 $d_{O1}^{DB} = \dfrac{1 + 2p_{T1} - 2p_{O1} - a}{1 - a}$，$d_{T1}^{DB} = \dfrac{2p_{O1} - 2p_{T1}}{1 - a} + \dfrac{2p_{T2} - 2p_{T1}}{(1 - \theta)(a + 1)}$，$d_{O2}^{DB} = \dfrac{\theta - \theta a + 2p_{T2} - 2p_{O2}}{\theta(1 - a)}$，$d_{T2}^{DB} = \dfrac{2p_{O2}a - 4p_{T2} + 2p_{O2}}{\theta(1 - a^2)}$，$d_{Loss1}^{DB} = \dfrac{2p_{T2}}{\theta(a + 1)}$，$d_{Loss2}^{DB} = \dfrac{2p_{T2}}{\theta(a + 1)}$，$d_{T12}^{DB} = \dfrac{2\theta p_{T1} - 2p_{T2}}{(1 - \theta)(a + 1)\theta}$。我们把需求代入零售商的利润函数：

$$\pi_r^{DB} = \sum_{p_{Tj}, p_{Oj}} \max (p_{Oj} - c_O)d_{Oj} + (p_{Tj} - \omega - bc)d_{Tj} + (p_{T2} - \omega - bc)d_{T12} - (\omega + bc)d_{Lossj}$$

并求解一阶条件，从而得出子博弈最优均衡价格 $p_{O1}^{DB} = \dfrac{c_O - \omega + 1 - bc}{2}$，$p_{T1}^{DB} = \dfrac{a + 1}{4}$，$p_{O2}^{DB} = \dfrac{c_O - \omega + \theta - bc}{2}$，$p_{T2}^{DB} = \dfrac{\theta(a + 1)}{4}$。然后，通过把 p_{O1}^{DB}，p_{T1}^{DB}，p_{O2}^{DB}，p_{T2}^{DB} 代入 d_{O1}^{DB}，d_{T1}^{DB}，d_{O2}^{DB}，d_{T2}^{DB}，d_{Loss1}^{DB}，d_{Loss2}^{DB}，d_{T12}^{DB} 求得需求，再把这些需求代入供应商的利润函数：$\pi_s^{DB} = \sum_\omega \max(\omega - (1 - b)c)d_{Tj} + (\omega - (1 - b)c)d_{T12} + (\omega - (1 - b)c)d_{Lossj}$。我们对其求关于 w 的一阶最优条件（FOCs），并得出解

$$w = \frac{\theta M + (c_O + c - 2bc)H}{2H}$$

把求得的 w 代入 p_{O1}^{DB}，p_{T1}^{DB}，p_{O2}^{DB}，p_{T2}^{DB}，d_{O1}^{DB}，d_{T1}^{DB}，d_{O2}^{DB}，d_{T2}^{DB}，d_{Loss1}^{DB}，d_{Loss2}^{DB}，d_{T12}^{DB}，π_r^{DB}，π_s^{DB}，SW^{DB}，总结上述结果可以得到引理 1。

（二）命题 1 证明

为了探究在采用动态定价时，哪种定价策略能为零售商带来最优利润，我

们将比较零售商在采用统一定价策略和采用动态定价策略两种情况下的利润，以及这两种情况下供应商的利润。根据引理1、引理2、引理3、引理4，我们可以很容易得到 $\pi_s^{DB} - \pi_s^{UB} = \dfrac{(cH - \theta M - c_0 H)^2}{4\theta HM} - \left(\dfrac{(cH - \theta M - c_0 H)^2}{4\theta HM} \right) = 0$，

$\pi_r^{DB} - \pi_r^{UB} = \dfrac{K^2}{4H} > 0$，$\pi_s^{DN} - \pi_s^{UN} = 0$，$\pi_r^{DN} - \pi_r^{UN} = \dfrac{K^2}{4H} > 0$，因此可以得到命题1。

（三）命题2证明

为了研究在采用区块链技术的情况下，哪种定价策略能为零售商和供应商带来最优利润，我们将比较他们在采用区块链技术情况下的利润与未采用区块链技术情况下的利润。根据引理1～引理4，可以得到 $\pi_s^{DB} - \pi_s^{DN} = \dfrac{(c_0 H)^2 + 2(cH)^2 - 4cc_0 H^2 - 4\theta cHM - 2\theta M^2}{8\theta HM}$，我们令上面的结果等于0，可以求出

阈值：$c_s^* = \dfrac{(2c_0 - \sqrt{2}c_0 + 2M - 2\sqrt{2}M)\theta + (2 - \sqrt{2})c_0}{2H} > 0$，类似上述过程，可

以得到 $\pi_r^{DB} - \pi_r^{DN} = \pi_r^{UB} - \pi_r^{UN} = \dfrac{(c_0 H)^2 + 2(cH)^2 - 4cc_0 H^2 - 4\theta cHM + 6\theta M^2}{16\theta HM}$，

求得阈值 $c_r^* = \dfrac{2c_0 H + 2\theta M - \sqrt{(c_0 H)^2 + 8HM\theta c_0 - 8\theta^2 M^2}}{2H} > c_s^*$。总结上述结

果，可以得到：当 $c < c_s^*$ 时，$\pi_s^{DB} - \pi_s^{DN} = \pi_s^{UB} - \pi_s^{UN} > 0$，当 $c < c_r^*$ 时，$\pi_r^{DB} -$

$\pi_r^{DN} = \pi_r^{UB} - \pi_r^{UN} > 0$，因此，可以得到命题2。

命题2（3）：类似命题2（1）和命题2（2）的证明过程，我们令

$$\left| \pi_r^{D/UB} - \pi_r^{D/UN} \right| - \left| \pi_s^{D/UB} - \pi_s^{D/UN} \right| = \dfrac{3(c_0 H)^2 + 6(cH)^2 - 12cc_0 H^2 - 12\theta cHM + 2\theta M^2}{16\theta HM} = 0$$，求得

$c_{rs}^* = \dfrac{6c_0 H + 6\theta M - \sqrt{(c_0 H)^2 + 72HM\theta c_0 + 24M^2\theta^2}}{6H}$，其中 $c_s^* < c_{rs}^* < c_r^*$，因

此，可以得到 $\pi_r^{D/UB} - \pi_r^{D/UN} > 0$，$\pi_s^{D/UB} - \pi_s^{D/UN} < 0$。且当 $c_s^* < c < c_{rs}^*$ 时，

$(|\pi_r^{D/UB} - \pi_r^{D/UN}| - |\pi_s^{D/UB} - \pi_s^{D/UN}|) > 0$，可以得到命题 2（3）。

（四）命题 3 证明

命题 3（1）：我们将比较在政府补贴采用区块链技术的情况下与未补贴采用区块链技术的情况下，零售商的利润、供应商的利润以及社会福利的情况。

$$\pi_r^{D/UB}(g) - \pi_r^{D/UB} = \frac{(3cH + \theta a\theta - 3c_0 H)(5cH - \theta M - 5c_0 H)}{8\theta HM} > 0, \pi_s^{D/UB}(g) -$$

$$\pi_s^{D/UB} = \frac{(3cH + \theta a\theta - 3c_0 H)(5cH - \theta M - 5c_0 H)}{4\theta HM} > 0, SW_g^{D/UB} - SW^{D/UB} =$$

$\dfrac{(3c_0 H - 3cH - \theta M)^2}{16\theta HM} > 0$，因此，可以得到命题 3（1）。

命题 3（2）：从命题 3（1）的结果，可以得到 $SW_g^{D/UB} > SW^{D/UB}$，此外 $SW_g^{DB} - SW_g^{UB} < 0$，$SW^{DN} - SW^{UN} < 0$。所以最大的社会福利一定是 SW_g^{UB} 或 SW^{UN}，我们令 $SW_g^{UB} - SW^{UN} = 0$，求得阈值 $c_{SW}^* = c_0 - \dfrac{\sqrt{8M\theta^2 + 14(c_0 H)^2 + 24\theta c_0 HM}}{8H}$，因此，当 $0 < c < c_{SW}^*$ 时，$SW_g^{UB} > SW^{UN}$，反之则反是，可以得到命题 3（2）。

命题 3（3）：从命题 3（1）的结果，可以得到 $\pi_r^{D/UB}(g) > \pi_r^{D/UB}$，$\pi_r^{D/UB}(g) > \pi_s^{D/UB}$，我们比较了在政府补贴下，零售商和供应商采用统一定价策略时的利润与采用动态定价策略时的利润，可以得到 $\pi_r^{DB}(g) - \pi_r^{UB}(g) = \dfrac{K^2}{4H} > 0$，$\pi_s^{DB}(g) - \pi_s^{UB}(g) = 0$，因此，可以得到命题 3（3）。

命题 4：总结命题 1～命题 3 的结果，可以得到命题 4。

（五）命题 5 和命题 6 的证明

命题 5：与命题 1 类似 $\pi_s^{DB} - \pi_s^{UB} < 0$，$\pi_r^{DB} - \pi_r^{UB} > 0$，$\pi_s^{DN} - \pi_s^{UN} < 0$，$\pi_r^{DN} - \pi_r^{UN} > 0$，可以得到命题 5。

命题 6：与命题 2 类似。我们令 $\pi_s^{DB} - \pi_s^{DN} = 0$，$\pi_r^{DB} - \pi_r^{DN} = 0$，求得阈

值 $c_s^* = \dfrac{((4-2aK)L - \sqrt{2}\sqrt{aL(\theta+3-aK)(2-aK)})Hc_0}{(4-2aK)(\theta+3-aK)}$，$c_r^* =$

$\dfrac{(2(2-aK)HL - \sqrt{2}\sqrt{(\theta^2-12\theta+19)a - 8K - (2-aK)((H+8)a^2K)HL})c_0}{2(2-aK)(\theta+3-aK)}$,

并且 $c_s^* < c_r^*$。因此，当 $0 < c < c_s^*$ 时，$\pi_s^{DB} > \pi_s^{DN}$，当 $0 < c < c_r^*$ 时，$\pi_r^{DB} > \pi_r^{DN}$，可以得到命题6。

（六）命题7和命题8的证明

命题7（1）：类似命题3（1）的过程，可以很容易得到 $\pi_r^{D/UB}(g) - \pi_r^{D/UB} > 0$，$\pi_s^{D/UB}(g) - \pi_s^{D/UB} > 0$，$SW_g^{D/UB} - SW^{D/UB} > 0$，得到命题7（1）。

命题7（2）：从命题7（1）的结果，可以得到 $SW_g^{D/UB} > SW^{D/UB}$。此外 $SW_g^{DB} - SW_g^{UB} < 0$，$SW^{DN} - SW^{UN} < 0$，因此最大社会福利一定是 SW_g^{UB} 或 SW^{UN}，让 $SW_g^{UB} - SW^{UN} = 0$，求得阈值 c_{SW}^*。所以，当 $0 < c < c_{SW}^*$ 时，$SW_g^{UB} > SW^{UN}$，可以得到命题7（2）。

$$c_{SW}^* = \frac{(4aH + 8 - 4a^2K)c_0H - \sqrt{\begin{array}{l}(2-aK)L(((20-5c_0^2)\theta^3 + (9c_0^2 - 28)\theta^2 + \\ (33c_0^2 + 12)\theta + 19c_0^2 - 4\theta^4)a - 4(\theta^3 + \\ (3c_0^2 - 2)\theta^2 + (6c_0^2 + 1)\theta + 3c_0^2)a^2K - 8\theta K^2)\end{array}}}{8(2-aK)H}.$$

命题7（3）：类似命题3（3）的求解过程。命题8：总结命题5~命题7的结果，可以得到命题8。